Philippe G

Introduction à la sociologie politique

ARMAND COLIN

Collection Cursus, série « Sociologie »
sous la direction de Gilles Ferréol

ISBN : 2-200-01690-5

S.E.S.J.M. / Armand Colin - 34 bis, rue de l'Université - 75007 Paris

SOMMAIRE GÉNÉRAL

Avant-propos

« Je hais la vie publique et les politiciens ». Si l'on en croit des études récentes (*cf.* tableau *infra*), cette phrase, la première de *Loués soient nos seigneurs*, de Régis Debray (1996), emporterait l'adhésion de beaucoup de nos contemporains. Ainsi, 66 % des personnes interrogées en octobre 1996 par la SOFRES déclarent qu'à leurs yeux la politique a très peu, voire pas d'importance du tout, ou qu'elle inspire plus de « méfiance » (58 %) que d'« espoir » (28 %), d'« intérêt » (25 %) et de « respect » (8 %) (*Pouvoirs*, n° 81, avril 1997, p. 159).

Les valeurs des Français

Question : pour chacune des choses suivantes, pouvez-vous me dire si, dans votre vie, cela est très important (colonne 1), assez important (colonne 2), peu important (colonne 3), ou pas important du tout (colonne 4)?

	1	2	3	4	NE SAIT PAS	TOTAL
Famille	81	15	2	1	1	100
Travail	60	32	4	2	2	100
Amis et relations	40	46	12	1	1	100
Loisirs	31	48	18	2	1	100
Religion	14	28	27	27	2	100
Politique	**8**	**24**	**33**	**33**	**2**	**100**

Source : Enquête « Valeurs 1990 », *in* Hélène Riffault (dir.), *Les Valeurs des Français*, Paris, PUF, 1994, p. 304.

La multiplication, au cours des dernières années, d'« affaires » qui ont abouti à la mise en examen d'hommes politiques en vue, voire de ministres en exercice, et, quelquefois même, comme pour Alain Carignon, à leur incarcération, ne milite guère, il est vrai, en faveur des hommes politiques.

Alors, « tous des voleurs », comme on l'entend souvent? Ce serait évidemment trop facile de l'affirmer, comme on le verra plus loin. Les politiciens, s'ils ne sont pas des saints, pas plus que des héros, ne sont pas pour autant tous corrompus, loin s'en faut, et ce qui motive leur engagement est autrement plus complexe que le simple appât du gain. Du reste, pour gagner vite beaucoup d'argent, la politique n'est certainement pas le meilleur choix. Qu'on pense aux gains des grands chefs d'entreprise, ou à ceux de certaines vedettes des médias, du sport ou de la chanson !

Quoi qu'il en soit, la politique ne se réduit pas aux politiciens, qui n'en sont que des acteurs parmi bien d'autres. Quant au faible intérêt qu'elle susciterait, malgré ce que les Français peuvent en dire, on peut, d'une certaine manière, en douter, et pas simplement parce qu'elle divertit, comme le montre un récent sondage (juin 1996) affirmant que ce qui fait le plus rire les Français, c'est la

« satyre de la vie politique ». On peut surtout s'interroger quand on observe la participation politique, comme le faisait déjà Georges Vedel en 1962 dans *La Dépolitisation : mythe ou réalité ?* ou comme le fait aujourd'hui un observateur attentif de la vie politique française dans le premier chapitre (« Le mythe du rejet de la politique ») d'un de ses derniers ouvrages (Duhamel, 1995). Peut-être ce faible intérêt, s'il est réel, n'est-il que conjoncturel ? Jean Daniel, le directeur du *Nouvel Observateur*, notait d'ailleurs, il y a quelques années, que, malgré l'image apparemment fort négative de la politique, les numéros qui faisaient leur une avec des sujets qui la concernaient directement étaient ceux qui se vendaient le mieux. Par ailleurs, les ouvrages que l'on qualifie habituellement de « politiques » se vendent plutôt bien. Qu'on pense, là encore, aux dizaines de titres consacrés à François Mitterrand — environ deux cents ont été publiés dans les mois qui ont suivi sa mort ! — et qui ont souvent été des *best sellers* : près d'un million et demi d'exemplaires vendus au cours de la seule année 1996, selon l'hebdomadaire professionnel *Livres Hebdo*.

Les politiciens sont donc des acteurs parmi d'autres de ce qu'on appelle parfois le « jeu politique ». Or, tout jeu doit avoir un cadre dans lequel il puisse se dérouler. C'est à son étude que nous consacrerons la première partie de ce livre non sans avoir examiné auparavant ce qu'est la sociologie politique qui constitue, en quelque sorte, le cadre intellectuel dans lequel nous situerons notre réflexion. Ce sera l'objet du premier chapitre.

Le cadre de la vie politique est d'abord un lieu. Si la politique n'a pas de frontières, elle a néanmoins un champ d'action privilégié qui est encore, en cette fin de XXe siècle, l'État-nation, malgré le poids croissant des institutions internationales. C'est ce que nous verrons dans le chapitre 2.

Tout jeu a ses règles. Ce sont celles qui définissent un régime politique. Si, dans les pays les plus développés, le régime démocratique l'emporte largement, il s'en faut de beaucoup que tous les régimes d'aujourd'hui — sans parler de ceux d'hier ! — soient démocratiques, ce que nous examinerons dans le chapitre 3.

Une fois définie la scène politique, nous nous préoccuperons, dans une deuxième partie, des acteurs.

Nous verrons d'abord comment chacun d'entre nous apprend les règles du jeu et comment il est amené à s'y intéresser ou à les rejeter. Le chapitre 4 sera donc consacré à la socialisation politique.

Nous verrons ensuite que les acteurs qui souhaitent participer activement sont amenés à se regrouper. Ils pourront ainsi peser sur les pouvoirs publics et, en faisant adhérer l'opinion publique massivement à leurs idées, être amenés à exercer des responsabilités. On l'aura compris, le chapitre 5 étudiera les organisations politiques en général et les partis politiques en particulier.

À la tête de certaines de ces organisations, les partis, se trouvent des dirigeants qui seront amenés à exercer le pouvoir ; à la base, des militants. Qui sont-ils ? Dans quelles couches sociales sont-ils recrutés ? Comment sont-ils rémunérés ? Peut-on dire que l'élite politique constitue une « classe » comme le laissent supposer les médias qui utilisent souvent cette expression ? Autant de questions auxquelles nous essaierons de répondre.

La première partie aura planté le décor. La deuxième aura présenté les acteurs. La troisième examinera enfin comment se déroule effectivement l'activité politique.

Dans les démocraties parlementaires, et singulièrement en France, participer à la vie politique, c'est d'abord voter. Le chapitre 7 répondra à la question de savoir qui vote et qui ne vote pas, pourquoi et pour qui, et ce qui détermine ce choix.

Participer à la vie politique, pour un simple citoyen, ce n'est pas seulement voter. D'autres moyens, *a priori* moins conventionnels, existent, qui permettent de s'exprimer et de peser sur les décisions qui pourront être prises. Nous les analyserons dans le chapitre 8, avant d'essayer d'éclairer, dans un dernier chapitre, les conditions dans lesquelles le pouvoir est exercé. Nous verrons ainsi qu'exercer le pouvoir, c'est, certes, prendre des décisions (d'où une partie consacrée aux politiques publiques), mais c'est aussi le faire savoir (d'où l'importance de la communication à laquelle seront consacrées quelques pages).

Le présent travail s'appuie sur de nombreuses lectures dont il tente de faire la synthèse. Il cherche à le faire le plus clairement possible, son auteur faisant sienne, à son modeste niveau, l'affirmation de Raymond Boudon selon laquelle la clarté est « la marque de l'honnêteté de l'homme de science et de l'homme de pensée » (Boudon, 1996, p. 77). Dans cette logique, tout jargon inutile y est banni et, par souci d'allégement, les principales références sont mentionnées de façon simplifiée, le nom de l'auteur étant alors simplement suivi de la date de parution de l'ouvrage qui renvoie à la bibliographie en fin de volume. Certains titres sont cités dans plusieurs chapitres. En ce cas, pour la référence complète, le lecteur voudra bien se reporter aux trois premières rubriques de la bibliographie : « Manuels », « Dictionnaires » et « Autres travaux de caractère général ». Pour les autres, les références complètes se trouvent dans les rubriques correspondant aux chapitres du présent ouvrage.

PREMIÈRE PARTIE

La scène

Chapitre 1

Une approche sociologique de la politique

SOMMAIRE

OBJECTIFS DE CONNAISSANCE

- ▲ Définir la sociologie politique.
- ▲ La différencier de la science politique.
- ▲ Préciser ce qui est «politique».

Pendant longtemps, l'étude de la politique a été l'apanage de l'histoire, laquelle — jusqu'à ce que Fernand Braudel et l'école des Annales préconisent l'abandon de cette démarche — se limitait à la relation et à l'analyse des faits politiques. Elle racontait aux jeunes générations les actions, petites ou grandes, de ceux qu'on appelait les «grands» hommes, ainsi que les grands événements, c'est-à-dire — pour faire bref — les guerres et les famines. Comme l'étude des institutions politiques se faisait dans le cadre du droit constitutionnel, Jean-Pierre Cot et Jean-Pierre Mounier n'hésitent pas à qualifier la sociologie politique de «fille incestueuse de l'histoire et du droit» (Cot et Mounier, 1988, tome 1, p. 11).

Le précurseur de la sociologie politique en France est sans doute André Siegfried qui, le premier, réalise, dès 1913, une étude de sociologie électorale, le *Tableau politique de la France de l'Ouest*. Mais, alors que, pendant l'entre-deux-guerres, parallèlement à l'émergence de la sociologie, puis de la psychologie sociale, la science politique se développe aux États-Unis et au Royaume-Uni, il faut attendre la deuxième moitié du XXe siècle pour la voir, en

France, devenir une discipline à part entière avec ce que cela suppose d'institutionnalisation et de professionnalisation.

Les premières grandes écoles qui se préoccupent d'étudier les phénomènes politiques le font dans le cadre de sciences politiques — au pluriel — qui se situent au carrefour de différentes sciences humaines, et notamment de l'histoire, de la géographie et du droit constitutionnel. Il s'agit, dès avant la Deuxième Guerre mondiale, de l'École libre des sciences politiques, et, à la Libération, des instituts d'études politiques, créés, comme l'ÉNA (École nationale d'administration), à l'initiative de Michel Debré, soucieux de former des hauts fonctionnaires compétents, et de la Fondation nationale des sciences politiques. La sociologie, dernière venue des sciences humaines, est appelée à compléter le droit constitutionnel dans les facultés de Droit à l'initiative de Léon Duguit et de Maurice Hauriou, puis de Maurice Duverger, les deux premiers se situant plutôt dans la mouvance des penseurs du début du siècle, Émile Durkheim et Lucien Lévy-Bruhl pour Duguit, Gabriel Tarde pour Hauriou, tandis que Duverger s'inspire de l'expérience des États-Unis où s'enseigne, dès les années 1950, une science politique.

Or, la politique est une activité sociale. Le fait politique peut donc être assimilé à un fait social. Si on ne veut pas seulement le décrire, si on veut aller plus loin en l'analysant, il faut avoir recours aux outils du sociologue. C'est ce que nous examinerons dans un premier temps. Il nous faudra ensuite tenter de définir ce qui est politique et ce qui ne l'est pas, afin de bien cerner ce qu'est l'objet que se propose de décortiquer la sociologie politique.

▲ L'IEP de Paris

L'établissement d'enseignement supérieur qu'on appelle aujourd'hui couramment « Sciences po » a été fondé en 1872 par Émile Boutmy. Il s'agissait de l'École libre des sciences politiques qui fut scindée en deux institutions à la Libération : l'Institut d'études politiques de Paris (IEP) et la Fondation nationale des sciences politiques (FNSP). Depuis cette époque, c'est la Fondation qui a en charge la gestion de l'IEP, institut très autonome, puisqu'il bénéficie du statut de « grand établissement ».

Si l'IEP de Paris est le plus célèbre d'entre eux, il ne faudrait pas pour autant oublier que d'autres IEP existent à Bordeaux, Lille, Lyon, Rennes, Strasbourg et Toulouse.

Contrairement à ce que suggère son intitulé, l'IEP de Paris dispense un enseignement pluridisciplinaire orienté vers trois directions :

▲ Une formation à la fois générale, axée sur diverses disciplines comme l'histoire, l'économie, les « grandes lignes de partage du monde contemporain » et « les grands enjeux du débat politique, économique et social », et spécialisée pour tenir compte des exigences des employeurs des futurs diplômés, et, plus largement, de la mondialisation.

▲ Un souci méthodologique qui se manifeste par l'organisation de conférences de méthode, obligatoires, où les étudiants apprennent « à aller à l'essentiel, à développer l'esprit de synthèse, à s'exprimer clairement et simplement » (*Sciences po,* 1995, p. 18).

▲ La présence, pour compléter la formation initiale, d'une formation continue.

Les cours magistraux, les plus nombreux, les cours-séminaires, en groupes restreints, et les conférences de méthode sont assurés par une cinquantaine d'enseignants attachés à ▶

▶ l'institut, mais aussi par plus de 1 200 intervenants extérieurs, dont le quart vient du secteur privé et près de la moitié de l'Université.

Pour accéder à la première année de formation, les étudiants français, sauf certains candidats ayant obtenu le bac avec la mention «très bien», doivent passer un examen, soit juste après le bac, soit un an après. Les cours de première année concernent surtout l'histoire, mais aussi la géographie, l'introduction aux études politiques, l'économie, une langue étrangère, l'éducation physique et sportive, et la... lecture, à quoi s'ajoutent des enseignements facultatifs.

Le passage en deuxième cycle se fait sur avis d'un jury composé des principaux enseignants. S'il est négatif, le candidat doit passer un examen en septembre, tout comme les candidats extérieurs, lesquels doivent avoir au moins la licence ou cinq ans d'activité professionnelle. En deuxième année, il y a environ dix-huit heures de cours hebdomadaires, obligatoires, et un contrôle continu. En plus d'une formation générale qui comprend en particulier l'économie et une science sociale, une formation spécialisée est dispensée, qui correspond à quatre sections aux enseignements spécifiques :

1. Une section « Communication et ressources humaines », elle-même scindée en trois filières : communication, gestion des ressources humaines, recherche et enseignement.
2. Une section économique et financière.
3. Une section internationale, elle aussi scindée en trois filières : action internationale de l'entreprise, Europe communautaire et relations internationales.
4. Une section «Service public».

La troisième année se divise en deux périodes. La première, de trois à cinq mois, correspond à un stage, à des études à l'étranger, à un mémoire, ou encore à l'obtention d'un certificat de spécialisation. À compter de novembre, suit une période de formation générale et de préparation de trois certificats de spécialisation.

Bien entendu, il est possible, ensuite, de préparer à Sciences po un DEA, un DESS ou un MBA.

Source : d'après *Sciences po : admissions, scolarités, programmes des enseignements 1995*, Paris, IEP/Presses de la FNSP.

1. De la science politique à la sociologie politique

1.1. *Un peu d'étymologie*

C'est Auguste Comte qui, le premier, forge le mot « sociologie » qui marie le latin *societas* et le grec *logos*. Quant au mot grec *politikè*, il peut être traduit, selon Dominique Colas, par « social ». Qu'on ne s'étonne pas, dès lors, que, dès le début du XXe siècle, Comte considère que la science politique a pour objet d'étude la société tout entière, qu'elle soit l'équivalent de l'expression « science sociale » que nous utilisons couramment et qu'elle couvre donc un champ infiniment plus vaste que celui qu'on lui attribue aujourd'hui.

Pourtant, il semble bien que *polis*, chez Aristote, signifie, « communauté politique », « société politique » ou « société civile ». « L'homme d'Aristote est "politique" parce qu'il peut vivre dans une "société politique" ou "civile" (*koinonia politikè*) [...] ; il est susceptible d'être un membre d'une communauté organisée, d'un État constitué et composé de citoyens qu'on désigne comme une *politeia* en latin» (Colas, 1994, p. 6). Plus qu'un animal social, c'est un animal politique. Non seulement il peut, comme beaucoup d'animaux, vivre en compagnie d'autres animaux en société, mais il est capable d'organiser cette société.

En fait, il apparaît que la science politique est, à l'origine, une sorte d'« art de gouverner en vue du bien public » (Denni et Lecomte, 1992, p. 10), ce qui correspond plus au terme grec *politikè* qu'au mot latin *politeia* qui recouvre l'ensemble des institutions politiques de la Cité et la communauté des citoyens qui peut la faire fonctionner (*politika*). L'homme politique serait un praticien au sens médical du terme, un médecin capable de guérir la société de ses maux en appliquant les solutions proposées par la science politique. On comprend, dès lors, qu'adopter l'expression « sociologie politique » à la place de « science politique » revient à s'affranchir de cette vision qu'on pourrait qualifier de « technicienne ». Mais n'est-ce que cela?

1.2. *Science politique et sociologie politique : quelles différences?*

À vrai dire, les différences entre science politique et sociologie politique sont ténues, si ténues que des auteurs comme Cot et Mounier n'y voient qu'une seule discipline et qu'il est, de loin, préférable d'utiliser l'expression « sociologie politique ». Ils estiment que, si l'on veut étudier en profondeur les phénomènes politiques, on ne peut le faire que dans le cadre de la sociologie puisque le fait politique est un fait social et que le politique est simplement un aspect de la société globale. Cette dernière est un ensemble d'éléments interdépendants, même s'ils sont plus ou moins autonomes. C'est donc une totalité structurée qui constitue un système. Ce système peut être décomposé en sous-ensembles, eux-mêmes constitués d'éléments interdépendants qui forment aussi des systèmes. C'est ainsi que le système social serait la somme de différents systèmes dont la structure se maintient grâce à la relative stabilité des rapports entre les participants. Jean-William Lapierre en distingue cinq :

▲ un système « biosocial », relatif à la reproduction sociale de la population, où jouent les relations de parenté, de filiation, d'alliance, d'âges, notamment;

▲ un système « écologique » où se définissent les rapports de la collectivité avec son environnement, ou encore la répartition géographique des hommes et des activités;

▲ un système « économique » où l'on peut observer la manière dont les individus s'organisent pour satisfaire leurs besoins en mettant le monde en valeur;

▲ un système « culturel » relatif à la communication, mais aussi à la création et à la diffusion de signes, de symboles, de normes et de valeurs;

▲ enfin, un système « politique », qui regroupe tous les processus de décision concernant l'ensemble de la société. Ces processus, qui prennent appui sur des relations de pouvoir qui l'engagent tout entière, ont trait à sa régulation interne ou à ses entreprises collectives (Lapierre, 1973).

Certes, chaque membre de la société a une personnalité sociale multiple et joue des rôles sociaux différents. On peut être à la fois professeur et consommateur et participer ainsi à la vie économique, citoyen et électeur et participer au système politique. On peut aussi être marié et père de famille, pratiquer un sport ou tout autre passe-temps, suivre ou non les préceptes d'une religion… Tous ces rôles, qui correspondent aux multiples facettes de la personnalité d'un individu, relèvent de différents systèmes qui, eux, sont les différentes facettes de la vie en société. On peut donc les analyser séparément. En ce cas, la sociologie politique ne serait autre que «l'analyse sociologique du système politique» (Cot et Mounier, *op. cit.*, p. 21).

On peut en outre affirmer que, si l'expression «science politique» semble plus largement utilisée aujourd'hui, c'est peut-être parce qu'en cette fin de XXe siècle plutôt utilitariste, le mot «science» bénéficie d'une connotation positive et qu'une discipline qui s'affiche scientifique a plus de chances d'obtenir une véritable reconnaissance sociale d'autant que, *a contrario*, la sociologie a longtemps souffert d'une image négative, voire sulfureuse, comme dans la période qui a suivi ce qu'il est convenu d'appeler les «événements» de Mai 1968.

Il n'empêche qu'il y a un relatif consensus pour voir dans la sociologie politique une vision, parmi d'autres possibles, de l'objet politique. Quelles sont les autres visions possibles? Il y a d'abord celle des acteurs : militants des partis, élus, dirigeants, pour l'essentiel. Si elle peut parfois être qualifiée de «savante», une telle approche n'en est pas moins le plus souvent partielle, pour ne pas dire partiale, la part de subjectivité étant nécessairement importante du fait que les actions doivent être justifiées. Il y a ensuite celle des philosophes qui, «souvent dans la tradition critique qui prime aujourd'hui en philosophie, vise à déplacer les interrogations, se réclame d'autres traditions, et se donne pour tâche de ramener certains problèmes sur le devant de la scène (problème du fondement du politique, de l'intelligibilité du politique, de l'éthique, de la vérité)» (Favre, 1985, p. 41), et qui, de manière plus générale, «prétend interroger le politique à la racine» (Leca, «La théorie politique», *in* Grawitz et Leca, dir., 1985, volume 1, p. 70). Il y a enfin celle des médias dont le rôle est d'informer, voire de communiquer… pour communiquer. Mais, quand on sait que leur principale préoccupation est de garder et — si possible — gagner du public, on peut émettre quelques réserves quant à la qualité des messages délivrés. Le regard de la sociologie politique doit permettre de voir plus que ce que voient ces autres regards, même si cela doit conduire à ce que Max Weber appelle un certain «désenchantement du monde», à dissiper faux-semblants et illusions : «La sociologie n'est faite ni pour séduire ni pour influencer, mais pour éclairer» (Boudon, 1996, p. 77.) Dès lors, la sociologie politique ne serait qu'une branche de la science politique parmi d'autres.

Les autres, pour Philippe Braud, ce sont l'histoire des idées politiques, les relations internationales et la science administrative. Pour Pierre Favre, ce seraient :

▲ l'histoire politique et l'étude des institutions politiques;

▲ l'histoire des idées politiques et la philosophie politique.

La science politique serait en effet aujourd'hui assez forte et institutionnalisée pour se diviser, en fonction de l'orientation des recherches, autour de trois approches qui se concurrencent sur certains sujets et s'en partagent d'autres (Favre, 1985, p. 40-41) :

▲ institutionnelle, dans la tradition du monumental *Traité de science politique* de Georges Burdeau, spécialiste de droit constitutionnel;

▲ philosophique, qui se fonde sur des convictions et des croyances et qui porte des jugements de valeur là où la sociologie politique doit analyser des faits;

▲ sociologique, «qui donne au politique un statut de part en part social et emprunte ses modèles explicatifs à la théorie sociologique» (*ibid.*, p. 41).

En fait, de nombreuses disciplines participent à l'étude des phénomènes politiques : histoire, philosophie, droit, certes ; mais aussi psychologie, ethnologie, géographie, économie ou linguistique. La sociologie politique aussi y prend sa part — qui n'est pas mince — à l'aide des outils et des grilles d'analyse des sciences de la société en général et de la sociologie en particulier. Cela ne veut pas dire qu'elle peut se permettre d'ignorer l'apport des autres disciplines. Ainsi, à aucun moment, le sociologue ne saurait faire l'impasse sur les enseignements de l'histoire ni sur ceux de la philosophie politique sur lesquels l'étude sociologique de l'État, de la nation et des régimes politiques, par exemple, doit nécessairement s'appuyer.

2. L'approche sociologique d'un objet politique

2.1. *Une application de la méthode sociologique*

2.1.1. Une démarche scientifique

Comme toute science, fût-elle politique, la sociologie politique doit suivre une démarche rigoureuse capable de mettre en valeur les régularités — répétitions et constance de phénomènes — et les rapports qu'il peut y avoir entre les faits qu'elle observe. Ce type de démarche scientifique ne s'impose qu'au XIXe siècle, quand la réalité sociale n'est plus perçue comme le fruit d'une volonté, qu'elle soit divine ou humaine. Comment analyser cette réalité? À cette époque, il y a débat entre ceux, comme Tarde, qui considèrent que les phénomènes sociaux peuvent être analysés de l'intérieur grâce à une démarche subjective consistant à reconstituer par empathie les motivations profondes des acteurs, et ceux, comme Durkheim (*cf. Les Règles de la méthode sociologique*), qui pensent que les faits sociaux doivent être étudiés comme des « choses ». Cette démarche objective est aujourd'hui largement admise. C'est elle qui justifie que l'on parle d'un « objet » politique. Cela ne veut pas dire, pour autant, que les phénomènes sociaux que l'on qualifie de « politiques » ne puissent pas être soumis à interprétation. Cela veut dire que leur analyse, pour être ainsi « positive », doit respecter trois grands critères de scientificité :

▲ la cohérence du raisonnement : théorie, hypothèses et explications doivent s'articuler logiquement ;

▲ le contrôle empirique : les faits doivent conforter le raisonnement ;

▲ le contrôle par la communauté des chercheurs : ceux-ci doivent pouvoir vérifier les résultats des analyses en faisant des études comparables, et, éventuellement, les réfuter.

Cette triple exigence est d'autant plus nécessaire que les faits sociaux, et partant, les faits politiques, ont une dimension culturelle, et que l'analyste est lui-même acteur de la vie sociale dont ils sont des éléments. Il y a là une sorte de garde-fou contre le risque de subjectivité que cela engendre.

Ce caractère scientifique se manifeste aussi par l'usage qui est fait de l'outil scientifique par excellence, les mathématiques. Comme toute science, en effet, la sociologie politique, nous l'avons vu plus haut, cherche à mettre en évidence les éventuelles régularités qui pourraient lui permettre d'établir des lois. C'est que certains phénomènes peuvent se répéter dans certaines circonstances. Pour les connaître, l'outil statistique peut être utilisé comme il l'est couramment dans l'ensemble des sciences sociales. C'est le cas, notamment, en sociologie électorale, branche bien connue de la sociologie politique. Mais cet outil n'est pas toujours efficace, soit parce que les statistiques dont on dispose sont sujettes à caution, soit parce que certains phénomènes peuvent difficilement être saisis par l'outil statistique : qu'on songe, par exemple, aux typologies des partis. Leurs auteurs, pour les établir, ont dû alors collecter, regrouper et ordonner des caractéristiques souvent difficilement quantifiables. Ajoutons que les répétitions qu'on peut enregistrer sont toutes relatives. Aussi, pour tenir compte de l'existence, dans une certaine mesure, du hasard et du désordre, pour rendre compte de l'«inexplicable» et de l'aléatoire, on peut avoir recours à un autre outil mathématique : les probabilités.

2.1.2. Une démarche sociologique

Même si elle ne saurait négliger les méthodes utilisées par les disciplines qui lui sont proches, la sociologie politique privilégie la démarche sociologique.

Avant d'en aborder les grandes étapes, il n'est peut-être pas inutile de rappeler que, malgré l'ambition scientifique des sciences sociales évoquée précédemment, les instruments utilisés sont eux-mêmes des faits sociaux, qu'ils ont été conçus par des individus qui participent à la vie sociale et qu'ils seront interprétés par eux après avoir été appliqués à d'autres individus participant à la même vie sociale. Le risque d'interaction est évident et l'information recueillie n'est jamais absolument certaine. Certes, les statistiques sont de plus en plus utilisées et leur traitement est toujours plus facile grâce aux progrès de l'informatique. Celle-ci, en outre, avec l'établissement de banques de données de plus en plus complètes, contribue à les homogénéiser et à faciliter les comparaisons dans le temps et dans l'espace. Pourtant, même les statistiques doivent être maniées avec prudence. L'existence d'un «chiffre noir» reste toujours possible et risque de fausser grandement l'analyse (Ferréol, 1995, p. 16-19).

2.2. *Trois étapes*

L'analyse des faits implique leur enregistrement, puis leur interprétation, enfin leur traitement (Ferréol et Deubel, 1993).

2.2.1. L'enregistrement des données

Trois outils servent à enregistrer les données.

Il y a d'abord l'*observation des faits* que l'on veut étudier. Pour les petits groupes, l'observation peut être faite directement, mais l'observateur doit, en tout état de cause, rester neutre. Cet outil est privilégié par les ethnologues et les anthropologues.

Le sociologue, s'attachant à étudier des groupes souvent très vastes, est fréquemment amené à une observation plus indirecte qui prend la forme d'enquêtes. L'enquête peut être quantitative si elle porte sur un grand nombre d'enquêtés. Elle peut prendre la forme d'un sondage, par exemple, outil largement utilisé pour connaître l'état de l'opinion à un moment donné, pour prévoir les résultats des prochaines élections. En ce cas, on étudie un échantillon de la population étudiée. On le constitue, soit de manière aléatoire, par tirage au sort, soit en reproduisant la structure de la population étudiée par la méthode des quotas. En ce cas, on constitue un échantillon qui doit être représentatif de la population étudiée. Il l'est dans la mesure où, comme pour la maquette d'un objet, il en respecte les principaux aspects. Sa structure doit donc être conforme à celle de la population totale. On y trouvera les mêmes pourcentages d'hommes et de femmes, d'individus de tel à tel âge, de citadins et de ruraux, de titulaires de tel ou tel diplôme, de pratiquants de telle ou telle religion… En bref, on y trouvera les mêmes quotas. Faut-il préciser que la qualité de l'échantillon est une condition nécessaire, même si elle n'est pas suffisante, de la qualité des informations obtenues? D'autres risques de biais existent. Ainsi, certaines personnes, celles qui sont seules et âgées notamment, refusent souvent de répondre aux questions, lesquelles sont, par ailleurs, parfois mal posées et incompréhensibles pour une partie de la population interrogée, ou redondantes.

Si l'on veut que toutes les nuances de la pensée ou de l'opinion puissent s'exprimer, on peut poser des questions ouvertes dans le cadre d'entretiens non directifs, comme le font les psychothérapeutes depuis fort longtemps. L'enquête est alors qualitative, en ce sens que la personne interrogée est encouragée à exprimer toutes les nuances de sa pensée par l'attitude positive de l'enquêteur qui doit absolument éviter de laisser paraître ses propres sentiments. C'est ainsi que Janine Mossuz-Lavau a procédé pour connaître, au-delà des habituelles représentations négatives, la véritable opinion des Français sur la politique. Elle a interrogé soixante personnes dont elle détaille les caractéristiques dans l'ouvrage qu'elle tire de ce travail (Mossuz-Lavau, 1994, p. 357-360). Les entretiens, dûment enregistrés puis retranscrits dans le moindre détail sur papier, ont duré environ quatre-vingt-dix minutes pendant lesquelles chaque personne interrogée a pu librement s'exprimer. Environ 2 000 pages dactylographiées en ont été tirées, la synthèse obtenue faisant ressortir que les Français ne se détournent peut-être pas autant de la politique qu'on ne le croit généralement.

On peut, enfin, avoir recours à l'analyse documentaire. Celle-ci porte sur les documents les plus divers, qui peuvent s'avérer d'une grande utilité : articles de presse, archives des organisations politiques, délibérations, discours, et, bien entendu, statistiques. La particularité de ces documents, c'est qu'ils n'ont pas été élaborés pour la recherche, ce qui suppose, de la part du chercheur, une attitude critique.

2.2.2. Le traitement des données

Là encore, on peut opposer, même si cela paraît un peu artificiel, les *méthodes qualitatives* aux *méthodes quantitatives*. Dans le cadre des premières, on tente de saisir des faits dans leur totalité. Il est clair que de telles études ne peuvent porter que sur des groupes — sous la forme de monographies, par exemple — ou des phénomènes restreints. Si l'on veut une vision plus large, il faut user de méthodes quantitatives. Grâce à elles, on pourra mettre en valeur des corrélations. On pourra aussi, éventuellement, établir des typologies. Mais attention : qui dit « corrélation » ne dit pas nécessairement « relation de cause à effet » ! Les phénomènes politiques, comme les phénomènes sociaux, sont plus complexes qu'il n'y paraît. Leurs causes sont multiples. Il faut donc, après avoir déterminé les multiples facteurs, eux-mêmes interdépendants, dont ils sont la résultante, les classer afin de mettre en valeur ceux qui jouent vraisemblablement le rôle le plus important. On le voit, l'analyse est multifactorielle et probabiliste.

2.2.3. L'interprétation des données

La recherche sociologique se fait dans le cadre d'un système d'hypothèses lui-même établi en conformité avec différents modèles, différentes grilles d'interprétation. On peut en distinguer deux grandes.

La première, dans la logique d'Émile Durkheim hier (1858-1917) ou de Pierre Bourdieu aujourd'hui, considère que les faits sociaux sont, en grande partie, le fruit de déterminants sociaux. La vision de Durkheim et de ses disciples est « macrosociale », « holiste », en ce sens que l'on considère que le tout est supérieur aux parties, et que, par conséquent, l'individu est, dans une large mesure, le jouet de la société et n'est pas réellement libre de ses actes. Des forces sociales — valeurs, passions, contraintes, us et coutumes — le poussent à agir de telle ou telle façon, déterminant son action. Ainsi, quand il vote, il le fait avant tout en fonction de son appartenance sociale, et non en fonction d'une stratégie véritablement réfléchie. Certes, Bourdieu admet que l'individu a une certaine liberté d'action, mais, du fait qu'il a intériorisé les schèmes de perception, de pensée et d'action des groupes sociaux dans lesquels il a été socialisé, sous la forme d'un *habitus*, il reproduit inconsciemment le système.

À cette analyse déterministe, bien dans la tradition française, s'oppose, dans la tradition anglo-saxonne, une analyse qui prend l'individu comme point de départ. Cette approche microsociale trouve ses origines dans la pensée de Weber (1864-1920). Le célèbre sociologue allemand définit la sociologie comme la « science qui se propose de comprendre par interprétation l'activité sociale » (Weber, 1971, p. 4). L'activité, correspondant à tout comportement humain qui fait sens aux yeux de l'acteur, est nécessairement « rationnelle », au moins à ses yeux, soit « en finalité », soit « en valeur » (*ibid.*, p. 22). Elle est *rationnelle en finalité* si elle est conforme à des objectifs qu'il s'est fixés. Elle est *rationnelle en valeur* s'il agit par conviction ou en conformité au système des valeurs de la société à laquelle il appartient. Même des comportements engendrés par la haine ou la jalousie, et que Weber qualifie d'« affectuels », peuvent être considérés comme rationnels puisqu'ils correspondent à une certaine logique de la part de l'acteur, fût-elle « émotionnelle » (*ibid.*). Le sociologue doit donc essayer de saisir le sens de l'action de chacun, de comprendre sa logique de l'intérieur. C'est pourquoi cette démarche, qui part de l'individu, est qualifiée de « compréhensive ». Elle est à l'origine de l'individualisme méthodologique que reprennent à leur compte des auteurs comme Raymond Boudon ou Raymond Aron, Albert Hirschman, Mancur Olson ou Thomas Schelling. Si l'individu a un comportement rationnel, s'il est capable de choix stratégiques, il faut « mettre en évidence les *bonnes raisons* qui l'ont poussé à adopter ce comportement » (Boudon, 1992, p. 25). L'addition des comportements individuels donne naissance à des faits sociaux dont ils sont les « effets émergents ». En conséquence, ces faits sont le fruit de décisions non concertées, car individuelles. Cela signifie que les votes ne sont pas fonction uniquement de la position sociale des électeurs, mais d'un choix raisonné qui dépend de la façon dont ils perçoivent, chacun de leur côté, leur situation personnelle.

Dans la même filiation, Michel Crozier développe une « sociologie de l'action organisée » (Crozier et Friedberg, 1992, p. 95). L'acteur est autonome mais, subissant les contraintes de l'organisation, ne saurait avoir qu'une stratégie limitée. La problématique est la suivante : « L'acteur n'existe pas en dehors du système qui définit la liberté qui est la sienne et la rationalité qu'il peut utiliser dans son action. Mais le système n'existe que par l'acteur qui seul peut le porter et lui donner vie, et qui seul peut le changer » (*ibid.*, p. 11.) Ainsi, le système définit les contraintes (normes, statuts, rôles) mais laisse des « zones d'incertitude » car il n'est pas totalement rigide. Il laisse, dans les relations de pouvoir, des marges de négociation, de « jeu », ce qui accorde un espace de liberté à l'individu, espace au sein duquel il lui est toujours possible d'exercer, même de façon infime, un certain pouvoir. Cela signifie que, dans un rapport de force, de pouvoir, la personne qui se trouve en situation d'être dominée a toujours au moins la possibilité de ne pas accepter de faire ce qu'on lui demande. Aussi, si on veut connaître la logique interne de fonctionnement d'un système, y compris d'un système politique, il est nécessaire de tenir compte de l'expérience vécue des acteurs afin de savoir comment ils conçoivent et vivent les relations à l'intérieur dudit système.

Aucune des grilles d'analyse que nous venons de résumer à grand traits ne saurait être entièrement satisfaisante (*cf.* Ferréol, dir., *Histoire de la pensée sociologique*, Paris, Armand Colin, 1994, chap. 9). Les interprétations des faits sociaux peuvent être plurielles tant les motivations des individus qui composent la société peuvent être complexes, d'où l'intérêt des approches récentes en termes de structuration (Anthony Giddens) ou de transaction (Jean Rémy). Chacun d'entre nous n'est-il pas unique?

2.3. *Que peut-on qualifier de « politique » ?*

Ce qui peut être considéré comme politique, nous le verrons, est, finalement, assez vague. Notre propos est donc, avant tout, de délimiter le champ de notre étude tout en rompant avec certaines prénotions, et cela même si une définition *a priori* ne peut être que provisoire.

Lorsqu'on ouvre un dictionnaire, on trouve de nombreuses définitions du mot « politique ». Ainsi, le célèbre Littré en donne huit! Si on se contente d'un dictionnaire usuel d'aujourd'hui, comme le *Dictionnaire de notre temps* (Paris, Hachette, 1990), on en trouve encore quatre. Deux notions fondamentales y sont mises en avant : celle de pouvoir et, surtout, celle d'État.

2.3.1. Politique, État et pouvoir

Pour le dictionnaire Hachette cité *supra*, est politique, ce qui est « relatif au gouvernement d'un État », ce « qui a rapport aux affaires publiques d'un État », ou encore ce qui est « relatif à une manière de gouverner, à une théorie de l'organisation d'un État » (p. 1185). Même Weber fait référence à l'État quand il affirme : « Nous dirons d'un groupement de domination qu'il est un groupement politique lorsque et tant que son existence et la validité de ses règlements sont garanties de façon continue à l'intérieur d'un territoire géographique déterminable par l'application de la menace d'une contrainte physique de la part de la direction administrative » (Weber, 1971, p. 57.)

Confondre le politique avec les notions d'État et de pouvoir semble pourtant bien abusif. Considérant, en effet, que l'expression « science politique » était déjà utilisée par Platon, on peut en déduire que ce champ d'étude ne saurait se limiter aux formes politiques et aux institutions nées avec le XIXe siècle en général, et à l'État moderne en particulier.

Dès lors, assimiler la *polis* grecque à l'État n'est-il pas excessif? N'y a-t-il pas eu, n'y a-t-il pas encore d'autres modalités possibles d'organisations politiques des sociétés? L'État ne serait-il pas, finalement, de naissance récente à l'échelle de l'Histoire? Weber l'admet volontiers, lui qui qualifie cette forme d'organisation d'« absolument moderne » (*ibid.*, p. 58). Et, là où il a existé officiellement de longue date, comme aux États-Unis, était-ce bien, à l'origine, réellement un État au sens moderne du terme? On le voit, si étudier le politique revenait à étudier l'État et ses institutions, l'objet du politique serait ainsi bien délimité. Mais il le serait trop, car cela conduirait à négliger des aspects importants de ce qu'on appelle couramment la « vie politique » se situant hors du cadre de l'État, comme certaines formes de participation non conventionnelle : manifestations, terrorisme. Cela risquerait, en outre, de laisser dériver l'analyse vers une sorte d'institutionnalisme en réduisant l'étude du politique à celle d'organisations et de normes.

Par ailleurs, contrairement à ce que pensent, ou à ce qu'ont pu penser Maurice Duverger en France (*Sociologie de la politique*, 1973) ou Robert Dahl aux États-Unis, le politique ne saurait, non plus, se limiter au pouvoir, même s'il est patent que la lutte pour le pouvoir en est l'un des aspects principaux. Ce serait même, selon Machiavel, le seul but de l'homme politique. On peut en discuter, mais on ne peut guère nier que le pouvoir est loin de n'être que politique. Ne peut-il s'exercer, par exemple, dans l'entreprise, dans la famille, dans la classe ou dans l'église? En ce cas, peut-on dire qu'il est politique? Évidemment non.

2.3.2. Un vaste domaine de définition

Pour identifier ce qui est politique, sans doute faut-il au moins prendre en compte ces deux critères majeurs que sont, depuis Machiavel et Montesquieu, l'État et le pouvoir. C'est ce que font les définitions qui associent les mots anglais *politics* et *policy*. Le premier évoque la lutte pour accéder au pouvoir. Le second englobe la prise de décision, le déroulement des mesures gouvernementales et les différents niveaux de l'administration. La synthèse des deux amène Dominique Colas à proposer la définition suivante : « La sociologie politique étudierait quelles fonctions remplit l'État, comment les partis politiques conquièrent le gouvernement, les politiques mises en œuvre à un double niveau : national et international » (Colas, 1994, p. 13.)

Encore plus largement, on peut affirmer que tout fait social peut être politique. Un fait social ne sera pas politique par nature, mais parce qu'il peut prendre une signification politique dans telle ou telle circonstance, en fonction de la politisation dont il fait l'objet. Ainsi, la crise dite « de la vache folle », qui a éclaté au Royaume-Uni en 1996, suite à la découverte de la possibilité d'une transmission à l'homme de l'encéphalopathie spongiforme bovine, de simple problème de santé animale dû à des techniques d'élevage jugées aujourd'hui excessivement productivistes, s'est muée en un véritable problème « politique » international requérant des solutions « politiques » à partir du moment où les gouvernants de l'Europe des quinze, largement sous la pression des médias, puis des gouvernés, ont été poussés à prendre des mesures au plus haut niveau.

La politisation d'un fait social peut provenir soit des gouvernants, soit des gouvernés eux-mêmes. C'est ainsi que les acteurs d'un conflit social peuvent en avoir une vision « politique » et avoir intérêt à lui donner une telle dimension afin d'impliquer les pouvoirs publics dans son éventuel règlement. Il est fréquent que des groupes de pression puissent être amenés, à l'occasion d'intempéries, à demander à l'État de « prendre ses responsabilités ». Alors qu'en la circonstance, la responsabilité de l'État n'est, en général, guère en cause, c'est là une façon d'obtenir des indemnisations de la part du représentant de la communauté nationale.

Politique, qu'est-ce à dire ?

Qu'est-ce qu'un comportement politique ? Pour tenter de délimiter notre objet, il faut éviter de le dissoudre dans l'ensemble des comportements sociaux où, comme c'est effectivement le cas en politique, les acteurs mettent en œuvre des stratégies, dans le cadre de relations de pouvoir. C'est ce qu'observe Max Weber (1963) : dans le langage courant, on parlera aussi bien de la « politique des devises » d'une banque, que de la « politique scolaire » d'une commune, de la « politique salariale » d'une firme, voire de la « politique d'une femme habile qui cherche à gouverner son mari ». Aussi Weber propose-t-il d'entendre par politique « la direction du groupement politique que nous appelons aujourd'hui l'État, ou l'influence que l'on exerce sur cette direction » (*ibid.*). [...] De nos jours encore, toute lutte pour le pouvoir politique (qu'elle revête la forme de la compétition électorale ou d'affrontements qui peuvent aller jusqu'à la guerre civile) a bien pour enjeu la question : qui doit gouverner le pays, pour quoi faire, au nom de quels principes (voire au service de quels intérêts) ? [...]

Il faut attendre au moins la seconde moitié du XIXe siècle pour qu'en France le champ politique, au sens moderne du terme, achève de se constituer. Deux mutations essentielles marquent cette émergence. C'est, d'une part, l'extension de la qualité d'acteur politique à des cercles de plus en plus larges de la population, aussi bien dans les collisions révolutionnaires que sous la forme, progressivement codifiée et dominante, d'un suffrage qui tend lentement à une relative universalité. C'est, d'autre part et corrélativement, l'émergence d'une presse, de partis, d'un personnel proprement politiques, spécifiquement et à la limite professionnellement voués à la compétition pour le pouvoir. Dans des conditions et à des degrés divers, les pays de structure sociopolitique analogue connaissent des processus de même type.

Conséquence de ce double phénomène d'extension et de spécialisation : il existe non pas « un » comportement politique, mais toute une gamme de comportements qui correspondent à des niveaux très inégaux d'implication politique [...].

Le champ politique se présente [...] comme un rapport, ou transaction, entre deux systèmes : d'une part, celui de l'« offre » (partis, leaders, avec leurs appels, programmes, militants, relais d'influence, etc.) ; d'autre part, celui des « dispositions » de ceux, immensément majoritaires, dont le soutien (et notamment le suffrage) conditionne l'autorité des premiers et leur accès ou leur maintien aux responsabilités dirigeantes. [...] Comme dans bien d'autres domaines de la vie sociale (religieux, artistique, publicitaire, etc.), cette situation peut se formaliser comme une relation entre émetteurs et récepteurs de messages. En matière politique, les émetteurs ne disposent certes ni des mêmes ressources, ni des mêmes canaux (militants, notabiliaires, spirituels, médiatiques, etc.) de transmission et de légitimation. Mais un message, même massivement diffusé et cautionné, ne passe que s'il correspond au système d'attentes du récepteur et fait sens pour lui : analyser sociologiquement les attitudes et comportements politiques, c'est prendre acte de la nécessité de porter le regard là aussi, peut-être là surtout.

Il faut donc éviter de restreindre la politique à sa dimension institutionnelle, sinon « politicienne » (compétition pour le pouvoir, jeu des partis, des clans, des hommes, échéances électorales, etc.). Interrogées sur la politique, les personnes enquêtées répondent spontanément salaires, emploi, sécurité, famille, éducation, ordre, libertés, économie, avenir du ▶

▶ pays, environnement, immigration, etc., et explicitent sur cette base leurs interrogations et leurs choix. En fait, tout phénomène social [...] touche potentiellement au politique, et son degré de politisation est susceptible de plus ou de moins. [...]

Impossible donc de tracer une limite tranchée entre ce qui est « politique » et ce qui ne l'est pas. [...] Toute la question (qui est celle du fonctionnement même du système politique ou de sa crise) est [...] de savoir comment s'organise une relation de cohérence, ou de déconnexion, entre les enjeux sociétaux les plus fortement valorisés par les sujets sociaux, et les choix proprement politiques qui leur sont présentés dans une conjoncture donnée.

Source : Michel Simon, 1995, p. 30-34.

À cette vision « subjective » de ce qui est politique, on peut opposer une vision beaucoup plus « objective » en observant que certains membres de la société peuvent imposer aux autres une dimension politique. En ce cas, le degré de politisation d'un fait social, son caractère « politique », serait le fruit d'un rapport de forces objectif entre les acteurs sociaux. Serait « politique » ce qui serait réglé par la politique entendue comme l'un des trois grands types de régulation des conflits sociaux, les deux autres étant l'intégration et la force. L'intégration permettrait un règlement spontané des litiges grâce au fait que les adversaires partageraient le même système de valeurs. Leur règlement par la force pourrait, à l'opposé, aboutir, dans le cadre d'une société donnée, à la guerre civile. Entre les deux, la politique ouvrirait un espace de médiation, d'arbitrage entre membres de la société en conflit. Elle le ferait au nom des valeurs assurant la cohésion globale de la société, d'où l'idée, que nous retrouverons dans le chapitre suivant, que l'État est le détenteur de la « contrainte physique légitime » (Weber, 1971, p. 57). Il ne pourrait donc utiliser la violence (concrètement, la police, l'armée, la justice) qu'au nom des croyances les plus largement partagées par la population. En ce cas, la politique serait d'autant plus inutile que ces valeurs seraient admises par un grand nombre de membres de la société. Mais elle serait aussi d'autant plus impuissante que lesdites valeurs ne seraient partagées que par un petit nombre de personnes. L'usage de la contrainte ne serait plus légitime qu'au regard d'un petit nombre. On comprend, dès lors, qu'il puisse y avoir divers degrés d'intervention politique. Le politique serait, finalement, « le système de régulation indispensable à la vie d'une société tissée de relations conflictuelles » (Denni et Lecomte, 1992, p. 18).

À RETENIR

▲ La science politique, discipline autonome depuis peu, est multiple. Elle se développe, en effet, autour de trois pôles : histoire et droit constitutionnel, philosophie politique et sociologie politique.

▲ Cette dernière entend étudier les objets politiques, c'est-à-dire les faits sociaux auxquels a été conféré un caractère politique, à l'aide des méthodes des sciences sociales et des grilles d'analyse de la sociologie.

Chapitre 2

État et nation

SOMMAIRE

OBJECTIFS DE CONNAISSANCE

▲ Faire en sorte que les étudiants saisissent bien les différences entre État et nation, même si les deux sont souvent étroitement associés.

▲ Faire comprendre qu'étudier l'État (à l'heure où l'on parle de «dégraisser le mammouth») et débattre de la nation (à l'époque tout à la fois de la mondialisation et de la montée de la xénophobie, de la construction européenne et de la décentralisation) n'a rien de désuet, mais est, bien au contraire, fondamental.

Nous venons de voir que l'État est le cadre institutionnel privilégié de la vie politique moderne. Ce cadre est d'ailleurs très contesté. Les économistes «libéraux», qui ne jurent que par l'économie de marché, l'accusent, sinon d'être à l'origine de ce qu'on appelle couramment «la» crise qui sévit dans les pays occidentaux depuis les années 1970, du moins de freiner la reprise économique en empêchant la loi de l'offre et de la demande de jouer à plein son rôle régulateur. Les marxistes, de leur côté, l'accusent d'être au service de la classe dominante. Pourtant, dans les démocraties « populaires », où cet État « bourgeois » avait été aboli, le nouvel État socialiste était considéré comme le fossoyeur des droits de l'homme. Il l'est encore là où elles subsistent, par exemple à Cuba ou en Corée du Nord. Par définition, les anarchistes le rejettent. Voici ce qu'écrit Max Stirner dans *L'Unique et sa propriété* (1845) : « Tout État est une tyrannie, que ce soit la tyrannie d'un seul ou de plusieurs [...]. L'État n'a toujours eu qu'un but : borner, lier, subordonner l'individu, l'assujettir à la chose générale. » Ne serait-il que « le plus froid des monstres froids », comme le qualifie Nietzsche dans *Ainsi parlait Zarathoustra*? Quant au citoyen « de base », il a facilement tendance à trouver que l'État prélève une trop grande partie de ses revenus tout en n'intervenant pas assez pour stimuler le marché de l'emploi ou corriger les inégalités !

Y aurait-il trop d'État? Faut-il réduire son pouvoir? Nous essayerons d'éclairer le débat non sans avoir remarqué que l'on attend peut-être beaucoup — trop? — de ce type d'intervention. Il est vrai que si, autrefois, l'État faisait figure de pouvoir paternel, cette personnalisation n'a sans doute pas entièrement disparu. On trouve cette image, notamment, dans les représentations que s'en font les enfants. On la retrouve aussi dans les pratiques du pouvoir. Ainsi, lors des vœux télévisés des présidents de la République française, on a constamment l'impression d'avoir affaire à un père qui parle à ses enfants. Alors, contester l'État, n'est-ce pas un peu « tuer le père »? N'attend-on pas de lui, en effet, comme d'un père dans le cadre de la famille, qu'il aplanisse toutes sortes de difficultés, voire toutes les difficultés, qu'il soit le défenseur du bien commun, qu'il lutte contre les inégalités, contre ce que le président Chirac a appelé « la fracture sociale », qu'il ait de grands desseins, qu'il serve de grandes causes, comme la liberté, l'égalité, le respect des droits de l'homme ou la grandeur de la France chère au général de Gaulle? N'attend-on pas également, surtout en ces temps de crise de l'emploi, qu'il soit le maître d'œuvre d'un développement soutenu et harmonieux? Si c'est bien cela que veulent les citoyens, alors, on en conviendra sans peine, la tâche est immense... pour ne pas dire insurmontable.

Dans toute étude, il faut, c'est bien la moindre des choses, savoir de quoi l'on parle. Nous commencerons donc par tenter de définir l'État, ses caractéristiques et les raisons pour lesquelles il s'est développé pour prendre aujourd'hui sa forme courante d'État-nation où les deux termes sont si étroitement associés qu'on a parfois quelque peine à les dissocier.

Ce lien nécessite que nous consacrions d'assez longs développements à la nation, contrairement à ce que font d'autres manuels de sociologie politique, soit que leurs auteurs considèrent le concept comme trop flou, soit qu'ils pensent que les problèmes qui s'y rattachent sont des sujets brûlants trop lourds d'*a priori* idéologiques et politiques. Cela nous paraît d'autant plus indispensable que, si l'idée nationale a longtemps été associée à l'idée d'émancipation, en particulier quand elle a été utilisée pour mettre fin à l'ordre colonial, elle manifesterait plutôt à présent une sorte de repli identitaire souvent orchestré par des mouvements extrémistes. Le phénomène est particulièrement sensible depuis le démantèlement de l'URSS en une quinzaine d'États indépendants, démantèlement qui n'est peut-être pas terminé si on en croit les revendications d'indépendance de territoires comme la Tchétchénie. On le trouve même en Europe où l'on assiste à ce paradoxe de la tentative de construction d'une sorte d'État plurinational, dans le cadre de l'Union européenne, pendant que se répandent des idées ultranationalistes s'appuyant, en particulier, sur l'envahissement supposé des travailleurs immigrés. On le trouve aussi à l'origine de l'éclatement d'États plurinationaux. Cet éclatement a pu être pacifique en Tchécoslovaquie où la «révolution de velours», orchestrée par l'écrivain Vaclav Havel, a abouti, contre son avis, à la constitution de deux petits États, la République tchèque et la Slovaquie. Il a été, au contraire, d'une extrême violence, dans l'ex-Yougoslavie. Même en Europe occidentale, et malgré l'accroissement des pouvoirs des administrations locales, singulièrement en France, subsistent des mouvements qui se qualifient de «nationalistes» et qui n'hésitent pas à utiliser, comme en Corse ou dans le pays basque espagnol, l'arme du terrorisme.

1. L'État

Toute société globale souveraine se dote d'un pouvoir, par définition politique. Dans les sociétés dites «primitives» où les individus ne sont guère spécialisés, ce pouvoir est faiblement institutionnalisé dans la mesure où il est exercé comme une prérogative personnelle. La naissance de l'État moderne correspond d'abord, précisément, à une certaine institutionnalisation du pouvoir politique qui se manifeste de deux manières. En premier lieu, par une dissociation entre la personne physique des gouvernants et le concept de puissance publique : celle-ci est dévolue à des individus qui, pouvant l'exercer de façon transitoire, ne sont pas le pouvoir mais l'ont provisoirement. Qu'ils en soient écartés ou qu'ils disparaissent ne change rien à l'existence de la puissance publique : «L'État est le titulaire abstrait et permanent du Pouvoir dont les gouvernants ne sont que des agents d'exercice passagers» (Burdeau, *Droit constitutionnel et institutions politiques*, Paris, LGDJ, 1976, p. 13.) En second lieu, l'institutionnalisation du pouvoir se manifeste aussi par une généralisation des statuts juridiques qui constituent l'État de droit.

La naissance de l'État moderne ne correspond pas seulement à cette institutionnalisation. Elle correspond aussi à une centralisation de la coercition : les mêmes normes juridiques sont appliquées partout sur son territoire, et cela par une justice qui doit s'appliquer à tous de la même façon. L'État moderne, on le constate, n'est donc qu'une forme parmi d'autres du pouvoir politique, ce que résume le tableau *infra* (Braud, 1992, p. 67).

Aujourd'hui, ce pouvoir est exercé, au niveau de la société tout entière, par l'État. Celui-ci est constitué, au moins, de deux éléments : d'une part, l'ensemble des rouages politiques, administratifs, juridiques, voire économiques, qui constituent le pouvoir institué dans une société globale; de l'autre, un territoire qui délimite son aire de compétence. Ce territoire doit être entendu au sens large, c'est-à-dire sol, sous-sol, espace aérien et eaux territoriales inclus. Sa dimension est extrêmement variable, puisque des États au territoire gigantesque comme l'Australie, le Canada, les États-Unis ou la Russie — qui couvre onze fuseaux horaires! — côtoient les territoires minuscules de micro-États comme Andorre ou le Liechtenstein en Europe, ou encore Kiribati ou Tuvalu dans le Pacifique, voire de cités-États comme Monaco ou Singapour. Quant aux frontières qui le délimitent, si elles étaient parfois bien floues dans les sociétés traditionnelles,

elles sont aujourd'hui très strictes. Gardons-nous tout de même de croire qu'elles sont nécessairement naturelles ou arbitraires. À notre époque de démocratisation des transports aériens, il est clair qu'elles sont, plus que jamais, essentiellement conventionnelles.

INSTITUTIONNALISATION / RÉGIME DE LA COERCITION	Faible	Forte
Centralisation imparfaite	Pouvoirs coutumiers Société féodale	ONU et organisations internationales
Centralisation achevée	Tyrannies (au sens grec) Empires conquérants Monarchies patrimoniales	État

Le plus souvent, aujourd'hui, l'État exerce son pouvoir dans le cadre d'une nation. C'est là le troisième élément constitutif de ce qu'on appelle l'État-nation. Nous en reparlerons plus loin. Il n'empêche que certains États contemporains ne sont pas des États-nations. Bien au contraire, ils peuvent être considérés comme plurinationaux. La Suisse, par exemple, regroupe des communautés alémanique, francophone et italophone, et la Belgique est à la fois wallonne et flamande. En revanche, on évoque quelquefois — abusivement? — la nation arabe, ce qui signifie que chaque État concerné n'exercerait son pouvoir que sur une parcelle de ce territoire.

1.1. *Les caractéristiques institutionnelles*

L'État est une personne morale de droit public. Sa première caractéristique est donc, ou devrait être, qu'il est «de droit» en ce sens qu'il se situe, ou devrait se situer, dans l'ordre juridique qu'il fonde. C'est en effet lui qui fait la loi, et notamment la loi fondamentale qu'est la constitution à laquelle sont subordonnés, dans une sorte de pyramide, lois organiques, lois ordinaires et règlements. Il est donc au fondement même de l'ordre juridique : il est «initial» en ce sens qu'il est à la source d'un ordre juridique. Mais, une fois établi cet ordre, il doit, comme n'importe quel acteur social, le respecter. Ainsi, il rédige les règles du jeu mais, une fois définies, il doit s'y conformer. Tous les États ne l'ont pas fait, ou ne le font pas. Ils n'ont donc pas été, ou ne sont pas des États de droit, à l'instar de l'URSS, dont la constitution de 1936, constitution d'un «État socialiste des ouvriers et des paysans» (article 1), stipulait pourtant que «tout le pouvoir [...] appartient aux travailleurs de la ville et de la campagne» (article 3). Ce sont des États «despotes» qui n'hésitent pas à transgresser la loi et à fouler aux pieds les droits de l'homme.

Deuxième grande caractéristique : l'État exerce sur la société un pouvoir «inconditionné». Cela signifie tout d'abord qu'il n'obéit à aucune règle antérieure. L'ordre juridique qu'il fonde ne saurait être décidé, en aucune façon, dans le cadre de celui qui le précédait. Quand il est décidé de changer les règles du jeu, un pouvoir constituant est mis spécialement sur pied. Ainsi, en France, une Assemblée constituante a été élue en 1958 pour élaborer la constitution de la Ve République. Une fois celle-ci adoptée, l'assemblée a été dissoute et une autre a été élue conformément aux règles prévues par la nouvelle constitution. Il est clair que la IVe République n'avait pas à décider des nouvelles modalités de l'exercice du pouvoir.

Que le pouvoir exercé par l'État soit inconditionné signifie, ensuite, qu'il ne saurait être soumis à aucune règle extérieure. Autrement dit, aucun État ne peut se mêler des affaires d'un autre État. Toute ingérence est, en principe, impossible. Pourtant, suite à la guerre du Golfe, en 1991, après que François Mitterrand eut saisi le Conseil de sécurité de l'ONU au nom du « devoir d'ingérence humanitaire », la communauté internationale a pu intervenir, dans le cadre d'une opération orchestrée par le ministre français de la Santé de l'époque, Bernard Kouchner, sur le territoire iranien pour secourir les populations du Kurdistan persécutées par Saddam Hussein. De cette époque date un droit d'ingérence humanitaire qui a pu s'exercer depuis, avec des succès divers, en Éthiopie, au Rwanda et en Bosnie-Herzégovine. Mis à part cette exception récente, même les grands organismes internationaux comme l'Organisation des Nations unies, l'Union européenne ou l'Organisation du traité de l'Atlantique-Nord, par exemple, ne peuvent, en principe, intervenir dans un pays qu'avec son autorisation.

Reste enfin une dernière caractéristique qui découle directement de la précédente : le pouvoir de l'État est le pouvoir « suprême ». Aucun pouvoir ne saurait lui être supérieur et lui imposer sa volonté.

1.2. *Les fondements philosophiques*

1.2.1. La nécessité d'un contrat social

L'État poursuit au moins deux objectifs. D'une part, il doit défendre les citoyens contre les éventuelles agressions dont ils peuvent faire l'objet, agressions qui peuvent provenir d'autres États mais aussi de membres de la société à laquelle ils appartiennent. D'autre part, il doit faire respecter les règles qui fondent la Cité. Il est ainsi, au minimum, un État-gendarme qui doit maintenir l'ordre social. Pour ce faire, la société civile est censée lui avoir accordé, par contrat, le monopole de la violence dans les conditions fixées par la loi. L'État est alors, selon Max Weber, « une "entreprise politique de caractère institutionnel" lorsque et tant que sa direction administrative revendique avec succès, dans l'application des règlements, le monopole de la contrainte physique légitime » (Weber, 1971, p. 57). La violence ne garde donc son caractère légitime que tant que l'appareil d'État peut « avec succès », c'est-à-dire avec l'approbation des citoyens, envisager de l'utiliser, et cela, bien entendu, comme un moyen ultime, et non normal, de contrainte.

Dans les États despotiques, l'usage de la violence est courant. Il trouverait ses fondements dans le romantisme allemand qui, reniant l'héritage des « Lumières », est à la fois anti-étatique et anti-individualiste (Barret-Kriegel, 1979). Ainsi, Fichte, dans son *Discours à la nation allemande* (1807-1808), considérant que la loi n'est qu'un produit contingent de l'Histoire, affirme la supériorité de la nation sur la loi. En termes clairs, si ce qui est bon pour la nation n'est pas conforme à la loi, la loi n'a pas à être appliquée. Quant à l'individu, simple élément de la nation, il doit se fondre dans le social. Le collectif l'emporte donc sur l'individuel. De cette philosophie découlent la nation-État préconisée par Fichte, mais aussi le parti-État des marxistes-léninistes. On peut même penser que l'État raciste est au paroxysme de cette tradition philosophique allemande. Voici ce qu'écrit Hitler à propos de l'État :

> « La notion fondamentale, c'est que l'État n'est pas un but mais un moyen. Il est bien la condition préalable mise à la formation d'une civilisation humaine de valeur supérieure. Son but est de maintenir et de favoriser le développement d'une communauté d'êtres qui, au physique comme au moral, sont de la même espèce. Il devra faire de la race le centre de la vie de la communauté ; veiller à ce qu'elle reste pure [...]. Il ne s'inquiétera pas de savoir s'il est compris ou non, approuvé ou blâmé, pour agir suivant ces principes. »
>
> *Source :* Adolf Hitler, *Mein Kampf*, trad. fr., Paris, Nouvelles Éditions latines, 1934, p. 48 (1re édition en langue allemande : 1925-1926).

1.2.2. Les trois grandes conceptions du contrat social

Écrivant au moment d'une guerre civile, le philosophe britannique Thomas Hobbes (*Leviathan*, 1651) se montre particulièrement pessimiste. Pensant que les hommes sont fondamentalement égoïstes, et bien qu'ils soient égaux, à moins que ce ne soit à cause de cela, ils risquent de s'entre-déchirer : « L'homme est un loup pour l'homme. » Pour éviter d'aboutir à une telle extrémité, il est nécessaire que les hommes abandonnent leur liberté naturelle, celle qui fait régner la loi de la jungle. Il faut un État fort qui fasse régner ordre et justice, par exemple une monarchie absolue, dont Hobbes se montre un chaud partisan, seule vraiment capable d'assurer le salut du peuple.

La vision de son compatriote John Locke (*Traité du gouvernement civil*, 1690) est plus optimiste. À l'état de nature des origines de l'humanité, les hommes sont libres et heureux. Mais, petit à petit, ils se multiplient et ne peuvent plus se contenter d'une activité de chasse et de cueillette pour assurer leur survie. La pression démographique les incite donc à se partager la nature pour pouvoir la mettre en valeur. Or, certains y parviennent mieux que d'autres, ce qui leur permet d'accumuler des richesses en général et de l'argent en particulier, grâce à quoi ils se trouvent en mesure de mettre sur pied, à leur profit, une division du travail. Cette situation inégalitaire génère des conflits qu'il faut bien régler. Pour ce faire, les hommes vont déléguer leur souveraineté à l'État, une souveraineté qui doit être conditionnelle, soumise, dirions-nous aujourd'hui, à une obligation de résultat : que, par exemple, la liberté et la propriété soient garanties.

Dans son *Discours sur l'origine et les fondements de l'inégalité entre les hommes* (1750), Jean-Jacques Rousseau considère, lui aussi, que l'homme était heureux quand il vivait à l'état sauvage, robuste, sûrement pas méchant puisque solitaire, satisfaisant ses besoins sans trop de peine, tant ils étaient élémentaires. N'ayant guère de lien avec d'autres hommes, le langage lui était inconnu et il ne souffrait pas de quelconques inégalités, puisqu'il n'avait pas de points de comparaison, qu'il était libre. Mais, en se multipliant, les hommes finirent par être obligés de vivre avec d'autres hommes. Apparurent alors de nouveaux besoins, sociaux, comme la « considération » qui nécessite la « civilité » (Colas, 1992, p. 278). Le développement économique accrut la différenciation sociale. L'inégalité apparut, et, avec elle, l'esclavage et la guerre. Que faire, non pour revenir à l'état de nature, mais pour que les hommes puissent vivre en harmonie ? Il faudrait, pense Rousseau, que corps social et souverain coïncident pour constituer une démocratie :

« Je suppose les hommes parvenus à ce point où les obstacles qui nuisent à leur conservation dans l'état de nature l'emportent par leur résistance sur les forces que chaque individu peut employer pour se maintenir dans cet état. Alors, cet état primitif ne peut plus subsister, et le genre humain périrait s'il ne changeait sa manière d'être.

Or, comme les hommes ne peuvent engendrer de nouvelles forces, mais seulement unir et diriger celles qui existent, ils n'ont plus d'autre moyen pour se conserver que de former par agrégation une somme de forces qui puisse l'emporter sur la résistance, de les mettre en jeu par un seul mobile et de les faire agir de concert.

Cette somme de forces ne peut naître que du concours de plusieurs : mais la force et la liberté de chaque homme étant les premiers instruments de sa conservation, comment les engagera-t-il sans se nuire, et sans négliger les soins qu'il se doit? Cette difficulté ramenée à mon sujet peut s'énoncer en ces termes :

"Trouver une forme d'association qui défende et protège de toute la force commune la personne et les biens de chaque associé, et par laquelle chacun, s'unissant à tous, n'obéisse pourtant qu'à lui-même et reste aussi libre qu'auparavant". »

Source : Jean-Jacques Rousseau, *Du contrat social, ou principes du droit politique,* 1762, *in* Colas, 1992, p. 287.

La solution est donc un « pacte social », un véritable « contrat » permettant de dégager une volonté générale qui ne se souciera que du bien commun et dont les termes sont les suivants : « Chacun de nous met en commun sa personne et toute sa puissance sous la suprême direction de la volonté générale; et nous recevons en corps chaque membre comme partie indivisible du tout » (*ibid.*) La personne publique qui se forme ainsi prend le nom « de *République* ou de corps politique, lequel est appelé par ses membres *État* quand il est passif, *Souverain* quand il est actif, *Puissance* en le comparant à ses semblables » (*ibid.*).

1.3. *Les analyses sociologiques traditionnelles*

1.3.1. L'analyse marxiste

De Marx (1818-1883), on retient, en général, l'idée que l'État est le fruit des rapports de production et qu'il est la « forme par laquelle les individus d'une classe dominante font valoir leurs intérêts communs » (Marx et Engels, *L'Idéologie allemande*, trad. fr., Paris, Éd. sociales, 1968, p. 106, 1re éd. en langue allemande : 1846). Aussi, à l'époque moderne, « cet État n'est pas autre chose que la forme d'organisation que les bourgeois se donnent par nécessité pour garantir réciproquement leur propriété et leurs intérêts, tant à l'extérieur qu'à l'intérieur » (*ibid.*, p. 105). Il est l'instrument d'oppression du prolétariat par la bourgeoisie et il faut le supprimer. Voici, à ce propos, ce qu'écrit son ami Engels :

« Comme l'État est né du besoin de réfréner les oppositions de classes, mais comme il est né, en même temps, au milieu du conflit de ces classes, il est, dans la règle, l'État de la classe la plus puissante, de celle qui domine au point de vue économique et qui, grâce à lui, devient aussi classe politiquement dominante et acquiert ainsi de nouveaux moyens pour mater et exploiter la classe opprimée. C'est ainsi que l'État antique était avant tout l'État des propriétaires d'esclaves pour mater les esclaves, comme l'État féodal fut l'organe de la noblesse pour mater les paysans serfs et corvéables, et comme l'État représentatif moderne est l'instrument de l'exploitation du travail salarié par le capital [...].

La société, qui réorganisera la production sur la base d'une association libre et égalitaire des producteurs, reléguera toute la machine de l'État là où sera dorénavant sa place : au musée des antiquités, à côté du rouet et de la hache de bronze. »

Source : Friedrich Engels, *L'Origine de la famille, de la propriété et de l'État*, trad. fr., Paris, Éd. sociales, 1966, p. 159 (1re édition en langue allemande : 1884).

Puisque « l'État n'existe qu'à cause de la propriété privée » (Marx et Engels, *op. cit.*, p. 106), la société sans classes que doit réaliser le communisme n'en aura plus besoin. Mais, dans l'étape intermédiaire entre le capitalisme libéral et le communisme, dans l'étape du socialisme, « l'État ne saurait être rien d'autre que la dictature révolutionnaire du prolétariat » (Marx, *Critique du programme de Gotha*, trad. fr., Paris, Librairie générale française, 1979, p. 96, 1re édition en langue allemande : 1875). Lors de la mise en œuvre de cette transition dans les pays de l'Europe centrale et orientale ainsi qu'à Cuba ou en Corée du Nord, l'État s'est montré particulièrement présent, pour ne pas dire pesant. Il est vrai qu'il s'agissait de le mettre au service de la classe opprimée, le prolétariat, afin qu'il élimine la classe possédante, la bourgeoisie, et, avec elle, la lutte des classes. C'est ce que souhaitait Lénine qui écrit dans *L'État et la révolution* : « L'État est une force spéciale d'oppression [...] du prolétariat par la bourgeoisie », qui « doit être remplacée par une force spéciale d'oppression de la bourgeoisie par le prolétariat (la dictature du prolétariat). » Mais, une fois la bourgeoisie éliminée, l'État ne devait-il pas s'effacer? En Union soviétique, pays par excellence du « socialisme réel », il semble qu'on ait pensé que non. Pourtant, la dernière constitution de l'URSS, datée de 1977, dès son article 1, semblait considérer qu'il n'y avait plus de classes antagonistes : « L'Union des républiques socialistes soviétiques est un État socialiste du peuple tout entier qui exprime la volonté et les intérêts des ouvriers, des paysans et des intellectuels » (*Constitution de l'Union des républiques socialistes soviétiques*, trad. fr., Moscou, Éditions du Progrès, 1977, p. 7.) Un peu plus loin, article 14, on lit que le travail des Soviétiques est « affranchi de l'exploitation » (*ibid.*, p. 11.) Cela n'empêche pas la constitution de prévoir, à l'article 19, que, entre autres tâches, « l'État concourt au progrès de l'homogénéité sociale [...], à l'effacement des différences de classe » (*ibid.*, p. 13), qui, soixante ans après la Révolution d'octobre, persistent donc, et d'autres disparités. Il concourt aussi « au rapprochement de toutes les nations et ethnies de l'URSS » (*ibid.* p. 14). On sait ce qu'il en est advenu...

En fait, une lecture attentive de Marx montre ses hésitations. Elle montre, en particulier, que notre auteur n'ignore pas que les États sont divers, à la fois dans l'espace et dans le temps : « L' "État actuel" change avec la frontière de chaque pays », c'est « une fiction » (Marx, *op. cit.*, p. 95). En revanche, aucune hésitation quant à « l'essence de l'État actuel », à savoir « certains caractères essentiels », ceux de la « société capitaliste […], plus ou moins libérée des éléments du Moyen Âge, plus ou moins modifiée par le développement historique propre à chaque pays, plus ou moins développée » (*ibid.*, p. 96).

1.3.2. L'analyse de Durkheim (1858-1917)

Selon Durkheim, le développement implique l'accroissement de la division du travail qui, elle-même, engendre de nouvelles structures, et, finalement, de nouvelles formes de pouvoir. « Plus les sociétés se développent, plus l'État se développe ; ses fonctions deviennent plus nombreuses, pénètrent davantage toutes les autres fonctions sociales qu'il concentre et unifie par cela même » (Durkheim, *Textes*, Paris, Minuit, 1975, tome 3, p. 170). Durkheim affiche ainsi une conception évolutionniste de la transformation des sociétés qui voit dans la construction de l'État un processus semblable à celui de la centralisation, et cela, quel que soit le contexte, sans vraiment se préoccuper de ce qui pourrait apporter la différenciation, ne percevant pas « qu'en fonction de circonstances historiques particulières, certaines sociétés peuvent donner simplement naissance à un centre politique » (Badie et Birnbaum, 1994, p. 29.)

Cette division entraîne, selon Durkheim, la substitution d'une solidarité organique liée à l'interdépendance des acteurs à l'ancienne solidarité mécanique des sociétés traditionnelles. Il en résulte que se développe un État de plus en plus autonome, au-dessus de tout et de tous, y compris d'une éventuelle classe dominante. Organe de la rationalité, sa « fonction essentielle est de penser » (cité par Badie et Birnbaum, *op. cit.*, p. 32). En outre, grâce à lui, les citoyens s'émancipent et peuvent désormais échapper aux autorités locales et aux autorités religieuses qui, autrefois, les oppressaient. Qu'on prenne garde, toutefois, prévient-il, retrouvant une préoccupation bien tocquevillienne, à ce qu'il ne devienne pas hypertrophié, car il risquerait d'écraser une société de masse atomisée où les individus, isolés, ne pourraient pas se défendre.

1.3.3. L'analyse de Weber (1864-1920)

Pour lui, comme pour Durkheim, l'État est le fruit de la rationalisation des sociétés. Il doit donc réaliser l'intérêt général.

L'État tient une place essentielle dans l'œuvre de Max Weber dans la mesure où celui-ci considère que les phénomènes politiques sont des faits particuliers qui ont leur logique propre, leurs déterminants spécifiques qu'il convient d'analyser en utilisant systématiquement les matériaux historiques.

Weber distingue trois types de domination, donc trois types de pouvoir, et d'abord une domination de type *charismatique*. Ce premier type peut s'exercer dans des sociétés modernes, même s'il est plus fréquent dans les sociétés traditionnelles. Sans qu'il y ait un rapport avec des logiques économiques ou administratives, le pouvoir est exercé par un chef considéré comme étant presque l'égal d'un dieu. L'État, dans ce cas, fait figure de pouvoir tutélaire, voire paternel. Ce pouvoir n'est pas définitivement installé, même s'il est souvent exercé de manière héréditaire, comme c'était le cas dans les monarchies de l'Ancien Régime, sans pour autant que le fils ait le charisme du père auquel il succède. Sa routinisation, pense Weber, peut s'expliquer par le fait qu'un tel pouvoir permet de s'adapter aux nécessités économiques, mais d'autres types de pouvoir peuvent néanmoins lui succéder. Le deuxième type de domination, *traditionnel*, patrimonial, ne correspond en aucune façon aux sociétés modernes. Il est donc inutile de s'y attarder ici. Insistons, en revanche, sur le troisième et dernier type, *rationnel*, car c'est précisément contre la domination de type traditionnel qu'il s'établit et que se construit l'État. La « direction administrative », dont parle Weber dans sa définition citée plus haut, évoque évidemment la bureaucratie. Celle-ci se développe parallèlement à l'État, mais aussi, dans sa forme moderne, parallèlement à la monétarisation de l'économie, à quoi elle contribue elle-même, par la fiscalité par exemple. Cette monétarisation est en effet nécessaire si l'on veut pouvoir payer les fonctionnaires autrement qu'en nature, autrement dit de façon neutre. Le développement de l'État va donc de pair avec celui de la bureaucratie dont la domination est légitimée par le fait que chacun, recruté sur des critères méritocratiques, y remplit ses fonctions en raison de ses compétences dans le cadre d'une organisation rationnelle des tâches. Nous avons affaire ici, aux yeux de Weber, au modèle le plus achevé de la rationalisation :

> « L'administration purement bureaucratique, donc fondée sur la conformité aux actes, l'administration bureaucratico-monocratique, par sa précision, sa permanence, sa discipline, son rigorisme et la confiance qu'elle inspire, par conséquent, par son caractère de prévisibilité pour le détenteur du pouvoir comme pour les intéressés, par l'intensité et l'étendue de sa prestation, par la possibilité formellement universelle qu'elle a de s'appliquer à toutes les tâches, perfectible qu'elle est du point de vue technique afin d'atteindre le maximum de rendement, cette administration est, de toute expérience, la forme la plus pratique de la domination *la plus rationnelle* du point de vue formel. »
>
> *Source :* Max Weber, 1971, p. 229.

La bureaucratie serait ainsi l'aboutissement du principe de rationalité. Elle serait aussi l'aboutissement du processus de dissociation d'avec la sphère de propriété. Pourtant, Weber lui-même reconnaît que les préfets, en France, sont des « fonctionnaires politiques » (cité par Badie et Birnbaum, 1994, p. 46-47). Il fait valoir implicitement que l'administration, si elle se politise, risque de déborder de sa sphère normale d'activité. Quant au processus de dissociation, il n'est pas toujours très abouti : l'auteur remarque, dans des écrits peu connus, il est vrai, comme son étude intitulée *Bureaucraty* (*in* Gerth et Mills, *From Max Weber*, 1958), que celle-ci n'est pas encore effective à son époque en Prusse et en Russie. Finalement, l'observation de bien des États et de leur genèse indique que le modèle webérien n'est pas aussi universel qu'il le voudrait. Il n'empêche qu'il inspire significativement les théories contemporaines.

La bureaucratie

Le terme apparaît au milieu du XVIIIe siècle sous la plume de Vincent de Gournay, l'un des premiers économistes libéraux français. La méfiance face à l'emprise des bureaucrates, dont la peur de la technocratie n'est que la forme contemporaine, est également très ancienne. Dans *L'Ancien Régime et la Révolution*, Alexis de Tocqueville n'évoquait-il pas le risque d'un « despotisme immense et tutélaire » ? Karl Marx lui-même, dans ses écrits de jeunesse, n'hésitait pas à critiquer la thèse hégélienne selon laquelle ce type d'institution ►

était à même de concilier les intérêts particuliers de la société civile et l'intérêt général de l'État. Cette médiation, ajoutait l'auteur de *L'Idéologie allemande*, pose problème car elle occulte les rapports de domination. D'où la dénonciation de cet « effroyable corps parasitaire » incarnant le « règne du secret et de l'incompétence », et dont l'existence ne peut être que transitoire.

La perspective webérienne se situe à un autre niveau : celui de la légitimité. La bureaucratie, telle qu'elle est analysée dans *Économie et société*, constitue la manifestation la plus typique d'un processus de rationalisation s'imposant progressivement en Occident, quel que soit le domaine considéré. Elle se caractérise par les traits suivants :

▲ organisation permanente de la coopération sur la base de règles impersonnelles, explicites et contraignantes ;

▲ division de l'activité en champs de compétences délimités, créant des liens de subordination ;

▲ centralisation des tâches et hiérarchisation des fonctions occupées, chaque individu — en fonction de sa formation et de sa qualification — exerçant un rôle spécifique ;

▲ séparation complète entre vie privée et vie professionnelle ;

▲ consignation par écrit de tous les actes administratifs. Il s'agit là, selon Max Weber, de la solution la plus « objective » et la mieux adaptée à la complexité des sociétés modernes. Cependant, entre la réalité et le modèle prescrit, d'importants écarts subsistent. Étudiant la structuration des partis politiques, des associations et des syndicats, Roberto Michels prédisait ainsi, dans un ouvrage publié en 1911, des dérapages difficilement contrôlables touchant aux mécanismes de délégation du pouvoir : à la base et aux militants, se substituerait une classe de professionnels, les membres de la direction — désormais inamovibles et procédant par cooptation — ayant tendance à « s'embourgeoiser ». Une telle dérive correspond à la « loi d'airain de l'oligarchie », « forme préétablie de la vie en commun des grands agrégats sociaux ».

À peu près à la même époque, d'autres auteurs comme Gaetano Mosca ou Vilfredo Pareto ont repris à leur compte les reproches de lourdeur, de routine ou d'inadaptation. Tentant d'expliquer à la fois cette inefficacité relative et cette incapacité à traiter les cas particuliers, Robert Merton, Alvin Gouldner et Philip Selznick mettront l'accent, dans les années 1950, sur la présence de dysfonctionnements. À côté des conséquences prévues et recherchées, les procédures mises en œuvre tant pour assurer la régularité du comportement des exécutants que pour offrir à la clientèle les services qu'elle est en droit d'attendre, produisent dans bien des cas des effets pervers. Dans cette perspective, les difficultés rencontrées, en particulier la rigidité des conduites et l'impossibilité de fournir une prestation individualisée, conduisent la hiérarchie à renforcer ses prérogatives, les procédures de contrôle devenant de plus en plus pesantes. Dans *Le Phénomène bureaucratique* (1963), Michel Crozier prolongera cette discussion en parlant de « cercle vicieux », incarnation du « mal français » et symbole de paralysie et de « résistance au changement ».

Source : Gilles Ferréol, *Vocabulaire de la sociologie*, Paris, PUF, 1997, 2e éd., p. 11-13.

1.4. *Les perspectives modernes*

1.4.1. L'analyse fonctionnaliste

Pendant longtemps, les sociologues se sont désintéressés de l'État alors que celui-ci, paradoxalement, prospérait, accroissant considérablement le champ de ses interventions pour, d'État-gendarme aux origines, devenir l'État-providence (*Welfare state*) que nous connaissons aujourd'hui. Même si, entre les deux guerres mondiales, cette thématique a fait l'objet d'un regain d'intérêt, il faut attendre la fin des années 1950 pour en trouver une analyse complète et cohérente. Cette analyse, de caractère fonctionnaliste, qui est l'œuvre, en particulier, de Talcott Parsons et de Samuel Eisenstaedt, se situe dans la logique webérienne. Évolutionniste, elle considère que la dissociation qui se ferait progressivement entre les relations sociales privées et l'autorité publique, dans une logique de rationalisation, aboutirait à un espace public distinct du reste de la société, un État constitué, en raison d'une orientation universaliste irréversible, d'institutions impersonnelles et permanentes. Cet État deviendrait, petit à petit, point d'aboutissement obligé, un État-providence.

La logique de rationalisation défendue par les fonctionnalistes comprend quatre aspects : une différenciation sociale, une autonomisation des systèmes sociaux, une orientation universaliste et une institutionnalisation du jeu sociopolitique.

La spécialisation croissante des rôles sociaux, liée au développement économique, engendre un processus de différenciation de structures sociales de plus en plus autonomes. Le système se décompose en quatre « sous-systèmes » auxquels sont associées des modalités spécifiques : besoins, motivations, normes, valeurs. « L'emboîtement de ces différents niveaux répond à plusieurs impératifs : adaptation, “poursuite des buts” *(goal-attainment)*, intégration, maintien et conservation des règles et procédures *(latence)* » (Ferréol et Deubel, 1993, p. 48), la combinaison des initiales correspondant à chacun de ces impératifs donnant le sigle AGIL (*ibid.*, tableau *infra*).

Concernant le système politique, l'autonomisation se manifeste par un ensemble de lois qui permettent de distinguer l'individu du citoyen, et par la constitution d'un droit public. La différenciation sociale, en libérant l'individu du poids des hiérarchies et des solidarités traditionnelles, instaure les conditions d'une compétition politique et de conflits généralisés, les intérêts étant désormais politisés. Aussi l'État doit-il être le mécanisme régulateur qui organise la participation populaire et, pour ce faire, précise Neil Smelser, ne pas être seulement l'affaire des élites. Notons au passage que reconnaître cette fonction à l'État peut inciter à préconiser un État autoritaire susceptible de lutter contre les structures traditionnelles en ajustant entre elles les structures modernes, en diminuant les possibilités de conflits et en modernisant l'économie et la société.

PRÉREQUIS FONCTIONNELS	NATURE DES SOUS-SYSTÈMES CONCERNÉS	MOYEN D'ÉCHANGE PRIVILÉGIÉ	TYPE DE PROCESSUS
Adaptation (**A**)	Économie	Argent	Efficience optimale
Poursuite des buts (**G**) (*goal-attainment*)	**Politique**	**Pouvoir**	**Différenciation des rôles**
Intégration (**I**)	Social	Affect	Inclusion des normes
Latence (**L**)	Culturel	Engagement	Généralisation des valeurs

L'apparition de l'État correspond aussi à l'adoption d'une orientation universaliste et à une visée strictement égalitaire. Pourquoi?

▲ Parce que, avec le déclin des relations d'autorité qui existaient dans la sphère privée et la dépersonnalisation générale des relations sociales, tous les individus formeraient un vaste public potentiellement égalitaire cherchant à obtenir les mêmes droits dans le cadre d'une participation politique toujours plus généralisée, car souhaitée par les élites elles-mêmes en mal de soutien.
▲ Parce que, selon Jürgen Habermas, les lois de l'État s'imposeraient à tous, sans aucun privilège et de façon objective, comme celles du marché (Habermas, *L'Espace public*, trad. fr., Paris, Payot, 1978, 1re édition en langue allemande : 1962). Le système législatif serait ainsi l'expression de l'opinion publique, et l'institution parlementaire exprimerait plus clairement qu'aucune autre le caractère universaliste de l'État. Si on pousse cette logique jusqu'au bout, le jeu politique est alors un équilibre entre des demandes adressées au centre et les offres de réponses que le centre propose.

Si on peut approuver cette dernière proposition, on peut difficilement contester que l'adoption d'une orientation universaliste consacre la supériorité de l'allégeance nationale sur toute autre forme d'allégeance. Cela permet à l'État de revendiquer des relations directes avec tous les citoyens. Qui plus est, alors que, dans le jeu social, on distingue, depuis Albert Hirschman, trois types de comportements — la défection, la contestation et le soutien loyal (Hirschman, *Exit, Voice and Loyalty*, 1970) —, il serait quasi impossible d'adopter une attitude de défection dans le cadre d'une relation de domination légitimée par la construction d'un sentiment national et sa diffusion, sauf à envisager un exil volontaire. De ce point de vue, l'idéologie nationaliste serait l'envers du caractère universaliste de l'État ou, à tout le moins, une concession accordée aux traditions communautaires, avec l'idée sous-jacente que l'État-nation ne serait qu'un compromis provisoire.

Le dernier aspect de la logique de rationalisation qui aboutit à la constitution d'un État serait l'institutionnalisation du jeu sociopolitique. Seraient mises sur pied des institutions à la fois dépersonnalisées, de sorte qu'elles soient indépendantes du prince, permanentes, pour ne pas faire l'objet de la compétition politique, et démocratiques, afin qu'elles puissent s'adapter aux changements d'objectifs du système politique.

1.4.2. L'analyse de Badie et Birnbaum

Dans un ouvrage récent, ceux-ci s'appuient sur une triple critique de l'analyse précédente sans la rejeter complètement. Ils critiquent d'abord l'ambiguïté du concept d'État qui est utilisé, le modèle fonctionnaliste leur semblant osciller entre un État au sens strict, totalement autonome, et un État qui ne serait qu'un simple centre politique. Ils dénoncent ensuite l'utilisation du concept de différenciation qui ne leur paraît ni toujours pertinente, ni tout à fait conforme à la vérité historique, et même parfois abusive. Ils n'acceptent pas, enfin, que l'État, au nom d'une construction sociale apparemment rationnelle, soit présenté comme un modèle unique, toujours et partout valable, affirmant, au contraire, que des cultures différentes devraient logiquement proposer des modèles d'organisation politique différents. C'est justement, soulignent-ils, ce qui s'est passé. Certes, partout, le passage à l'ère industrielle a poussé les sociétés à se doter d'un centre politique, mais cette centralisation s'est faite de façon très variée, en fonction à la fois de la culture de chacune et des circonstances. Dès lors, l'État, adopté à la Renaissance comme solution intégratrice dans des sociétés fortement marquées par la résistance des formations sociales de type communautaire, c'est-à-dire à l'époque des sociétés féodales, n'est pas la seule forme de centralisation. En outre, cette adoption s'est faite conformément aux modèles culturels européens et, s'il y a eu un processus de dissociation, d'ailleurs long à se manifester, c'est parce que le christianisme a lui-même cherché à échapper au pouvoir temporel, incitant ce dernier à construire sa propre formule de légitimité et son propre mode de fonctionnement. Et si le modèle de l'État est devenu quasi universel, c'est qu'il a été diffusé hors d'Europe par les colonisateurs.

Même si l'État est le produit de l'histoire des sociétés occidentales, « il n'est pas toujours indispensable au fonctionnement de la société civile », laquelle, souvent, se montre tout à fait capable de s'organiser pour éviter, précisément, que l'État n'acquière un pouvoir absolu (Badie et Birnbaum, 1994, p. 171). Ainsi, les Pays-Bas ou la Suisse, par exemple, sont des démocraties « consociationnelles » (!) où l'esprit de concession et de tolérance, qui prend la forme d'une « politique de l'accommodement » (*ibid.*, p. 211), permet d'apaiser les conflits pouvant surgir entre les multiples groupes ethniques ou religieux. Subsistent pourtant des barrières qui permettent de maintenir une sorte de « pluralisme vertical » (*ibid.*). Même aujourd'hui, on peut donc distinguer plusieurs situations :

SYSTÈMES POLITIQUES	EXEMPLES	CARACTÉRISTIQUES
Un centre politique et un État, ou un État sans centre	France Italie	La société civile est dominée et organisée par l'État ; force bureaucratie (type idéal de l'État).
Un centre sans véritable État	Royaume-Uni États-Unis	Sous-étatisation : la société civile s'auto-organise.
Un pays sans centre ni État complet	Suisse	

1.5. *Le fonctionnement*

L'État a différentes fonctions à assumer. Les philosophes se sont toujours préoccupés de faire en sorte que les abus de pouvoir puissent être évités. Aussi, chacune des catégories d'activités ou de fonctions qu'ils distinguaient devait être dévolue à des organes différents. Pourtant, nulle part, jusqu'à aujourd'hui, ces pouvoirs n'ont été exercés par des organes qui se seraient cantonnés à une seule fonction.

Quoi qu'il en soit, dès l'Antiquité, Aristote distingue trois types d'activités : une *activité délibérative* qui consiste à rédiger des lois ou à décider d'une guerre, une *activité de commandement*, bizarrement dévolue aux magistrats, et une *activité de jugement*. Locke, au XVIIe siècle, envisage également trois fonctions : *législative*, qui consiste à faire les lois ; *exécutive*, qui doit les faire appliquer ; et *fédérative*, chargée de s'occuper des relations extérieures. Mais c'est la distinction entre les pouvoirs législatif, exécutif et judiciaire, préconisée par Montesquieu dans *De l'esprit des lois* (1748), qui sera, finalement, à la base des démocraties pluralistes modernes. Nous y reviendrons dans le prochain chapitre.

Quittons cette vision normative pour l'analyse systémique qu'en font certains sociologues, dont Gabriel Almond et Bingham Powel. Pour ce dernier, l'État est un ensemble ouvert sur un environnement d'où il tire ses ressources qui lui donnent les moyens d'agir. Ses activités sont donc, dans le cadre de ce type d'analyse, de nature «extractive» et «dispensatrice» (Almond et Powel, *Comparative Politics. A Developmental Approach*, Boston, Little/Brown, 1966).

Pour assumer ses fonctions, l'État a besoin de moyens, humains et matériels. Concernant les hommes, on peut distinguer deux catégories d'individus : d'une part, les professionnels de la politique, ceux qui en vivent, et, de l'autre, les agents administratifs. Ceux-ci sont, en principe, recrutés pour leurs compétences. Leur recrutement prend souvent la forme de concours. Un premier problème vient de ce que ce recrutement se fait en concurrence avec le secteur privé et qu'il s'agit d'attirer dans la fonction publique des personnels de qualité, ce qui passe par de bonnes conditions de travail, des salaires attrayants et des perspectives de carrière. Cela ne va pas de soi quand on connaît la difficulté de l'État, partout dans le monde, à équilibrer ses comptes. De plus, dans la mesure où l'État recrute des travailleurs de qualité, il en prive — par une sorte d'effet d'éviction — le secteur privé, ce qui peut aller à l'encontre de l'efficacité de l'appareil productif, de la création d'emplois et, finalement, de la justice sociale. Un second problème se pose nécessairement : celui du degré de loyauté. Les fonctionnaires, en effet, sont supposés appliquer sans états d'âme les décisions prises en haut lieu, mais il leur faut alors faire abstraction de leurs propres idées politiques alors que, parfois, certains peuvent avoir le sentiment de travailler plus pour un parti au pouvoir que pour un État impartial. En France, par exemple, ils sont soumis à une obligation de réserve qui leur dénie le droit de critiquer ouvertement les décisions du pouvoir dans l'exercice de leurs fonctions.

Pour payer ces agents, l'État a besoin de moyens financiers. Il en a besoin aussi pour s'équiper, voire équiper le pays. Or, de tels moyens dépendent évidemment du niveau de développement atteint. S'il est faible, les prélèvements le seront aussi, tout en risquant d'être douloureusement ressentis eu égard à leur poids relatif élevé. Cela risque de rejaillir sur l'image du pouvoir, tant il est vrai qu'avec peu de moyens, il est bien difficile d'obtenir des résultats significatifs. S'il est élevé, en revanche, la manne des prélèvements sera sensiblement plus grande, d'autant que l'État pourra prélever relativement plus sur les contribuables, et des effets positifs pourront être obtenus, anesthésiant, sans jamais tout à fait le faire disparaître, leur mécontentement éventuel. Le niveau de prélèvement sera d'ailleurs différent suivant la conception dominante du rôle de l'État. Si c'est un parti libéral qui est au pouvoir, on peut penser qu'il essaiera, dans une certaine mesure, de limiter la ponction fiscale pour laisser jouer les lois du marché et cantonner l'État dans un rôle d'État-gendarme. En revanche, si c'est un parti qui souhaite que l'État joue un rôle important, y compris dans l'activité économique, alors son activité «extractive» sera importante.

Nous laissons aux économistes le soin de détailler toutes les actions que l'État peut envisager dans le cadre de son activité «dispensatrice». Notons simplement qu'Almond y voit, dans son vocabulaire fonctionnaliste, deux capacités : «régulatrice» et «distributive». La première correspond à la capacité de l'État d'établir les règles du jeu qu'il faudra respecter dans les relations sociales, la seconde à sa capacité d'octroyer des prestations, tâche particulièrement importante dans nos États-providences modernes.

La dernière activité peut être qualifiée de *responsive* (Braud, 1992, p. 78), ce dernier terme n'ayant pas d'équivalent satisfaisant en langue française. Il s'agit là de la capacité à gérer les inévitables antagonismes d'intérêts, les aspirations ou les attentes contradictoires des uns ou des autres, tant il est vrai qu'on ne peut prendre de décision qui plaise à tout le monde. Cette activité suppose, tout d'abord, que le gouvernement soit capable d'anticiper les conflits au nom du bon vieux principe selon lequel il vaut mieux prévenir que guérir. S'il n'a pas su détecter les insatisfactions, il risque de faire face à des conflits qu'il doit se montrer capable d'affronter. Trois stratégies s'offrent à lui. Ainsi, il peut purement et simplement nier l'existence d'un problème. Soit il le fait passivement en faisant semblant de l'ignorer, soit il le fait activement à l'aide de discours lénifiants. Cette seconde attitude est souvent complétée par une reformulation du problème qui peut — qui veut? — brouiller les repères et, en quelque sorte, « noyer le poisson », ce qui est définitivement acquis si un autre problème surgit, qui jette le précédent dans l'ombre. La deuxième stratégie consiste à accepter le rapport de forces et à négocier, ce qui, si cela ne permet pas de trouver des solutions, a au moins l'avantage de tester les capacités de résistance et les attentes véritables des protagonistes. Reste enfin la possibilité d'une confrontation. L'État, jouant alors son rôle de puissance publique, peut imposer ses solutions. Mais alors, gare à l'amertume et au ressentiment que cela risque d'engendrer!

Le problème corse offre une bonne illustration de la difficulté qu'il y a à choisir une stratégie. L'État peut-il faire comme si tout allait bien en Corse au risque de laisser la situation se gangrener jusqu'à ce qu'elle débouche sur une véritable explosion sociale ou sur la présence, sur le territoire français, d'une région hors-la-loi? Doit-il négocier? Si oui, avec qui? Avec toutes les parties? Cela inclut nécessairement les groupes contestataires armés, même s'ils sont très minoritaires comme les groupes terroristes qui mettent en péril la paix sociale, et risque de donner l'impression de céder au chantage et à la brutalité de ce que certains qualifient de « bandes mafieuses ». Doit-on utiliser la force au risque de transformer des terroristes en martyrs et de voir l'opinion insulaire se retourner contre l'autorité centrale? Pour l'heure, les gouvernements français successifs, de gauche et de droite, ont eu tendance à osciller entre les deux premières stratégies, mais la question du « nationalisme » corse n'est toujours pas résolue… même si les bulletins de vote montrent, scrutin après scrutin, le faible poids électoral des indépendantistes.

2. Nation et nationalisme

Le mot « nation » vient du verbe latin *nascere* qui signifie « naître ». On comprend, dès lors, qu'on puisse aisément confondre la nation avec la patrie, qui signifie « pays du père ». Pourtant, la notion plus familiale ou plus sentimentale de patrie semble impliquer l'existence d'une terre, celle des ancêtres, un véritable enracinement géographique, un attachement au sol. À vrai dire, dans les définitions de la nation que nous évoquerons plus loin, on trouve aussi cette présence d'un territoire. Dès lors, il est bien difficile de différencier les deux, bien que les mots « patriotisme » et « nationalisme », qui en sont dérivés, ne semblent pas équivalents. Le premier, qui signifie « amour du pays du père », semble n'impliquer aucune hostilité à l'égard de l'étranger, au contraire du second qui suppose un amour quelque peu excessif, immodéré, de la nation, du fait de la croyance en sa supériorité. En fait, le mot « patrie » est aujourd'hui peu utilisé. Sans doute a-t-il une connotation quelque peu désuète qui fait qu'il est démodé. La nation et le nationalisme sont des concepts plus modernes. C'est donc à eux que nous allons consacrer les lignes qui suivent. Nous essaierons de le faire avec prudence tant il est vrai qu'ils sont susceptibles de justifier, aux yeux de certains, des actes de terrorisme, voire des guerres et des révolutions.

2.1. *Une première approche*

Quand, aujourd'hui, ce que Jean Leca appelle « la sociologie politique dominante » essaie de déterminer ce qu'est une nation, elle met, en général, en exergue les « processus de superposition des systèmes culturels, économiques et politiques sur une même aire écologique (une culture, un marché, une souveraineté) et d'intégration des « basses cultures » par une « haute culture » standardisée, homogène et soutenue par le pouvoir central » (Leca, « De quoi parle-t-on? », *in* Cordellier et Poisson, dir., 1995, p. 19). Plus simplement, on peut définir la nation comme un groupe social réuni par une communauté de vie, de biens, d'intérêts, de culture et d'aspirations.

La nation est, d'abord, un groupe de personnes. Puisque celui-ci est souverain, on peut en déduire qu'il est de grande dimension et qu'il s'agit d'une société globale. Pourtant, de petits groupes peuvent, ou ont pu, être souverains sur un territoire donné, fût-il réduit. Il s'agit, par exemple, des cités antiques qui n'excédaient pas quelques dizaines de milliers d'habitants, dont une petite partie seulement, soit dit en passant, bénéficiait de la citoyenneté : les hommes libres adultes. Il s'agit aussi des groupes multifamiliaux que sont les tribus.

Pour assurer la satisfaction de leurs besoins économiques essentiels, les membres qui constituent ce groupe sont en liaison plus ou moins étroite. Échangeant biens et services, ils ont des intérêts en commun. Ceux-ci sont matérialisés par l'existence d'un marché.

Comme ils vivent ensemble depuis longtemps, ils se sont, au cours de leur histoire, forgé une même culture, s'habituant à faire face aux défis de l'existence de manière semblable. Leurs techniques de production, leur nourriture, leurs vêtements, leur habitat, leurs productions artistiques, leurs croyances ont fini par se ressembler. Comme ils sont en relation et qu'il faut pouvoir communiquer, ils ont aussi fini par se doter d'une langue commune.

Quant à la volonté des membres des « basses » cultures, régionales et/ou dominées, de faire partie de la nation dont parle Leca, elle passerait par une instruction obligatoire qui leur inculquerait les divers éléments de culture et d'histoire susceptibles de les intégrer.

Cette définition de la nation, si elle est à peu près consensuelle, n'en cache pas moins des conceptions différentes qui ont varié dans le temps, mettant plutôt l'accent sur tel ou tel aspect.

2.2. *Les théories classiques*

Le concept de nation est moderne puisque, né au XVIe siècle en Angleterre, il ne sera théorisé qu'au XIXe (*cf.* Christophe Jaffrelot, « Quelques théories de la nation », *in* Cordellier et Poisson, dir., 1995, p. 67-79). Cette théorisation se fera, d'entrée de jeu, dans deux directions opposées que nous retrouvons dans les théories modernes, l'approche marxiste quant à elle paraissant nettement atypique.

2.2.1. Droit du sol ou droit du sang?

Les deux premières approches correspondent aux deux types de communautés que distingue Ferdinand Tönnies dans *Communauté et société* : la *Gemeinschaft* et la *Gesellschaft*. La *Gemeinschaft* est une communauté fondée sur des liens qu'on peut qualifier d'« objectifs », ayant trait au sang, au voisinage ou découlant d'un « compagnonnage amical » (Braud, 1992, p. 87). La deuxième, au contraire, fruit de l'évolution de nos sociétés qui engendre migrations et urbanisation, est fondée sur une association volontaire. De la même façon, concernant la nation, on trouve, d'un côté, à une époque où se bâtit une nation allemande par agrégation d'États, les Allemands Johann Herder et Johann Fichte qui voient dans la nation avant tout une communauté de fait, linguistique, voire ethnique. De l'autre, il y a l'idée, d'abord défendue en France par Numa-Denis Fustel de Coulanges et Ernest Renan, puis par Marcel Mauss et Louis Dumont, que la nation est une construction universaliste qui agrège des allégeances individuelles, ce que Renan appelle « l'abdication de l'individu au profit d'une communauté », « un plébiscite de tous les jours » qui manifeste le désir de vivre ensemble (voir l'encadré ci-après). Cette deuxième conception est, à l'évidence, l'héritière de l'universalisme de la Révolution française, la « civilisation française » s'identifiant alors à « la » civilisation : qui veut être français doit en manifester le désir explicitement en vivant sur le sol nourricier et en faisant des sacrifices pour la communauté nationale, par exemple en combattant sur les champs de bataille, ou, plus prosaïquement, en accomplissant ses obligations militaires. Au risque de simplifier à l'excès, on peut dire que cette approche fait valoir le « droit du sol » face au « droit du sang » de la conception communautaire allemande.

Gardons-nous, néanmoins, de caricaturer. Fichte prête une grande attention à l'éducation comme moyen d'intégration : on peut donc « devenir » allemand... Quant à Renan, dont Dominique Colas écrit qu'il « est un des inventeurs de la nation française » (Colas, 1992, p. 532), il ne méconnaît pas la complexité du concept de nation. En revanche, le désir de vivre ensemble des Français paraît avoir été, pendant longtemps, plus implicite qu'explicite tant il apparaît que la nation française, comme bien d'autres, semble s'être faite dans la douleur sous la houlette de la royauté : « La France a dépensé le meilleur de ses forces vives à se constituer comme une unité; elle est, en cela, comparable à toutes les autres nations du monde », déclare l'historien Fernand Braudel au journal *Le Monde* (24-25 mars 1985, p. 8). Autrement dit, beaucoup de sang d'hommes en pleine force de l'âge a été répandu sur le sol français pour faire de la France ce que François Mitterrand appelle « la plus vieille nation du monde » (*Mémoires interrompus*, entretiens avec Georges-Marc Benamou, Paris, Odile Jacob, 1996, p. 24).

L'opposition entre les deux conceptions n'a pas perdu de son actualité puisqu'elle a nourri, en France, à la fin des années 1980, le débat sur la réforme du Code de la nationalité entreprise par le ministre de l'Intérieur de l'époque, Charles Pasqua. Quant au service national, c'est le président de la République lui-même, Jacques Chirac, qui a remis récemment en cause son existence en proposant de le supprimer. Ce faisant, il a remis en cause une création de la Révolution. C'est elle, en effet, qui avait décrété la conscription afin que le

« peuple en armes » puisse défendre, outre la démocratie toute neuve, la patrie en danger. C'est donc le peuple lui-même, grâce à cette institution, qui devait « sanctuariser », en quelque sorte, le territoire national, ce qu'il fit, en particulier, pour la première fois à Valmy, en 1792, et, en 1916, à Verdun. Confier, comme cela est envisagé, la défense nationale à une armée de métier comporte le risque :

▲ de couper l'armée de la nation ;

▲ d'un putsch, d'un coup d'État, qui serait fomenté par des officiers ayant à leur botte une armée de professionnels dévoués ;

▲ d'une dérive expéditionnaire : le pouvoir, pour redorer un blason terni, pourrait être tenté de se lancer, comme les généraux argentins, il y a quelques années aux Malouines, dans une aventure militaire outre-mer ;

▲ de réduction des possibilités d'intégration nationale et, partant, la cohésion nationale.

Qu'est-ce qu'une nation ?

Une nation est une âme, un principe spirituel. Deux choses qui, à vrai dire, n'en font qu'une, constituent cette âme, ce principe spirituel. L'une est dans le passé, l'autre dans le présent [...].

Dans le passé, un héritage de gloire et de regrets à partager, dans l'avenir, un même programme à réaliser ; avoir souffert, joui, espéré ensemble, voilà ce qui vaut mieux que des douanes communes et des frontières conformes aux idées stratégiques ; voilà ce que l'on comprend malgré les diversités de race et de langue. Je disais tout à l'heure : « avoir souffert ensemble » ; oui, la souffrance en commun unit plus que la joie. En fait de souvenirs nationaux, les deuils valent mieux que les triomphes, car ils imposent des devoirs, il commandent l'effort en commun.

Une nation est donc une grande solidarité, constituée par le sentiment des sacrifices qu'on a faits et de ceux qu'on est disposé à faire encore. Elle suppose un passé ; elle se résume pourtant dans le présent par un fait tangible : le consentement, le désir clairement exprimé de continuer la vie commune. L'existence d'une nation est (pardonnez-moi cette métaphore) un plébiscite de tous les jours, comme l'existence de l'individu est une affirmation perpétuelle de vie [...].

Je me résume, Messieurs. L'homme n'est esclave ni de sa race, ni de sa langue, ni de sa religion, ni du cours des fleuves, ni de la direction des chaînes de montagnes. Une grande agrégation d'hommes, saine d'esprit et chaude de cœur, crée une conscience morale qui s'appelle une nation. Tant que cette conscience morale prouve sa force par les sacrifices qu'exige l'abdication de l'individu au profit d'une communauté, elle est légitime, elle a le droit d'exister.

Source : Ernest Renan, *Qu'est-ce qu'une nation*?, conférence faite à la Sorbonne le 11 mars 1882, Paris, Presses Pocket, 1992, p. 54-56.

Si les deux premiers risques semblent réduits, la démocratie française paraissant fermement installée, comme la britannique qui a fait depuis longtemps, et sans dommage, le choix d'une armée de métier bien équipée, le troisième est peut-être, aux yeux de certains, à prendre plus au sérieux. L'Allemagne, par la voix de son chancelier, Helmut Kohl, a, d'ailleurs, réaffirmé son choix de la conscription. Toutefois, si l'armée était, jadis, réellement le « creuset de la nation », aujourd'hui la moitié des jeunes Français — et de nombreux binationaux ! — y échappent, et bien souvent des milieux les plus favorisés. Par conséquent, il semble bien que, plus que jamais, ce soit l'école qui doive remplir cette indispensable fonction.

2.2.2. L'approche marxiste

Marx pense que, où qu'elle soit, la classe ouvrière est exploitée. Aussi, la tâche principale à laquelle il faut consacrer ses efforts est de la libérer. Mais si Marx est fondamentalement internationaliste, il pense néanmoins que le cadre national ne doit pas être négligé : « La classe ouvrière doit s'organiser chez elle comme classe [...], son propre pays est le théâtre immédiat de sa lutte » et, dans cette mesure, cette lutte « est nationale, non pas dans son contenu, mais, comme le dit le *Manifeste communiste*, "dans sa forme" » (Marx, 1979, p. 87).

Lénine et Rosa Luxemburg, quant à eux, ont une vision instrumentaliste de la nation et du nationalisme. Ce dernier doit contribuer à combattre l'impérialisme, « stade suprême du capitalisme ». Il doit être émancipateur. Une fois l'impérialisme disparu, pensent les marxistes, le nationalisme doit faire de même.

2.3. *Les nouveaux développements*

Aujourd'hui, si l'on en croit Jaffrelot (« Quelques théories de la nation », *op. cit.*), les nouvelles théories trouvent leur orientation dans trois grands paradigmes :

▲ celui de la modernisation ;
▲ celui de la permanence ;
▲ celui de la diffusion ou de la construction des idéologies nationalistes.

2.3.1. La nation, fruit de la modernisation

Selon Karl Deutsch et Ernest Gellner, la nation serait une conséquence de l'industrialisation. Produit de l'ère industrielle, la nation serait, au moins en partie, une construction liée à l'intensification des relations entre les individus.

Pour Deutsch, le fondateur de l'École de la construction nationale (*nation building*), l'urbanisation liée à l'industrialisation impliquerait une forte interaction interindividuelle qui se manifesterait, par exemple, par le grand nombre de routes et de relations postales, par la nécessité de parler une langue commune (*Nationalism and Social Communications*, 1953). Même la lecture de la presse contribuerait fortement à la construction de la nation en créant ce que Benedict Anderson appelle une « communauté imaginaire » de pensée entre des milliers de lecteurs lisant les mêmes journaux (Anderson, 1996). Une telle conception a d'abord été critiquée pour son européocentrisme : les groupes minoritaires doivent-ils être nécessairement assimilés comme ils le sont, *grosso modo*, en Europe ? Et la multiplication des moyens de communication ne permettrait-elle pas, au lieu de souder les membres du groupe, de leur faire prendre conscience de leurs différences ? Comment donc expliquer que l'avènement de la société industrielle n'ait pas empêché la montée des régionalismes ?

Ernest Gellner, pour répondre à ces critiques, cherche à démontrer que la modernisation implique forcément une homogénéisation culturelle (Gellner, 1994). Elle implique une augmentation de la productivité qui, elle-même, suppose une forte mobilité professionnelle. Cette dernière ne peut se faire qu'avec un développement de l'école. Or, l'école est le lieu par excellence de l'intégration sociale, et, par conséquent, de l'absorption des populations périphériques. Toutefois, si les groupes culturellement dominants se sentent menacés dans leur domination, il se peut qu'ils pratiquent une certaine discrimination envers les groupes dominés. En réaction, ces derniers risquent alors de développer un sentiment national.

Un autre auteur, Paul Brass, dans *Ethnic Groups and the State* (1985), émet l'idée que l'identité ethnique se forge dans la compétition entre les élites qui cherchent à prendre le contrôle de l'État. Ce faisant, il s'oppose clairement aux « primordialistes ».

2.3.2. La permanence de la nation

Les primordialistes, comme Clifford Geertz, défendent l'idée d'une « naturalité » de la nation, thèse que d'aucuns condamnent pour son « fixisme ». Fredrik Barth, notamment, dans l'introduction à un ouvrage réalisé sous sa direction : *Ethnic Groups and Boundaries* (1969), montre qu'un groupe ethnique n'est pas figé. Il peut très bien changer, et ce en raison de logiques diverses : culturelles, sociales, voire écologiques, les activités de la population et leur localisation se modifiant elles-mêmes au cours du temps.

2.3.3. L'idéologie nationaliste

Deux courants peuvent ici être distingués : celui pour qui le nationalisme, simplement, se diffuse, et celui pour qui il se construit. Un point commun les réunit : réhabiliter ce que les auteurs précédents ont négligé.

Le premier de ces courants est constitué d'historiens qui insistent sur la diffusion d'un nationalisme dont — et c'est là, évidemment, la grande faiblesse de leur interprétation — ils ne disent rien des conditions premières de son émergence. Cette diffusion proviendrait de ce qu'Élie Kédourie qualifie de « besoin d'appartenir » à une communauté cohérente et stable.

Le second de ces courants avance que la construction du nationalisme se fait grâce au passage de l'ethnie à la nation, dont le principal agent est l'État moderne. En effet, pour Anthony Smith (*Theories of Nationalism*, 1971, et *The Ethnic Origins of Nations*, 1986), l'État moderne offre à la future intelligentsia des perspectives attrayantes, comme la fin de la pauvreté, de l'ignorance, voire de l'inégalité et de l'injustice. Or, comme ce groupe est encore attaché à ses principes religieux et aux croyances traditionnelles que combat le savoir scientifique, il se trouve face à un dilemme : les conserver ou les abandonner? Trois attitudes sont possibles, pense Smith. La première, « traditionaliste », proviendrait du sommet du pouvoir traditionnel, y compris du pouvoir religieux, et condamnerait sans appel la science de l'État moderne. La deuxième, « assimilationniste », condamnerait les croyances traditionnelles pour adopter la science moderne. Entre les deux, une attitude « réformiste » essaierait de faire une synthèse de ces types de sociétés. Cependant, comme la modernisation de la religion et son adaptation aux besoins sans cesse changeants de la population seraient difficiles, les partisans de cette dernière attitude s'attacheraient à retourner aux sources de leur tradition, découvrant — voire inventant — ce que Smith appelle « un âge idéalisé de foi religieuse » (*Theories of Nationalism*, cité par Jaffrelot, *op. cit.*, p. 77).

Dès lors, la religion ne serait plus perçue que comme exprimant le génie créateur du peuple. Comme les assimilationnistes auraient une attitude semblable à l'égard de la religion, de ces deux attitudes naîtrait le nationalisme.

Cette analyse est enrichie par John Plamenatz qui, dans « Two types of nationalism » (in *Nationalism*, sous la direction d'Eugene Kamenka, 1973), distingue, comme le titre de son article l'indique, deux variantes : « occidentale » et « orientale ». Cette dernière, qui concerne, en fait, les populations slaves et africaines autant que les populations asiatiques, se caractériserait par un double refus. Il s'agirait, d'abord, d'un rejet de l'étranger considéré comme un intrus. Mais celui-ci se doublerait de la volonté de l'imiter pour pouvoir le surpasser selon ses propres critères. Il s'agirait aussi d'un rejet des modes de vie et de pensée ancestraux qui, bien qu'étant des marques d'identité, seraient surtout des obstacles au progrès. Dès lors, ce nationalisme se manifesterait par une modernisation, suivant les canons de l'envahisseur, des traditions ancestrales dont le prestige serait ainsi rehaussé.

Pour Jaffrelot, les grands principes du nationalisme se trouvent ainsi énoncés. Il les résume en écrivant que le nationalisme serait un « effort pour réformer "sa" culture, menacée par un autre » (*op. cit.*, p. 78) qu'on imite tout de même, mais sous couvert d'un retour aux sources qui passe le plus souvent par l'invention d'un « âge d'or ». Le levain du nationalisme, quant à lui, se trouverait à la fois dans une perte des racines culturelles et dans l'aspiration à un statut social plus élevé. C'est ainsi que, selon Anthony Smith, « si les intellectuels sont le fer de lance du réveil ethnique, l'intelligentsia [...] en forme l'infanterie habituelle » (*The Ethnic Revival*, cité par Jaffrelot, *op. cit.*, p. 79). Les premiers, en effet, pour mobiliser la nation, manipulent des symboles d'identité, ce qui montre bien qu'ils sont des « produits idéologiques ». La seconde, constituée essentiellement de membres de l'administration, se battra avec d'autant plus de conviction qu'elle aura le sentiment que son ascension sociale est bloquée.

2.3.4. L'actualité du nationalisme

Aujourd'hui, le nationalisme est à l'origine de nombreux conflits fondés sur des critères ethniques ou religieux. Ce sont, par exemple, des Serbes qui tentent de réaliser une purification ethnique dans l'ancienne Yougoslavie. Ce sont les catholiques et les protestants qui s'affrontent en Irlande du Nord. C'est au nom de l'islam que Louis Farakhan, à la tête d'un mouvement au nom évocateur : « *Nation of Islam* », mène le combat des Noirs aux États-Unis. Ce sont aussi des intégristes musulmans ou juifs qui, dans le pourtour méditerranéen, et plus particulièrement au Proche-Orient, se battent pour prendre le pouvoir et empêcher que la paix ne se fasse entre Israël et les Palestiniens.

Ce nationalisme, souvent attaché fermement à des valeurs religieuses, est, à l'évidence, « traditionaliste » et ne brille pas par la tolérance. C'est, entre autres, celui des mouvements islamistes qui, en Algérie notamment, n'hésitent pas à user de l'arme terroriste pour leur permettre d'accéder, au nom de l'islam, au pouvoir. Il est vrai que bien des crimes sont perpétrés en son nom, en Algérie, en Iran et ailleurs. Ainsi, deux ouvrages récents démontrent que l'assassinat du Premier ministre israélien Itszak Rabin par un jeune fanatique, en 1995, n'est pas un acte isolé, mais le résultat de la montée d'un véritable nationalisme religieux (*cf.* Ammon Kapeliouk, *Rabin, un assassinat politique. Religion, nationalisme, violence en Israël*, Paris, Le Monde, 1996 ; Jacques Derogy et Hesi Carmel, *Ils ont tué Rabin. Enquête sur une mort annoncée*, Paris, Robert Laffont, 1996). D'ailleurs, Kapeliouk voit en Israël un pays dual, où s'affrontent deux cultures, deux identités, et, finalement, deux sociétés : une société démocratique, pour laquelle le Parlement reste la principale source du pouvoir, et une société théocratique, pour qui la loi religieuse telle qu'elle est interprétée par les rabbins passe avant tout. C'est cette dernière qui aurait amené au pouvoir Benyamin Netanyahu, beaucoup plus intransigeant à l'égard des arabes que son prédécesseur Shimon Peres. Mais peut-on briguer et prendre le pouvoir au nom d'une religion au risque de rejeter ceux qui n'y croient pas? Non, répondait dès les années vingt, l'Égyptien Ali Abderraziq, s'élevant contre l'intégrisme religieux et le fondamentalisme musulman. L'islam, pense-t-il, ne doit inspirer ni un système de gouvernement, ni une constitution d'État : « Le Coran nie que le Prophète ait été un chef temporel [...]. Il ne fut ni roi ni fondateur d'empire, ni encore un prédicateur attelé à l'édification d'un royaume » (Abderraziq, *L'Islam et les fondements du pouvoir*, trad. fr., Paris, La Découverte/CEDEJ, 1994, p. 114-115, 1re édition en langue arabe : 1925.) Aussi, même un calife ne saurait s'en réclamer pour fonder une dynastie.

3. L'État-nation menacé?

À cette question, on pourrait répondre par l'affirmative tant l'État-nation, européen notamment, en abandonnant des parcelles de souveraineté, et même si celles-ci sont à tout moment réversibles, semble grignoté à la fois par le haut et par le bas.

3.1. *Un grignotage par le haut*

3.1.1. Le poids croissant des institutions internationales

Les organisations internationales et les organismes supranationaux, quels qu'ils soient, à notre époque de mondialisation triomphante, ont de plus en plus de poids. Nous avons déjà évoqué le droit d'ingérence humanitaire qui, désormais, peut être mis en œuvre par l'ONU. Nous pourrions y ajouter le pouvoir, parfois jugé excessif, du Fonds monétaire international, qui peut, en contrepartie de prêts, en particulier aux pays d'un tiers monde très endetté, dicter les politiques à entreprendre, limitant singulièrement l'indépendance nationale en matière de politiques économiques et sociales. La simple libération des échanges mondiaux, aussi bien commerciaux que monétaires ou financiers, et, plus largement, la mondialisation de l'ensemble des activités économiques engendrent elles-mêmes une réduction significative de l'indépendance nationale. Ainsi, la France n'a-t-elle pas payé sa politique isolée de relance du début des années 1980 par une relance du déficit commercial et de l'inflation, ce qui l'a obligée à envisager les mêmes politiques que ses principaux partenaires? De plus, pour défendre la valeur du franc et respecter les contraintes liées à la mise en place d'une monnaie européenne, n'a-t-elle pas eu tendance à s'aligner sur les taux d'intérêt que fixent les autorités de Bonn?

3.1.2. L'exemple de l'Union européenne

De plus en plus de pays se regroupent pour élargir leurs marchés et permettre à leurs entreprises de faire des économies d'échelle. Le plus achevé de ces regroupements est l'Union européenne qui intègre aujourd'hui quinze pays. Le dernier en date, encore balbutiant : l'ALENA (Accord de libre-échange nord-américain, regroupant le Canada, les États-Unis et le Mexique), n'en est pas moins impressionnant par sa taille et par son potentiel de production. Ces regroupements, purement commerciaux à l'origine, peuvent être à l'origine de constructions plus ambitieuses.

Pour ou contre l'Union européenne?

En France, depuis le référendum de 1992 autorisant le gouvernement français à ratifier le traité signé à Maastricht, aux Pays-Bas, un courant anti-européen s'est ainsi développé, transgressant largement les habituels clivages politiques, puisqu'on y trouve des organisations politiques de gauche : le Parti communiste et le Mouvement des citoyens, fondé et présidé par Jean-Pierre Chevènement ; et des organisations politiques de droite : une partie du RPR et le Front national. Si ce dernier n'hésite pas à développer une argumentation xénophobe, voire raciste, il n'en est pas de même pour les autres mouvements, hostiles à l'extension des pouvoirs de l'Union européenne et militant pour le maintien de la souveraineté nationale et pour une préférence nationale. Voici, brièvement résumés, les principaux arguments des partisans et des adversaires de l'extension des pouvoirs de l'Union européenne :

ARGUMENTS	POUR	CONTRE
Politiques	1. La construction d'une Europe solidaire est un facteur de paix. 2. Constitution, à terme, d'une superpuissance face à celles des États-Unis et du Japon.	1. Perte de souveraineté pour la nation. 2. Recul de l'identité nationale (monnaie, langue). 3. Risque d'inefficience (pouvoir trop lointain) et de dérive technocratique.
Économiques	1. Mise en place d'une division européenne du travail : production à moindres coûts de plus grandes quantités dans des entreprises plus spécialisées. 2. Mise sur pied de politiques communes (à l'instar de la politique agricole) ou d'entreprises communes (comme Airbus industries). 3. Aide au développement des régions d'Europe les plus défavorisées (départements français d'outre-mer) et aux pays associés du tiers monde (ACP). 4. Extension des marchés, débouchés plus importants, économies d'échelle, possibilités accrues d'expansion, donc d'emploi et de revenus.	1. Politique économique et monétaire en partie décidée en dehors du pays. 2. Concurrence accrue des firmes étrangères, d'où difficultés pour les activités de production traditionnelles : chômage, précarité...
Sociaux	Accroissement général des niveaux de vie.	1. Exclusion et aggravation des inégalités et de la fracture sociale. 2. Pénétration plus facile des étrangers sur le territoire national. 3. Risque d'alignement de la protection sociale française sur celle de pays moins bien dotés.

Ainsi, en Europe, se bâtit, depuis 1958, une sorte d'État supranational, l'Union européenne, qui possède son propre organe législatif (le Parlement, où siègent 626 députés élus pour cinq ans), son propre pouvoir exécutif et sa propre Cour de justice (*cf.* la parution, au second semestre 1998, dans la même collection, sous la direction de Gilles Ferréol, d'un Dictionnaire de l'Union européenne). Ses décisions doivent être exécutées dans chacun des pays membres, entamant ainsi, d'une certaine manière, l'indépendance nationale et réveillant les nationalismes européens (voir encadré *supra*).

3.2. *Un grignotage par le bas*

Paradoxalement, alors que les milieux d'affaires raisonnent à l'échelle de la planète, se développent des mouvements régionalistes et communalistes.

3.2.1. Le régionalisme

Il peut être fondé sur des arguments économiques. En ce cas, l'État central est accusé de méconnaître les réalités locales et, partant, de prendre des décisions inappropriées qui semblent, sinon « tomber du ciel », du moins venues d'en haut, avec l'impression d'un rapport de dominant à dominé. La France a longtemps été un exemple typique de système politique et administratif centralisé, de jacobinisme seulement tempéré par une certaine déconcentration du pouvoir, le préfet — représentant de l'État dans les départements — servant de courroie de transmission entre l'échelon local et le pouvoir central. Les études mettant en valeur les dysfonctions propres à l'administration française ne manquent pas (Crozier *et alii*, 1974). Elles montrent combien la rationalisation bureaucratique peut avoir des effets pervers :

▲ poids excessif de la hiérarchie ;

▲ blocages engendrés par le statut de la Fonction publique ;

▲ lourdeur de la gestion du travail quotidien du fait de mille notes de service et de règlements intérieurs contraignants.

Tout cela débouche sur la routine et le ritualisme, surtout chez les fonctionnaires les plus anciens, et la difficulté, pour les plus dynamiques, de faire carrière, eu égard au grand nombre de grades et d'échelons, mais aussi de filières constituant autant de strates plus ou moins étanches dans l'appareil administratif lui-même, coupées les unes des autres, communicant peu entre elles et avec l'extérieur, ce qui aurait fini par susciter le développement de réseaux informels.

La conclusion que Michel Crozier tire de ces constats, c'est que la bureaucratie est une organisation si incapable d'éliminer ses dysfonctionnements qu'elle est obligée de recourir autant à des règles informelles qu'à la réglementation formelle de l'origine. Certes, il y a bien eu des tentatives de mises en place de méthodes de type RCB — rationalisation des choix budgétaires — dans certains ministères (Dupuy et Thoenig, 1985), mais il a paru nécessaire de rapprocher l'administration des administrés, les centres de décision de leurs lieux d'application, et d'entreprendre, sous la houlette de Gaston Defferre, alors ministre de l'Intérieur, une décentralisation.

Un ouvrage récent de Kenichi Ohmae, *De l'État-nation aux États-régions* (trad. fr., Paris, Dunod, 1996), avance un autre argument. L'auteur dénonce l'importance excessive des frontières politiques, « onusiennes », alors que, selon lui, les véritables frontières sont économiques. Ces dernières peuvent aussi se trouver à l'intérieur d'un même territoire national, scindant, par exemple, l'Italie en deux, avec, d'une part, le Mezzogiorno plutôt rural et pauvre, et, d'autre part, l'Italie du Nord, industrielle et riche, ou encore la Belgique wallonne, francophone, et la Belgique flamande, plus prospère. Lorsque c'est le cas, la région riche, grâce aux systèmes de redistribution, entretient la région pauvre. C'est là une gabegie qu'il faut faire cesser en laissant les régions « naturelles » s'organiser elles-mêmes. Des structures politiques souples, de type fédéral, permettraient, en laissant jouer une véritable concurrence entre ces régions, d'atteindre une plus grande efficacité économique.

Le régionalisme ne s'est pas seulement appuyé sur les arguments d'une excessive centralisation des décisions et la volonté d'affiner et de rationaliser les processus de décision d'une Administration réputée pour sa lenteur et le manque de réalisme de certaines de ses décisions. Il a aussi trouvé des fondements dans la volonté de reconnaître l'identité culturelle locale. Dans les années 1960, en France, se sont en effet développés, en Occitanie, dans le pays basque ou en Bretagne, des mouvements ayant connu un large écho car défendant la langue et les traditions locales.

Ces mouvements et la volonté de décentraliser l'exercice du pouvoir ont débouché sur la loi du 2 mars 1982. Celle-ci accorde une autonomie aux collectivités locales sous la forme de transferts de compétences. Désormais, les communes sont plus particulièrement chargées de l'urbanisme et des écoles ; les départements, de l'aide sociale et des collèges ; les régions, de la formation professionnelle et des lycées. Pour faire face à ces nouvelles charges, les collectivités locales bénéficient, en plus de leurs ressources propres, d'aides de l'État désormais globalisées : ce sont les dotations globales de fonctionnement, d'équipement et de décentralisation. Enfin, la tutelle de l'État disparaît. Elle est remplacée par un contrôle juridictionnel effectué par les tribunaux administratifs, lesquels peuvent être saisis soit par les préfets, soit par les administrés. Cette volonté de décentralisation poussée n'est pas propre à la France et on la retrouve dans bien d'autres pays européens, comme l'Italie et le Royaume-Uni, où des mesures de même nature ont également entamé l'autorité du pouvoir central tout en confiant aux instances locales de décision des responsabilités accrues. La décentralisation, pourtant tant souhaitée, a eu des effets pervers. Elle a nécessité des moyens, accroissant la fiscalité locale — près de 6 % du produit intérieur brut français en 1988 contre un peu plus de 4 % en 1979 — plus inégalitaire que la fiscalité nationale, puisque décidée de façon autonome par les instances locales en raison des moyens des administrés et de leurs besoins. Il est vraisemblable également qu'en rapprochant les administrés des instances de décision, les risques de corruption se sont accrus, ce dont témoigne, au moins dans une certaine mesure, le nombre fortement croissant ces dernières années de poursuites judiciaires à l'encontre de notables locaux.

Poussée, la décentralisation peut aboutir au fédéralisme, c'est-à-dire à un certain morcellement juridique et politique, puisque la constitution elle-même est amenée à prévoir une répartition des compétences entre l'État central et des États fédérés très autonomes. Généralement justifiée par une vaste étendue géographique ou/et d'importantes différences ethno-culturelles, la constitution d'un État fédéral peut se faire en fonction de dynamiques opposées. Soit, comme aux États-Unis, elle est dictée par une dynamique d'intégration qui tient au sentiment d'avoir un destin ou une culture en commun et à la conscience des avantages que peut procurer un État unitaire, fût-il décentralisé ; soit elle répond à une logique de différenciation, tant les particularismes sont grands. En ce cas, comme en Russie ou en Yougoslavie récemment, les tensions séparatistes peuvent aboutir à l'éclatement de l'union.

3.2.2. Le communalisme

C'est une idéologie fondée sur la prééminence supposée d'un groupe particulier, identifiable par sa religion, sa couleur de peau, sa langue ou son lignage, et qui cherche à partager le pouvoir, voire à le monopoliser. On la trouve surtout dans certains pays du tiers monde, là où des États bâtis sur le modèle des États-nations se sont constitués lorsque la puissance coloniale a été chassée. La chose a pu se faire dans la mesure où, malgré la présence de différentes ethnies, langues ou religions, ces États étaient en quête d'identité nationale. On la rencontre, par exemple, en Inde, au Sri Lanka ou à l'île Maurice. Dans cette dernière, à la population pourtant très mélangée et réputée pour sa tolérance, Premier ministre et président de la République ont toujours été, jusqu'à présent, d'origine indienne. On la rencontre aussi de plus en plus aux États-Unis. Précisément, les revendications de traitement particulier, pour ne pas dire privilégié, émanent de minorités qui mettent en avant leurs particularismes pour exiger l'application de quotas dans différents domaines de la vie sociale, ce qui risque de rompre le lien national et d'aboutir à des clivages qui pourraient se révéler insupportables. Aussi, si on ne veut pas aboutir à un développement séparé, y compris sous forme d'un partage du territoire aboutissant à un apartheid comme il y eut longtemps en Afrique du Sud, il est nécessaire de trouver un *modus vivendi* qui fasse abstraction de toute référence ethnico-raciale. Ainsi, si la nation américaine, si tant est qu'elle existe, ne veut pas éclater et être enfin *The Melting Pot* — pour reprendre le titre célèbre de la pièce d'Israël Zangwill — qu'elle n'a jamais tout à fait été, elle ne doit pas oublier le principe de tolérance, alors religieuse, de l'association de ses origines.

Au terme de ce chapitre, on peut conclure que, contrairement à ce que pensait Marx, ni la religion, ni la nation ne semblent condamnées par l'Histoire. Même ses disciples ne s'y sont pas trompés : le congrès de Bakou, déjà évoqué, ne préconisait-il pas le respect des nations, des nationalités et des sentiments nationaux autant que l'internationalisme? Malgré l'interpénétration des cultures, le mélange des langues, l'abolition des distances par les télécommunications et les médias, et l'importance des flux migratoires, l'homme du XXIe siècle ne sera sans doute pas l'habitant d'un village planétaire. Dans *Le Village introuvable*, Leszek Kolakowski démontre, au contraire, que tout ce qui est supposé produire ce citoyen du monde provoque un tel sentiment de solitude et d'angoisse qu'il suscite le besoin de se replier sur des valeurs qu'on aurait pu croire condamnées : le passé, la religion, la famille et la nation. Sauf à découvrir une autre planète habitée, il n'y aura pas de sitôt de patriotisme planétaire. Au contraire, on peut même penser que la mondialisation va accroître la recherche d'identité, ce qui pourrait aboutir à une multiplication du nombre des États-nations.

À RETENIR

▲ L'État est aujourd'hui le cadre essentiel de l'exercice du pouvoir politique. Institution moderne, seule habilitée à user de la violence pour faire respecter la loi, il concrétise la nécessité d'organiser les relations sociales entre les citoyens d'un pays et avec ceux d'autres pays.

▲ S'il coïncide le plus souvent avec la nation, celle-ci ne saurait se confondre avec lui, car elle est une entité culturelle qui trouve ses fondements dans les liens du sang, ou dans l'histoire et dans la volonté de ses membres d'en faire partie. Elle se trouve au cœur des deux tendances contradictoires qui marquent notre temps : l'internationalisation des économies, qui incite à bâtir des institutions dépassant largement le cadre national, et le repli identitaire sur la nation, voire sur des communautés plus étroites.

Chapitre 3

Les régimes politiques

SOMMAIRE

OBJECTIFS DE CONNAISSANCE

▲ Déterminer les principales caractéristiques et les conditions de développement des différents régimes politiques.

▲ Si la démocratie semble, à nos yeux, supérieure, prendre conscience de ses limites, en particulier celles qui sont liées à son fonctionnement.

Dès qu'on s'intéresse aux formes que prend le pouvoir politique, aux règles qui le sous-tendent et aux régimes qui lui sont associés, on se heurte à la difficulté d'en donner une définition précise. C'est que les différentes formes de gouvernement ont toujours fait l'objet de débats souvent polémiques. Il est donc bien difficile d'en déterminer des caractéristiques que l'on pourrait considérer comme «pures» ou, pour reprendre la terminologie de Weber, «idéaltypiques». Néanmoins, le cadre restreint de cet ouvrage nous y obligera.

Jadis, le pouvoir était le plus souvent aux mains d'un seul homme, un monarque : roi, prince, grand duc, etc. Le régime le plus répandu était donc la monarchie. Lorsque le roi étendait son autorité, en particulier sur des peuples d'origines ethniques et de civilisations différentes, on lui attribuait — ou il s'attribuait — le titre d'empereur. En France, le pouvoir du monarque était de droit divin et se transmettait de façon automatique. C'était celui d'un père, bon ou mauvais, que la nature avait donné au peuple, et dont seuls les proches savaient qu'il pouvait ne pas être inamovible : comment un peuple naïf, ignorant l'existence possible d'autres formes de pouvoir, aurait-il pu mettre en péril un prince si lointain que bien peu pourraient le voir un jour, fût-ce en image, et, qui plus est, réputé d'essence divine? Les fréquentes rébellions, les jacqueries périodiques, provoquées par quelque illuminé qui promettait la justice, l'abondance ou le règne de Dieu sur la terre, ou par quelque réforme fiscale portant atteinte aux coutumes ancestrales, ne mettaient pas réellement en cause l'autorité royale : peut-on remplacer un père? Pour ces raisons, on a pu qualifier les régimes traditionnels d'*apolitiques* (*cf.* Denquin, 1994, p. 31-37). Leur apolitisme a disparu — au XVIIIe siècle en France et en Grande-Bretagne — lorsque sont apparus, au-delà des quelques familles constituant le cercle dirigeant, des individus informés capables de réflexion personnelle et susceptibles de constituer une véritable opinion publique.

Cela n'a pas pour autant sonné le glas des monarchies. Rien que dans l'Union européenne, nombreux sont les États-membres qui sont dirigés encore par des monarques. Mais il ne s'agit pas des monarques absolus d'autrefois. Leur pouvoir est fort réduit et les États à la tête desquels ils se trouvent sont des démocraties pluralistes, comme le sont les républiques où la chose publique — *res publica*, en latin — est aux mains de tous les citoyens. Ils restent avant tout garants de l'unité nationale, du respect de la constitution, et n'exercent plus que des fonctions de représentation. De nos jours, l'exercice absolu du pouvoir et la tentative de restaurer l'apolitisme des régimes traditionnels sont généralement le fait de dictatures. Souvent installés par un coup d'État, le dictateur ou le groupe — la *junte* en Amérique du Sud — arrivés au pouvoir sont des militaires qui, après avoir conquis celui-ci par la force, s'y maintiennent également par la force, à moins que la dictature ne soit le fait d'un parti unique comme le Parti communiste dans les «démocraties populaires», véritables monocraties censées représenter les intérêts du peuple tout entier puisque les classes sociales elles-mêmes doivent disparaître, et que c'est à ce titre que le pouvoir est monopolisé.

Pour la commodité de l'analyse et pour nous en tenir aux régimes «modernes», nous distinguerons deux grands types. La *démocratie*, que nous examinerons en premier, légitime les désaccords qui peuvent apparaître au sein de la société. Même si le mot est d'origine grecque (de *demos* : peuple), ce régime commun à l'ensemble des sociétés occidentales n'est pas simplement occidental. C'est pourquoi il faudra que, dans cette partie, le lecteur ait toujours à l'esprit que ce qui est considéré comme démocratique ici ne l'est pas nécessairement ailleurs, et que les frontières entre les différents types de régimes sont parfois bien floues. Gardons-nous de tout ethnocentrisme qui pourrait nous pousser à considérer ce type de démocratie comme la norme incontournable en la matière.

Nous examinerons, dans un second temps, les *régimes autoritaires* modernes. Nous distinguerons l'*autoritarisme*, dont les racines sont occidentales, mais qui est si fréquent aujourd'hui dans le tiers monde, du *totalitarisme*. Si le totalitarisme est une forme exacerbée de l'autoritarisme, sa principale spécificité tient au fait qu'il cherche à faire disparaître tout désaccord entre les citoyens par un remodelage systématique des mentalités, alors que les régimes autoritaires se contentent, si on peut s'exprimer ainsi, d'en interdire l'expression. On a pu surtout observer ce régime sur ce que Jean Leca appelle «l'axe Berlin (point de rencontre)-Moscou-Pékin» (*in* Grawitz et Leca, dir., 1985, vol. 2, p. XVII), mais il n'empêche qu'il a pu aussi se développer ailleurs.

1. La démocratie

Depuis Aristote, la démocratie peut être définie comme l'« agencement pratique d'une souveraineté librement exprimée par un corps de citoyens suffisamment large » (Guy Hermet, « L'autoritarisme », *in* Grawitz et Leca, *op. cit.*, vol. 2, p. 272), ce qui correspond à peu près à la célèbre formule du gouvernement du peuple par le peuple et pour le peuple. On peut aussi dire que c'est un mouvement en direction d'un idéal d'égalité, de liberté et de participation des citoyens à la vie publique, vers la « société ouverte » telle que l'a définie Karl Popper dans son grand ouvrage de 1945, à savoir une société dont les institutions assurent la protection des droits des citoyens et la liberté de choix et de parole. Pourtant, ces définitions, aussi commodes soient-elles, sont en réalité vagues et approximatives tant il y a de façons d'apprécier le caractère démocratique d'un régime. C'est ce qui amène Georges Lavau à en proposer cinq (Lavau, avec la collaboration d'Olivier Duhamel, « La démocratie », *in* Grawitz et Leca, *op. cit.*, vol. 2, p. 29-30). Toutefois, pour faire aussi simple et général que possible, il suggère que l'on considère comme démocratique toute organisation politique où les élections sont libres, les libertés étendues — sans autre précision — et le « système judiciaire indépendant et soumis à des règles honnêtes » (*ibid.*, p. 32).

1.1. *Une image contrastée*

1.1.1. La démocratie dans l'Antiquité

L'usage du mot « démocratie » a bien varié au cours de l'histoire. Le terme apparaît pour la première fois dans la Grèce du siècle de Périclès, le cinquième avant notre ère. Mais, dès l'origine, il est clair que la démocratie peut être envisagée de deux façons : soit on la considère comme un système permettant de régler les inévitables conflits qui peuvent surgir entre les groupes composant une société en laissant diriger la majorité, soit on l'appréhende comme un système consensuel où la conversion de tous à l'intérêt commun doit permettre d'aboutir à l'unanimité. C'est cette dernière conception que l'on trouve chez Platon et Aristote, mais aussi chez Démosthène pour qui c'est l'amitié *(philia)* qui ferait fonctionner le système de cette façon. Si ce bel optimisme a été oublié par Locke, on le retrouve plus tard, dans une certaine mesure, chez Rousseau, et surtout chez les utopistes et les anarchistes. On le voit, la démocratie moderne ne doit pratiquement rien, directement du moins, à la Grèce antique dont elle tire son nom. Les premiers philosophes grecs s'en méfient. Aristote y voit une déviation de la *politeïa*, en ce que l'intérêt commun y serait sacrifié aux intérêts particuliers, de la même façon que la tyrannie et l'oligarchie sont des formes dévoyées de la royauté et de l'aristocratie. Il est vrai que, contrairement à l'Asie de la même époque, composée d'immenses empires soumis à des régimes despotiques, la Grèce n'est qu'un conglomérat de cités de taille réduite. À son apothéose, sur 300 000 habitants, Athènes n'a que 30 000 citoyens : les Athéniens libres qui peuvent participer à la vie politique, les femmes, les étrangers et les esclaves étant exclus des débats politiques, des votes et des jugements. L'exercice de la démocratie y est donc limité. Nous devons néanmoins aux cités grecques des inventions dont la démocratie moderne s'est inspirée.

Les dysfonctionnements de la démocratie sont-ils, selon Tocqueville, inévitables?

THÈSE	ARGUMENTS	CONTRE-ARGUMENTS
Les dirigeants des démocraties sont médiocres	– Les masses ne sont pas assez instruites pour reconnaître les individus d'exception. – Les classes inférieures écartent les meilleurs éléments pour choisir des représentants à leur image.	– Les conditions sont aujourd'hui différentes et, grâce à l'éducation, un plus grand discernement prévaut. – Le vote n'est pas nécessairement un acte rationnel.
Ces mêmes dirigeants sont, en outre, corrompus	– Dans les démocraties, les hommes d'État ont leur fortune à faire. – Les «passions déshonnêtes» sont encore plus marquées dans le cas du peuple que dans celui des grands seigneurs. – L'immoralité menant à la grandeur est d'autant plus dangereuse qu'elle sert de modèle.	– La vénalité est en soi condamnable, quel que soit le régime politique. – Il n'y a pas de hiérarchie dans de telles «passions». – L'exigence de moralité est désormais beaucoup plus forte.
Les majorités sont tyranniques	– Une opinion partagée par la plupart des citoyens n'est pas nécessairement meilleure qu'une opinion minoritaire. – Une loi est juste si elle est compatible avec les règles de la justice universelle, et non parce qu'elle est votée par le plus grand nombre.	– La démocratie véritable se caractérise par l'existence de contre-pouvoirs qui s'équilibrent.
Le risque de suppression de la liberté est une menace permanente	– La passion pour l'égalité est plus importante que le goût pour la liberté car elle est enracinée dans les mœurs.	– Il y a, à notre époque, une sensibilité particulière aux désavantages liés à l'égalité (démotivation, désincitation au travail...).
La réduction des disparités est source à la fois d'insatisfaction et d'augmentation des revendications égalitaristes	– En procédant à une telle réduction, on introduit une «dose perfide d'homogénéité» qui rend les groupes commensurables entre eux. – La société indifférenciée est un monstre social et peut déboucher sur une sorte de «totalitarisme».	– On peut très bien admettre que la diversité des conditions est à même de garantir un fonctionnement harmonieux, mais aussi que des différences excessives et injustifiées ruinent le consensus sur lequel reposent nos institutions.

Source : Gilles Ferréol (dir.), *Les Grands Économistes et sociologues en terminale ES*, Paris, Armand Colin, 1995, p. 106.

1.1.2. Les réticences des Lumières

Au cours de notre ère, le mot «démocratie» a longtemps eu une connotation négative, contrairement au libéralisme politique né d'une réflexion sur la crise de la féodalité. C'est, en effet, en son nom que le despotisme fut combattu et qu'on chercha à lui opposer des obstacles infranchissables pour en finir avec des guerres meurtrières attribuées aux caprices des princes. C'est ainsi que, pour Locke, il faut réduire l'État au minimum et garantir à la société civile trois droits inséparables et cependant distincts : le droit à la sécurité, c'est-à-dire à l'intégrité des corps (la torture est, à son époque, « légale »), le droit à la propriété et le droit à la liberté. De son côté, Montesquieu pense que la démocratie suppose l'exercice du pouvoir par le peuple tout entier. Ceci n'est possible que sur un territoire très réduit, garantissant un lien social étroit, où vit une population constituée d'individus de bonne moralité, égaux par la fortune et qui se contentent de peu pour vivre. Même si ces hypothèses restrictives se trouvent vérifiées, le baron de la Brède considère que le peuple est insuffisamment éclairé pour diriger directement les affaires. Il faut donc envisager qu'il soit gouverné par des représentants qu'il doit désigner, ce qui est plus à sa portée. En ce cas, on ne peut plus, pense-t-il, parler de démocratie, mais d'aristocratie. La république n'est plus réellement démocratique. Elle est aristocratique. Et c'est parce que sa confiance dans les représentants du peuple n'est pas totale que Montesquieu est conduit à préconiser une séparation des pouvoirs législatif et exécutif : leur neutralisation réciproque devrait pouvoir éviter le pire. C'est la même préoccupation d'une possible tyrannie des représentants qui conduit James Madison et Benjamin Constant à envisager la possibilité de les révoquer. La démocratie n'étant guère envisageable et l'aristocratie guère souhaitable, sauf si elle permet d'éviter le despotisme, un régime fondé sur la crainte et l'usage de l'arbitraire, il n'est pas surprenant que, parmi tous les régimes possibles, la monarchie ait la faveur de Montesquieu.

Ainsi, la démocratie a été combattue au nom du libéralisme, et les pays occidentaux ont été libéraux avant d'être démocrates. Elle ne s'est imposée que quand elle est devenue « libérale », en ce sens qu'elle a montré qu'elle pouvait être garante des libertés les plus fondamentales. De ce point de vue, ce sont les États-Unis qui ont montré la voie.

1.1.3. **Les critiques d'aujourd'hui**

Pour les marxistes et les anarchistes, la démocratie était nécessairement condamnable dans la mesure où elle leur semblait être une variété d'État, donc un instrument d'oppression. Ainsi Marx et Engels, dans le *Manifeste du Parti communiste*, écrivent-ils que le prolétariat doit devenir la classe dominante qui sera capable de conquérir la démocratie. Quant aux anarchistes, ils y voient le pire des régimes dans la mesure où les représentants du peuple, tous issus de la bourgeoisie, se servent d'elle pour l'oppresser. Il est vrai que la démocratie est à la fois inclusive et exclusive. Elle inclut les citoyens en les soumettant aux mêmes lois, en les « normalisant ». Mais elle exclut ceux qui, à l'intérieur ou à l'extérieur des frontières, refusent de s'y soumettre. Elle exclut aussi du champ politique l'affrontement du capital et du travail. Elle laisse ses détenteurs s'affronter, à armes inégales, sur le marché où ils sont pourtant supposés égaux, ce qui est d'autant plus condamnable pour ces courants de pensée radicalement hostiles au capitalisme.

Georges Lavau et Olivier Duhamel situent l'apogée de la démocratie à la fin du XIXe siècle et au début du XXe. Autour de 1917, apparaissent des critiques à l'intérieur du « camp démocratique » lui-même ; ces critiques, pour la plupart, avaient déjà été mises en évidence près d'un siècle plus tôt par Tocqueville (*cf.* encadré *supra*). Elles sont d'abord liées aux difficultés que rencontrent les démocraties — surtout les plus jeunes — après la Première Guerre mondiale, à l'accroissement de l'intervention de l'État entraîné par les guerres et la crise des années 1930, et à l'apparition des totalitarismes. Quand on voit les électeurs, mal informés, approuver des gouvernements non démocratiques, écrit Schumpeter en 1942 dans *Capitalisme, socialisme et démocratie*, on peut se demander s'ils sont réellement capables de faire des choix rationnels et si, finalement, la démocratie n'est pas simplement une méthode pour désigner des dirigeants et pour s'en débarrasser. Le faible investissement dans la politique des simples citoyens impliquerait alors que seuls de véritables professionnels, les « entrepreneurs politiques » qui luttent pour le pouvoir, sont capables de transformer en programmes cohérents et en dispositifs les « volontés » diverses et confuses du corps électoral, qu'ils orientent, d'ailleurs, plus ou moins. Secondés par des fonctionnaires compétents et indépendants, ils seraient donc seuls à pouvoir statuer. La vision de Schumpeter relève-t-elle uniquement d'un réalisme supposé sauver la démocratie libérale ou d'un certain révisionnisme? Son élitisme se retrouve chez des auteurs américains comme Hubert Mac Closky, pour qui seule une élite sociale aurait intériorisé les règles de la démocratie parce qu'elle légitime ses principes de tolérance et de pluralisme. Les masses, au contraire, quand elles sont portées au pouvoir, mettent la démocratie en péril en soutenant des individus qui prônent intolérance et extrémisme.

Le contenu politique de la démocratie classique est de plus en plus relativisé par le développement de revendications concernant d'autres formes de démocratie : « économique », « sociale » ou « industrielle ». La démocratie, si elle se limite aux choix d'élus qui concentrent pouvoir et richesse, n'est-elle pas formelle aux yeux d'individus qui se sentent rejetés de la société? Et le développement de l'État-providence lui-même, suscité par ces revendications, toujours plus nombreuses et souvent contradictoires (comment intervenir plus quand les citoyens veulent payer toujours moins d'impôts et de cotisations sociales?), ne nécessite-t-il pas des bureaucraties toujours plus pesantes qui échappent aux règles habituelles de la démocratie représentative, ce qui risque d'entraîner dépolitisation et dérive technocratique? Dès lors, c'est l'État qui apparaît comme l'ennemi de la démocratie et dont il faut réduire les fonctions au minimum. Pour Friedrich von Hayek, le marché, fruit de la liberté, est la seule forme de régulation sociale compatible. Le pouvoir politique doit limiter son action à déterminer le cadre de l'action des particuliers, le législateur étant chargé d'édicter les règles du droit. De son côté, Robert Nozick souhaite que l'État se contente d'être une sorte d'« agence » offrant une protection minimale aux individus (Nozick, *Anarchy, State and Utopia*, New York, Basic Books, 1974). Quant à John Rawls, il suppose les individus égaux au début de leur vie et dans une situation d'ignorance et d'incertitude totales : il ne peut donc pas y avoir d'envieux. Aussi des inégalités peuvent-elles se développer du moment qu'elles permettent d'améliorer la situation de tous. L'État, bénéficiant d'un consensus unanime, en est réduit à surveiller le marché et à faire respecter les « principes de justice » (Rawls, 1987).

Notons enfin que la sociologie et la psychosociologie, en étudiant plus en profondeur le fonctionnement de la démocratie, le recrutement de ses dirigeants, les moyens dont certains usent pour accéder puis rester au pouvoir ou en tirer profit, n'ont pas peu contribué à « désenchanter » ce type de régime.

1.2. *Les démocraties pluralistes modernes*

1.2.1. Principales caractéristiques

En cette fin de XXe siècle, les plus grandes puissances sont des démocraties pluralistes fondées sur une constitution préalablement votée. Si toutes les opinions peuvent s'y exprimer, le peuple n'y gouverne pas vraiment le peuple. Le nombre des citoyens est beaucoup trop grand pour envisager un véritable exercice direct de la démocratie. Ce sont donc des démocraties représentatives où le peuple, déléguant ses pouvoirs à des représentants qui siègent au Parlement, a pour principale activité de participer à leur désignation dans le cadre d'élections libres. L'institutionnalisation de cette forme moderne de la lutte politique que sont les élections s'est faite très progressivement et souvent, paradoxalement, à l'initiative de régimes autoritaires comme le Second Empire en France ou l'Allemagne de Bismarck en mal de légitimation. La mobilisation des masses lors des élections a, en effet, pour but de légitimer le pouvoir des dirigeants et de faciliter son exercice tout en intervenant dans leur choix. Ce choix n'est pas totalement libre : tout le monde ne peut pas prétendre se lancer dans la compétition électorale avec des chances réelles de succès. Outre que les candidats potentiels doivent pouvoir faire face aux dépenses de campagne et à l'éventualité d'un parrainage, ils ne bénéficient pas tous du même traitement dans les médias, ni de la même notoriété. Dès lors, ce sont les partis politiques qui fournissent l'essentiel des candidats, surtout lorsqu'il s'agit de scrutins organisés dans de vastes circonscriptions, voire à l'échelle du pays.

La bonne marche du système suppose que les parlementaires élus qui élaboreront les lois ne feront pas passer leur intérêt personnel avant celui de leurs mandants. L'exercice démocratique du pouvoir suppose aussi que les libertés individuelles — de pensée, en particulier — soient garanties et que les groupes provisoirement dans l'opposition pourront se réunir et s'exprimer librement. Ce fonds commun de règles admises dans toutes les démocraties pluralistes modernes est complété par une série de conventions, à savoir :

▲ que tous les citoyens sont formellement égaux, même si cette égalité est parfois limitée à certaines catégories d'entre eux ;

▲ que c'est la majorité qui gouverne ;

▲ que les partis sont aptes à synthétiser de façon stable les intérêts et les aspirations des différentes composantes de la population ;

▲ que, grâce au débat démocratique, les représentants élus ont connaissance des vœux de ceux qu'ils représentent, pendant que les battus des élections ont la patience d'attendre d'être un jour à leur tour représentés ;

▲ enfin, qu'il doit y avoir une séparation entre les représentants, d'un côté, le gouvernement et l'administration, de l'autre, institutions hiérarchisées où officient des personnes non élues recrutées pour leur compétence.

1.2.2. La nécessaire séparation des pouvoirs

C'est Hobbes qui, le premier, propose de distinguer le pouvoir législatif du pouvoir exécutif, mais c'est Montesquieu qui introduit le pouvoir judiciaire chargé de veiller au respect des lois. Depuis, on admet que ces trois pouvoirs séparés doivent s'équilibrer.

Le *pouvoir législatif* a pour tâche d'élaborer les lois. Il est aux mains d'une ou de deux assemblées dont les membres sont en général couverts par l'immunité parlementaire. Dans le cas, le plus fréquent, d'un système bicaméral, une chambre « haute » est chargée d'équilibrer les pouvoirs d'une chambre « basse ». Composée, soit de « notables » comme la Chambre des Lords au Royaume-Uni ou le Sénat en France, soit de représentants des régions, comme en Suisse, elle est réputée avoir un rôle modérateur. La chambre « basse » — l'Assemblée nationale en France, la Chambre des Communes au Royaume-Uni ou la Chambre des Représentants aux États-Unis — qui, habituellement, est élue au suffrage universel direct, joue le rôle principal en matière législative et, en cas de litige avec l'autre assemblée, emporte la décision. Le *pouvoir exécutif* est chargé, comme son nom l'indique, et au nom de quelqu'un d'autre — Dieu, le peuple ou l'Assemblée législative — d'exécuter les lois. Il repose le plus souvent sur une personne (roi, président de la République, dictateur) parfois sur un groupe (directoire ou comité révolutionnaire) à qui sont associés les membres d'un conseil ou d'un gouvernement.

1.2.3. Les rapports entre le législatif et l'exécutif

Le judiciaire devant toujours être, en principe, indépendant, ce sont ces rapports qui définissent, dans le cadre de la théorie constitutionnelle, deux régimes, parlementaire et présidentiel, qui ne sont en fait que des formes institutionnelles de la démocratie.

Le *régime parlementaire* constitue un équilibre entre les pouvoirs exécutif et législatif puisque l'un peut agir sur l'autre, et réciproquement. Dans sa forme la plus pure, que l'on peut actuellement rencontrer au Royaume-Uni, au Canada, en Australie, en Nouvelle-Zélande, au Japon ou en Inde, le pouvoir exécutif est exercé par un gouvernement issu de la majorité parlementaire et responsable devant le Parlement qui peut le censurer ou à qui il peut demander la confiance. Le pouvoir législatif est détenu par un Parlement qui peut être dissous par l'exécutif. Ce régime parlementaire peut connaître des dérives, des formes qu'on peut qualifier d'impures. Mais, même lorsque les formes paraissent correspondre au modèle, comme au Royaume-Uni, il faut bien observer que la dissolution et la censure sont rares, sans compter que la reine, théoriquement chef de l'exécutif, mais en réalité sans pouvoir, n'est pas responsable devant le Parlement. En fait, il semble que l'exécutif soit de plus en plus dominant. Cela tient souvent à l'instauration d'un système de partis disciplinés. Cela tient toujours à l'hypertrophie d'une fonction législative qui est amenée à régir de plus en plus de domaines, de plus en plus complexes, pour lesquels les techniciens qui entourent les ministres semblent mieux armés. Et c'est pour cette raison qu'en France, deux lois sur trois sont votées à l'initiative du gouvernement.

Les deux formes impures du régime parlementaire que l'on a coutume de distinguer sont le régime d'assemblée et le régime semi-présidentiel. Dans un *régime d'assemblée*, qu'on nomme parfois gouvernement conventionnel en référence aux pouvoirs étendus de la Convention en 1793, l'assemblée cumule les deux principaux pouvoirs, le législatif et l'exécutif, comme ce fut le cas en France sous la IVe République ou comme c'est encore le cas en Suisse aujourd'hui. En revanche, depuis 1958, notre pays connaît une tendance au présidentialisme. Il est vrai que le président de la République, chef de l'exécutif, non seulement n'est pas responsable de ses actes devant le Parlement, mais, en outre, depuis une réforme adoptée par référendum en 1962 et mise en application pour la première fois à l'élection présidentielle de 1965, est élu au suffrage universel direct, ce qui lui confère une légitimité devant la nation tout entière qui l'a choisi, voire une sacralisation qui lui donne l'autorité d'une sorte de monarque républicain. Cette autorité est encore renforcée par la longueur exceptionnelle de son mandat : sept ans renouvelables. C'est ainsi que François Mitterrand a pu diriger la France pendant quatorze ans. Sans aller jusqu'à parler de dérive monarchique, on peut dire que la France a un *régime semi-présidentiel*, tout comme l'Autriche, la Finlande, l'Irlande, l'Islande ou le Portugal.

Dans un véritable *régime présidentiel* tel que le prévoit la constitution américaine de 1787 toujours en vigueur, les détenteurs des pouvoirs exécutif et législatif ne peuvent pas se remettre en cause. Toutefois, le Président américain, élu au suffrage universel — mais indirect — qui dirige lui-même le gouvernement, peut faire des projets de loi et les assemblées peuvent refuser le budget ou un traité, comme ce fut le cas il y a quelques années pour l'accord SALT de limitation des armements stratégiques signé avec l'URSS.

Dans les régimes démocratiques contemporains, il subsiste parfois des formes de démocratie directe, comme le droit de révocation des élus *(recall)* très rarement mis en œuvre ou le référendum. Celui-ci permet au corps électoral tout entier de légiférer en répondant à une question simple par oui ou par non portant sur un projet de loi. En Suisse, où on en use souvent, il est un moyen « d'exprimer un dissensus populaire face à des institutions représentatives qui anesthésient, voire écartent certains débats » (Braud, 1992, p. 137). Dans d'autres pays, l'Italie, le Royaume-Uni ou l'Autriche, il permet de statuer sur des questions où les clivages entre les parlementaires ne sont pas les mêmes que dans la population. Parfois, il prend la forme d'un plébiscite dans la mesure où, conformément à la tradition « bonapartiste », il est sollicité pour renforcer la légitimité du chef de l'exécutif. C'est ainsi que le général de Gaulle y a eu plusieurs fois recours et qu'il n'a pas hésité à démissionner en 1969 de sa charge présidentielle à la suite d'un référendum où le « non » l'avait emporté, assimilant ce vote négatif, pourtant relatif à une réforme du Sénat et à une régionalisation des institutions, à un refus de lui faire confiance. Hormis ces circonstances rares, les citoyens des démocraties modernes ne peuvent agir que de façon ponctuelle sur leurs dirigeants. De loin en loin, les élections leur permettent de leur demander des comptes et, éventuellement, de s'en débarrasser. Ils peuvent aussi demander au pouvoir judiciaire d'intervenir pour lutter contre les abus de pouvoirs et contre la corruption. Mais l'indépendance du judiciaire vis-à-vis du politique, indispensable, est souvent plus formelle que réelle, puisque cette instance est chapeautée par un ministre, donc un membre du gouvernement (en France, le garde des Sceaux).

Les citoyens disposent d'autres moyens pour faire entendre leurs revendications ou défendre leurs acquis. Outre l'action des groupes d'intérêt que nous verrons dans un chapitre ultérieur, ils doivent pouvoir compter sur ce que l'on a coutume d'appeler un « quatrième pouvoir », celui de la presse, dont la liberté et le pluralisme sont des garants de la liberté d'expression, prolongement indispensable de la liberté la plus fondamentale qui soit : la liberté de pensée. Et c'est, bien sûr, à l'école, conformément à ce que souhaitait Condorcet, que chacun aura appris quels sont ses droits fondamentaux et les meilleures façons de les exercer.

En somme, le fonctionnement harmonieux de la démocratie passe par une ouverture d'esprit et un esprit critique bien compris cultivés à l'école, en même temps qu'une instruction civique non partisane et une information plurielle dispensée par une presse libre servant de véritable contre-pouvoir, qui s'ajoutent à une égalité de traitement des candidats aux élections, un équilibre de pouvoirs responsables et une indépendance réelle du judiciaire, toutes choses qui n'apparaissent guère dans les formes de gouvernement que nous allons examiner maintenant.

2. Autoritarisme et totalitarisme

Aux XIXe et XXe siècles, de nouveaux régimes sont apparus, caractérisés à la fois par la domination de l'État en tant qu'appareil politique sur la « société civile » et le refus de toute opposition. Pour quelles raisons ces régimes autoritaires, voire totalitaires, ont-ils pu naître alors que les régimes démocratiques étaient de plus en plus nombreux ?

2.1. *Aux sources des régimes autoritaires modernes*

Dès le siècle dernier, Alexis de Tocqueville relève une contradiction entre l'aspiration des hommes à l'égalité, qui pousse à l'uniformisation, et leur « goût naturel pour la liberté » (Tocqueville, 1981, p. 122) qui pousse à la différenciation. Or, les hommes « ont pour l'égalité une passion ardente, insatiable, éternelle, invincible » (*ibid.*, p. 123) et ce « désir de l'égalité devient toujours plus insatiable à mesure que l'égalité est plus grande » (*ibid.*, p. 174). Ils voudraient bien que celle-ci se réalise dans la liberté, mais « s'ils ne peuvent l'obtenir, ils la veulent encore dans l'esclavage » (*ibid.*). Une fois cet objectif atteint, les hommes se désintéressent de la chose publique. Peu à peu, ils s'en remettent à « un pouvoir immense et tutélaire, qui se charge seul d'assurer leur jouissance et de veiller sur leur sort », tout en ne cherchant « qu'à les fixer irrévocablement dans l'enfance » (*ibid.*, p. 385). En effet, s'occupant quotidiennement de tout, de leur sécurité et de leurs menus plaisirs, de leurs affaires et de leurs principaux besoins, ce pouvoir « rend moins utile et plus rare l'emploi du libre arbitre [...], renferme l'action de la volonté dans un plus petit espace, et dérobe peu à peu chaque citoyen jusqu'à l'usage de lui-même » (*ibid.*, p. 385-386). Ainsi, un siècle avant la naissance du fascisme, dans un ouvrage prémonitoire, Tocqueville craignait que la démocratie ne débouche sur l'asservissement.

Plus récemment, Karl Polanyi le rejoint, interprétant le fascisme comme une « solution » à l'impasse du capitalisme libéral (Polanyi, 1983). L'économie de marché, gouvernée par les prix et par eux seuls, s'autorégule. Tout doit faire l'objet d'un prix. Tout doit être acheté et vendu, même l'homme sur le marché du travail, puisque seul ce qui a un prix a de la valeur. Si la société ne souhaite pas se soumettre à cette utopie d'automates, la bureaucratie saura bien l'imposer, et cela au nom même de l'État minimal. Et si la bureaucratie l'impose, on ne sera pas loin de l'économie dirigée dont Friedrich von Hayek, dans *La Route de la servitude*, dit qu'elle porte en germe l'abdication de la liberté. C'est ainsi que le fascisme, comme le socialisme dans sa version bolchevique, s'est « enraciné dans une société de marché qui refusait de fonctionner » (Polanyi, *op. cit.*, p. 308).

Si l'historien François Furet admet que les régimes totalitaires modernes ont la même nature révolutionnaire, il avance l'idée, dans *Le Passé d'une illusion*, que leur naissance et leur développement ont été avant tout affaire d'hommes et de circonstances. Leur origine commune serait la guerre de 1914-1918 qui mobilise les masses, comme le souhaitent les démocraties, mais les habitue plus à la violence qu'à la réflexion. La guerre « permet de mobiliser les passions révolutionnaires modernes, la fraternité des combattants, la haine de la bourgeoisie et de l'argent, l'égalité des hommes, l'aspiration à un monde nouveau » (Furet, 1995, p. 199). Les nouveaux régimes, qui plus est, « transportent dans la politique l'apprentissage reçu dans les tranchées : l'habitude de la violence, la simplicité des passions extrêmes, la soumission de l'individu au collectif, l'amertume des sacrifices inutiles ou trahis » (*ibid.*, p. 197). Mais la guerre n'aurait pas suffi. Il a fallu que s'y ajoute l'arrivée sur le devant de la scène politique de personnalités exceptionnelles et particulièrement mégalomaniaques : Staline, Hitler, Mussolini et même Lénine.

2.2. *L'autoritarisme*

2.2.1. Définition

Tout pouvoir, quel qu'il soit, détient une autorité. On ne le qualifie d'autoritaire que s'il utilise arbitrairement la violence. On parle d'autoritarisme d'abord quand il abuse de son autorité en usant plus de la force que de la persuasion. Mais si l'abus d'autorité peut le rendre illégitime à nos yeux d'occidentaux, ce n'est pas nécessairement le cas aux yeux des populations qu'il peut concerner. On parle aussi d'autoritarisme quand les postulants à l'exercice du pouvoir refusent la compétition politique. Le pouvoir est alors attribué à des individus qui sont plus cooptés qu'élus dans des conditions démocratiquement satisfaisantes.

Guy Hermet pense qu'on peut appliquer le concept d'autoritarisme à des dictatures civiles, comme celle de Salazar au Portugal, ou militaires, dont l'Amérique du Sud et l'Asie du Sud-Est ont une longue tradition. On peut également l'appliquer aux nombreux pays issus de la décolonisation qui sont aux mains d'un parti unique, ainsi qu'aux monarchies islamiques auxquelles le qualificatif de dictature semblerait plus approprié (Hermet, « L'autoritarisme », *op. cit.*, p. 270-271).

L'autoritarisme se situerait quelque part entre la démocratie et le totalitarisme. Certes, il n'est pas réellement démocratique dans la mesure où les dirigeants ne sont pas recrutés lors d'élections réellement concurrentielles, mais il n'est pas tout à fait totalitaire : en général, on y trouve ni réelle idéologie directrice, ni volonté de mobilisation massive mais, simplement, un pluralisme réduit. Contrairement à ce qui peut se passer en régime totalitaire, il y subsiste, au moins dans les sociétés occidentalisées, un clivage et une relation différenciée entre l'État et la société, et un relatif polycentrisme des pouvoirs : le pouvoir économique des grandes entreprises est toléré, comme l'est également le pouvoir moral des religions. Plus le domaine où s'exerce le pouvoir est éloigné de la sphère politique, comme l'est la culture, plus le pluralisme idéologique est accepté. Il ne l'est plus dès que les gouvernements, se sentant menacés, se montrent impitoyables. Il est vrai que la grande caractéristique des régimes autoritaires est le verrouillage institutionnel étroit qu'imposent des dirigeants qui n'acceptent pas l'idée d'être remis en cause. Ce verrouillage peut prendre la forme d'une interdiction de toute activité politique ou syndicale, comme ce fut le cas dans la Grèce des colonels, de 1967 à 1974, ou comme cela se trouve encore aujourd'hui en Arabie Saoudite. En réalité, il prend plus souvent la forme d'un contrôle de ces activités, soit grâce à la présence d'un parti unique, comme cela se rencontre fréquemment en Afrique ou en Amérique du Sud, soit en chapeautant un pseudo-multipartisme, comme à Madagascar de 1975 à 1993, sous les premiers mandats de Didier Ratsiraka, où sept partis, dont celui du président — l'AREMA, Avant-Garde de la révolution malgache — constituaient un Front national pour la défense de la révolution (FNDR) qui exerçait le pouvoir sans partage. Dans ce type de régime, il peut même y avoir des élections qui, si elles concernent directement les hommes au pouvoir (ce qui n'est pas nécessairement le cas), sont généralement truquées. À ce contrôle des activités politiques, s'ajoute un contrôle total de l'appareil d'État ainsi que de l'information et de la communication. Si, dans les sociétés traditionnelles où les solidarités familiales, tribales ou régionales s'ajoutent au clientélisme, ce contrôle est assez aisé, dans les sociétés modernes il doit s'appuyer, le plus souvent, sur un parti unique et un syndicalisme d'État.

Quoi qu'il en soit, alors que le totalitarisme cherche l'élimination totale du pluralisme social et idéologique, l'autoritarisme se contente d'en limiter l'expression et se satisfait volontiers d'une indifférence généralisée qu'il n'hésite pas à entretenir par la promotion du sport ou de tout autre loisir. Dans d'autres sociétés qu'occidentales, qui pourraient présenter une « disposition sociétale » (*ibid.*, p. 274) au totalitarisme en raison d'un manque de complexité apparent, l'État peut avoir une prétention totalitaire. Mais sa pénétration reste souvent faible en raison de la multiplicité des identités collectives qui s'y trouvent. Il n'y est donc qu'autoritaire.

2.2.2. Situations et régimes autoritaires

Il peut paraître pertinent de distinguer les *régimes autoritaires* des *situations autoritaires*. Les premiers correspondent habituellement à une institutionnalisation, celle d'un équilibre centralement manipulé entre des hiérarchies — militaire, administrative, religieuse ou économique — égales. Les secondes sont plus difficiles à cataloguer dans la mesure où elles correspondent à des adaptations particulières des régimes occidentaux. On les rencontre surtout aujourd'hui dans les pays du tiers monde, quand l'autorité est exercée comme si l'État était la propriété du souverain. Celui-ci, en conséquence, dirigerait le pays comme on gère son propre patrimoine avec l'autorité d'un père sur ses enfants. On les rencontre aussi lorsque des propriétaires rivaux se disputent le pouvoir. C'est le cas des *caudillos* sud-américains qui doivent miser sur des relations affectives et de loyauté pour arriver au pouvoir et s'y maintenir. Se développe alors un parlementarisme oligarchique fondé sur un clientélisme lui-même lié, certes, à une vision utilitariste de la politique, mais aussi à la pauvreté et à l'isolement des paysans dans des microsociétés sans conscience de classe ni expérience d'un ensemble national. Cela donne un pouvoir fragile mais que la pratique des élections permet tout de même de conforter.

Tous les régimes autoritaires sont loin d'être absolument semblables. Les typologies elles-mêmes ne s'accordent pas parfaitement. Retenons celle de Philippe Braud qui a le mérite d'être fondée sur un critère assez facilement discernable : le degré d'étatisme (Braud, 1992, p. 140-143). Sont distingués quatre régimes autoritaires. Ce sont, par ordre d'étatisme croissant : l'« autoritarisme patrimonial », les « bonapartismes et dictatures populistes », « les oligarchies clientélistes » et « les bureaucraties autoritaires ».

L'*autoritarisme patrimonial* correspond à la gestion par les détenteurs du pouvoir des ressources de l'État comme s'il s'agissait des leurs. On peut l'observer dans les monarchies du golfe Persique et dans certains pays d'Afrique subsaharienne où, parfois, les avoirs du chef de l'État peuvent être aussi élevés que la dette publique.

Les *bonapartismes* et les *dictatures populistes* ont des caractéristiques communes : pouvoir absolu de l'exécutif, tempéré d'une référence claire à la souveraineté nationale, volonté du pouvoir d'obtenir le plus large accord de la population. Ce type de régime est resté bien présent au XXe siècle avec quelques-unes des plus fortes personnalités du tiers monde : Mustapha Kemal, dit « Atatürk » — le père de la Turquie —, Gamal Abdel Nasser en Égypte, Juan Perón en Argentine, ou Saddam Hussein en Irak. Guy Hermet propose une analyse plus fine de ces régimes qu'il qualifie de dictatures « libérales » (Hermet, « L'autoritarisme », *op. cit.*, p. 283-292), en ce sens qu'elles n'impliquent pas réellement un rejet du libéralisme, mais instaurent une sorte d'autoritarisme transitoire dans des pays capitalistes en voie de modernisation.

Au sein de ces dictatures, sont dissociés le bonapartisme et l'autoritarisme plébiscitaire, d'une part, des populismes, d'autre part. Les premiers sont autoritaires dans la mesure où le chef n'est pas révocable par le Parlement ou parce qu'ils sont fondés sur le primat de l'exécutif, voire de l'armée. Les dirigeants y jouent un rôle plus directorial que dictatorial en se plaçant au-dessus des individus et des classes. L'État, à l'aide d'une bureaucratie très présente, guide la modernisation de la société. Max Weber parle à leur sujet de démocraties plébiscitaires (Weber, 1971, p. 276). Il y voit une « transition » entre l'autoritarisme oligarchique et la démocratie ouverte. Populistes, ces dirigeants se réclament de la souveraineté nationale et du suffrage universel. Les exemples les plus typiques datent du siècle dernier. C'est, en premier lieu, le Second Empire français (1852-1871). Son fondateur, après avoir été le premier président de la République française élu au suffrage universel direct (le 10 décembre 1848), n'a pas hésité à recourir encore deux fois à l'approbation populaire, tout d'abord en faisant entériner par un plébiscite — les 21 et 22 décembre 1851 — son coup d'État, puis en se faisant nommer empereur sous le nom de Napoléon III par un autre plébiscite, le 21 novembre 1852. Un autre bon exemple est, à un degré moindre, l'Empire allemand au temps de Bismarck, lequel, président du Conseil de la Prusse à partir de 1863, entreprit l'unité allemande qu'il acheva en 1871. On trouve encore aujourd'hui de nombreuses illustrations de ce type de régime semi-autoritaire dans les pays du tiers monde qui entreprennent, « dans un cadre économique et intellectuel libéral », une « modernisation conservatrice » (*ibid.*, p. 288).

Les populismes correspondent aux *oligarchies clientélistes* ou « néo-patrimonialisme » (Braud, 1992, p. 141). Principalement présents en Amérique du Sud, ils se caractérisent par une exaltation du peuple plus ouverte que dans le cadre des bonapartismes, mais l'objectif est le même : endiguer la mobilisation des masses. Toutefois, la situation en Amérique latine suscite d'autres différences. Les structures y sont encore latifundiaires. Aussi subsiste-t-il une grande masse de paysans qui constituent une clientèle facile à contrôler. L'État y est faible, et l'urbanisation galopante. Celle-ci se fait par l'arrivée de nombreux paysans très pauvres qui, faute d'une quantité suffisante d'activités industrielles, ne constituent pas réellement une classe ouvrière. Les hommes au pouvoir substituent à une éventuelle lutte de classes ce qu'ils appellent l'impérialisme occidental qui serait la cause de tous les maux. Cela leur permet de se contenter de gérer le déracinement de populations que l'urbanisation et le capitalisme triomphant bousculent. Le populisme cultive un clientélisme qui serait ainsi moins ambitieux que le bonapartisme. Un pluralisme apparent et l'existence d'un Parlement ne constituent qu'une façade démocratique, justifiant des élections qui n'ont pour but que de légitimer le pouvoir de quelques grandes familles.

Restent les *bureaucraties autoritaires* où Braud distingue deux variantes. Dans la variante « corporatiste » qu'illustre bien le Portugal du temps de Salazar, du début des années 1930 jusqu'à la fin des années 1960, certains attributs de l'État sont délégués à des corps intermédiaires, ce qui fait que la bureaucratie se situe, d'une certaine manière, « en dehors » de l'État. L'autre variante, « progressiste », se caractérise par un « parti unique hypertrophié » (*ibid.*, p. 143) qui contrôle effectivement toutes les activités dans quelque domaine que ce soit. Elle a longtemps été symbolisée par les régimes « post-totalitaires d'URSS et d'Europe de l'Est » dirigés par des partis « désidéologisés » ayant pratiquement perdu toute ambition révolutionnaire (*ibid.*).

2.3. *Le totalitarisme*

2.3.1. Définition

Apparu dans les années vingt, ce terme a été forgé dans le but d'affiner l'analyse du despotisme. Pour cette raison, on peut considérer le totalitarisme non pas comme un régime à part entière, mais plutôt comme une variante de l'autoritarisme dans la mesure où il n'a pas de règles juridiques propres. Plus que de régimes totalitaires, il vaudrait mieux alors parler de situations totalitaires. Néanmoins, il y a certains traits qui sont propres au totalitarisme et qui nous semblent susceptibles de lui conférer le qualificatif de « régime ». C'est d'abord le culte du chef poussé à son paroxysme, un *leader* qui est supposé incarner la « ligne juste » ou l'âme du peuple et dont la pensée est martelée par des moyens de communication de masse étroitement contrôlés et louangée lors de gigantesques manifestations. C'est ensuite, et surtout, le caractère révolutionnaire du régime (Hannah Arendt insiste sur sa volonté de « révolution permanente »), et sa prétention à réaliser à tout prix l'unité sociale.

Les deux grands régimes totalitaires modernes sont le *communisme* et le *fascisme*. Le premier est d'abord mis en œuvre par Lénine à partir de la révolution d'octobre 1917 qui marque la naissance de l'URSS, mais connaît son apogée pendant la longue domination de son successeur, Staline, d'où le qualificatif de stalinisme que, pour cette raison, on lui attribue. Ce régime cherche à mettre en place un État du peuple tout entier grâce à des structures susceptibles « d'identifier l'État à la société unifiée » (Ferry et Pisier-Kouchner, *in* Grawitz et Leca, *op. cit.*, vol. 2, p. 119). Le projet stalinien est la transformation complète de tous les aspects — économiques, sociaux, culturels — de la vie des Soviétiques. La domination de l'État est donc un moyen au service d'un dessein et non l'essence du système.

Le fascisme aussi donne un rôle prépondérant à l'État, un État « total » — d'où le mot « totalitarisme » : « Tout dans l'État, rien contre l'État, rien en dehors de l'État », déclare Mussolini à la Chambre des députés italienne. Mais son essence n'est pas la même. Luc Ferry et Évelyne Pisier-Kouchner y voient le prolongement d'une idéologie bourgeoise qui cherche ordinairement à masquer la division sociale derrière le capitalisme. Le fascisme va plus loin encore puisqu'il tente de la faire réellement disparaître. Dès lors, l'égalité des conditions, idéal démocratique, fait place à l'atomisation d'individus désormais isolés dans des masses apathiques et dépolitisées, au lieu d'être solidaires dans des classes où ils défendraient des intérêts communs. À cela, le fascisme ajoute la terreur dont la particularité est qu'elle finit par ne plus relever d'aucune rationalité, même celle de l'exploitation, tant elle paraît absurde et gratuite : « La seule finalité du système est véritablement la domination totale par laquelle l'homme devient "superflu" » (*ibid.*, p. 121.)

2.3.2. Caractéristiques sociologiques

L'analyse sociologique de régimes dont le pouvoir contrôle étroitement l'information n'est pas des plus aisée. Néanmoins, on peut la tenter en s'appuyant, à l'instar de Pierre Ansart, sur l'étude de deux exemples considérés comme idéal-typiques : le *régime stalinien*, dont la forme la plus « pure » se situe entre 1930 et 1956, et le *régime hitlérien* (1933-1945) (Ansart, « Sociologie des totalitarismes », *in* Grawitz et Leca, *op. cit.*, vol. 2, p. 160-197).

Les conditions sociales de la production ont en commun d'être extrêmement pénibles puisque, en dépit de la propagande officielle, on sait que la mortalité aura été exceptionnellement élevée en URSS comme en Allemagne, en particulier pendant les années 1930. En revanche, Ansart relève de sensibles différences entre les deux régimes. En URSS, pays encore très faiblement industrialisé, c'est d'abord la paysannerie qui a souffert du régime, subissant des décisions pour lesquelles elle n'avait pas son mot à dire, surtout entre 1929 et 1937, dates entre lesquelles la collectivisation forcée des terres s'est avérée particulièrement violente : environ dix millions de morts durant cette période ! Cette mutation a été aggravée par l'imprécision des ordres donnés. Ainsi, la « dékoulakisation », c'est-à-dire la suppression de la classe des propriétaires terriens, les koulaks, dont le nombre était estimé à 4 % de la population paysanne, a touché 15 % de cette population. Les ouvriers eux-mêmes qui, contrairement aux koulaks, ne pouvaient pas être considérés comme des ennemis de classe, bien au contraire, ont été victimes d'un grand nombre d'accidents du travail, et, à compter de la mise en place de la nouvelle politique économique (NEP), d'une baisse des salaires, d'une aggravation des inégalités et d'une surveillance accrue. En Allemagne, pays déjà développé, ce sont les ouvriers qui ont été les premières victimes. Leurs syndicats ont été interdits en mai 1933 et le droit de grève supprimé. Une hiérarchie plus pesante et les sanctions sévères subies par les insoumis témoignent de ce que fut la volonté d'« endisciplinement » (*ibid.*, p. 166) du régime qui a logiquement abouti au travail forcé, systématique à partir de 1940, et aux camps de travail. Là se rejoignent les deux totalitarismes, marqués tous les deux par le « souci de rassembler une force de travail peu rémunérée, requérant peu d'investissement et totalement disciplinée » (*ibid.*), et cela dans des lieux où se côtoyaient prisonniers de droit commun et prisonniers de guerre, opposants et résistants. Pareil souci nécessitait une vaste bureaucratie fortement hiérarchisée qui n'empêcha pas les pénuries, d'où le développement de nombreux comportements déviants : vols, économie parallèle, sabotage (*cf.* Stéphane Courtois *et alii*, *Le Livre noir du communisme*, Paris, Robert Laffont, 1997).

Les sociétés des deux pays ont été profondément transformées. L'économie soviétique étant encore peu industrialisée, la révolution bolchevique, qui était supposée amener un prolétariat triomphant au pouvoir, s'est appuyée sur un petit nombre d'ouvriers alors que la population paysanne, largement responsable de la chute du tsarisme, fut mise à l'écart. Paradoxalement, quand le nombre des ouvriers s'est accru, leur pouvoir s'est réduit au profit du pouvoir central. En Allemagne, l'évolution a été comparable et les forces sociales qui étaient à l'origine du régime ne furent pas celles qui dominèrent quelques années plus tard. De cette observation, on peut donc déduire que les origines de ces régimes n'ont pas été particulièrement significatives, au contraire de leur organisation sociale interne.

Hannah Arendt y voit des sociétés qui sont « atomisées » par la décomposition des liens sociaux et par la dissolution des mouvements associatifs (Arendt, 1972). Pourtant, Ansart affirme que des formes d'intégration ont pu se créer et se renforcer, au sein du Parti, dans l'armée, dans les entreprises, du moment qu'elles ne heurtaient pas le pouvoir politique. En fait, et malgré la volonté de « massification », ces sociétés étaient divisées et hiérarchisées. De nouveaux canaux de mobilité sociale sont apparus, ne serait-ce que dans le parti au pouvoir. Une nouvelle « classe » dirigeante est même apparue, homogène en URSS (la bureaucratie politique, la *nomenklatura*), plus hétérogène en Allemagne. Dans les deux pays, elle est amenée à dominer des groupes souvent désignés avec précision lorsqu'il y avait une justification officielle, comme pour les paysans soviétiques des années 1920 et 1930 lors de la collectivisation des terres, voire des ethnies, mais alors de façon plus arbitraire. En Allemagne nazie, ce sont les opposants politiques, les ethnies jugées « inférieures » — juive, par exemple — ou les déviants sexuels qui sont soumis à l'arbitraire des dirigeants et, en dernier ressort, du chef suprême.

Dans les deux pays, à l'exploitation économique et à la dictature politique s'est ajoutée une violence meurtrière « dépassant les logiques de l'exploitation et de la domination politique » (Ansart, *op. cit.*, p. 176) puisque les groupes persécutés n'étaient pas réellement menaçants pour le régime. Une telle violence nécessitait des appareils d'État étendus et disciplinés. Ces institutions totalitaires furent principalement le Parti et la police, mais aussi des services qui se faisaient concurrence, ce qui engendrait une confusion des compétences et, par conséquent, un flou juridique, une insécurité généralisée et une terreur permanente. Elles étaient chargées de contrôler la population en la mobilisant et en réprimant les éventuelles déviations.

La mobilisation se faisait autour de « représentations systématisées » (*ibid.*, p. 183) que les appareils d'État se chargeaient de véhiculer eux-mêmes. Il s'agissait d'idées simplistes réputées représenter la vérité par opposition aux idées fausses et aux doctrines « erronées ». Dans les années vingt et au début des années 1930, les communistes soviétiques et les nazis qui cherchaient, avec leur appui, à accéder au pouvoir en Allemagne, affichaient le même dégoût de la social-démocratie, dont les partisans étaient qualifiés de « sociaux-traîtres » par Staline qui les accusait d'avoir fait « capoter » la révolution outre-Rhin. L'ennemi commun était le « socialisme bourgeois » de la république de Weimar, et, plus largement, la culture occidentale. Ensuite, les choses furent plus claires : en URSS, on exalta la marche vers le communisme tout en condamnant l'hydre capitaliste alors que, dans l'Allemagne désormais hitlérienne, on chanta la supériorité du peuple allemand et on mobilisa les masses contre les Juifs tout en condamnant le communisme. L'incendie du *Reichstag* fournit le prétexte d'une interdiction du parti communiste allemand dès le début de l'année 1933 et Hitler put, au cours des « grands messes » qu'il affectionnait, fustiger ceux qui avaient été les complices de son accession au pouvoir. Ainsi, en 1933, alors qu'il venait d'arriver au pouvoir, il déclarait devant des dizaines de milliers de personnes : « Le combat contre le marxisme est devenu le but suprême de la lutte. Dès l'époque où j'étais encore inconnu, je me suis juré de lui livrer une guerre et de la mener jusqu'à ce que cette maladie soit effacée de la vie allemande. » Quoi qu'il en soit, l'objectif était le même dans les deux pays : inculquer la même vision du monde à toute la population, une idéologie unique pour tous. N'est-il pas encore le même dans l'Iran de l'imam Khomeiny et de ses successeurs où le fondamentalisme islamique exhorte les populations à combattre le Grand Satan occidental au nom d'une sorte d'« islam des déshérités » (Braud, 1992, p. 147)?

Aujourd'hui, dans les pays occidentaux, la démocratie triomphe. Il lui reste à se dominer elle-même, car aucune victoire n'est définitive. Il se pourrait, en effet, que, faute d'adversaire, elle soit minée de l'intérieur par un excès d'individualisme qui engendrerait un désintérêt pour la chose publique, un excès de compétition suscité par la toute-puissance du marché et un manque d'esprit de solidarité. Si elle a constitué un ensemble de garanties contre l'arbitraire politique, une sorte de « liberté négative » (Touraine, 1994, p. 261), si elle est bien « le régime qui reconnaît les individus et les collectivités comme sujets » (*ibid.*, p. 262), ne faudrait-il pas que tous les acteurs sociaux, et pas seulement les élites, envisagent désormais une « conception positive de la liberté » (*ibid.*)? Cette liberté ne saurait être celle du marché, pense Alain Touraine, car réduire l'intervention de l'État, comme le préconisent les apôtres du laisser-faire, va à l'encontre de la protection des faibles, jugée indispensable. Elle ne saurait non plus être le repli identitaire, cette sorte d'individualisme tribal qui éloigne des autres et de la démocratie. Il faut au contraire, est-il affirmé, qu'elle encourage la rencontre et l'intégration de cultures différentes au sein de la communauté nationale.

À RETENIR

▲ Bien qu'elle serve aujourd'hui de modèle, la démocratie a toujours suscité des réserves. C'est son aptitude à garantir les libertés fondamentales, grâce notamment à la séparation des trois grands pouvoirs (législatif, exécutif et judiciaire), qui a fini par lui valoir la confiance. Toutefois, les critiques ne manquent pas aujourd'hui pour dénoncer les limites d'un régime que l'on peut néanmoins juger, à l'instar de Winston Churchill, comme « le meilleur à l'exception de tous les autres ».

▲ Les autres sont, il est vrai, enclins à abuser de la violence dont leurs dirigeants se sont souvent arrogés le monopole à leur profit. Et quand ces régimes autoritaires prétendent transformer la société en profondeur, ils se muent en régimes totalitaires : les siècles passés ont connu des monarchies absolues, le XXe pourrait rester celui du fascisme, du nazisme et du stalinisme.

DEUXIÈME PARTIE

Les acteurs

Chapitre 4

Déterminants et apprentissage de la politique

SOMMAIRE

OBJECTIFS DE CONNAISSANCE

- ▲ Comprendre que l'apprentissage de la politique n'est pas simplement individuel, mais aussi collectif.
- ▲ Connaître les différentes formes de la socialisation.
- ▲ Préciser dans quelles conditions elle s'effectue.

Si la politique est un jeu, comme tout jeu elle a ses règles. Chaque individu doit les apprendre de la même façon qu'il doit connaître les conventions qui régissent la vie en société. Il doit acquérir un vocabulaire en partie spécifique, assimiler des normes dont il n'est pas l'auteur et se montrer capable de passer de préoccupations personnelles concrètes et d'enjeux locaux à des programmes et à des débats nationaux. Il doit faire sienne toute une culture politique.

C'est la naissance puis le développement de la démocratie qui ont nécessité cette opération de socialisation, car s'ils sont correctement socialisés, c'est-à-dire imprégnés de culture démocratique, les gouvernés acceptent assez facilement les contraintes correspondant à des règles qu'ils ont assimilées. Et si, dans leur ensemble, ils partagent les mêmes croyances et les mêmes représentations relatives au pouvoir, ce dernier s'en trouve légitimé et ne devrait pas être obligé outre mesure de recourir à la contrainte directe.

Un tel apprentissage permet la politisation. Politisé, un individu est capable, pour l'essentiel, de « donner une signification politique aux actions et aux comportements » tout en manifestant « un intérêt pratique pour la participation épisodique à des activités réputées spécifiquement politiques » (Lagroye, 1993, p. 292).

La politisation est d'abord collective avant d'être une simple affaire individuelle. C'est tout le groupe, voire la société tout entière, qui doit être, au sens propre, politisée, un travail qui est le fruit d'un apprentissage historique. Au niveau individuel, le processus de politisation consiste à développer, puis à entretenir des activités qui ont une signification politique. On peut supposer, logiquement, que ce processus se fait progressivement, en vieillissant. Mais est-ce, pour autant, une simple affaire d'âge?

1. L'apprentissage historique

Pour qu'il y ait politisation, il faut d'abord qu'il y ait un électorat dont la constitution implique que certaines conditions soient remplies (*cf.* Alain Lancelot, *in* Gaxie, dir., 1989, p. 77 *sq.*). Le vote doit être individuel. Il faut qu'il ait un caractère national, que les intérêts purement locaux reculent et qu'émergent des idées admises dans tout le pays. Il est nécessaire, enfin, que les électeurs sachent se prononcer en fonction d'idées politiques, c'est-à-dire d'idées qui intéressent la dévolution du pouvoir correspondant.

1.1. *L'unification nationale du marché électoral*

Eugen Weber considère qu'elle n'a été réalisée en France qu'à partir de la IIIe République lorsque, avec le développement économique — qui implique tout à la fois des migrations, une monétarisation des échanges et leur multiplication avec les villes, ainsi que le progrès des transports —, les paysans ont eu des contacts suffisamment fréquents avec les citadins (Weber, 1983). Leurs représentants, l'école primaire et les instituteurs (ces « hussards noirs de la république »), ont beaucoup contribué, grâce à l'alphabétisation en particulier, à ouvrir la société paysanne sur le monde extérieur, la poussant peu à peu à s'exprimer par un vote libre, éclairé et désintéressé. Mais tout cela se serait effectué lentement, tout au long du XIXe siècle pendant lequel les paysans français, coupés des citadins par leur mode de vie et leur mode de pensée, auraient continué à envisager la politique au travers de considérations essentiellement personnelles.

Pourtant, d'autres auteurs avancent que l'unification nationale du marché politique a pu se faire plus tôt. Pour Tarde (*L'Opinion et la foule*, 1901), elle aurait été provoquée par la diffusion de la presse dès la fin du XIXe siècle. Pour Maurice Agulhon, c'est l'apparition du suffrage universel, en 1848, qui l'aurait suscitée. En effet, qui dit droit de vote, dit nécessité de discuter, de débattre des affaires publiques, mais aussi de se familiariser avec un rituel nouveau où chacun doit s'exprimer de façon autonome. Ceci a pu se faire grâce à une vie associative intense et à l'organisation d'événements locaux, aussi bien des fêtes que des luttes sociales (Agulhon, *La République au village. La population du Var de la Révolution à la IIe République*, Paris, Seuil, 1979, 1re édition : 1970).

Mieux : les paysans se seraient montrés capables d'introduire une dimension politique dans ces fêtes rituelles, qu'elles soient patronales, familiales ou religieuses. Ainsi, la politisation se serait faite « par le bas », et non « par le haut » comme le supposent les thèses dominantes (Peter Mac Phee, *Les Semailles de la République dans les Pyrénées orientales, 1846-1852*, Perpignan, Publications de l'Olivier, 1996).

L'avènement de la démocratie moderne

PROCESSUS	COMPOSANTES
DU CÔTÉ DE LA SCÈNE ÉLECTORALE	
Extension du droit de suffrage.	Passage du suffrage censitaire au suffrage universel masculin (1848), puis féminin (1944). Élévation du niveau de la concurrence électorale.
Unification des marchés électoraux.	Nationalisation de la vie politique (émergence de grands partis).
Spécialisation de l'activité électorale.	Professionnalisation et naissance du «métier» politique.
DU CÔTÉ DES ÉLECTEURS	
Individualisation du comportement électoral.	Modification des formes d'encadrement du vote (secret électoral, dignité civique, individualisation de l'opinion politique…).
Modification du répertoire d'action politique.	Condamnation de la violence politique (abaissement des seuils de sensibilité à la violence).
Civilisation des mœurs politiques.	Pacification de la vie politique.

Source : D'après Yves Déloye, 1997, p. 94.

D'autres auteurs, comme Michel Vovelle ou Charles Tilly, pensent que la politisation des campagnes françaises commence encore plus tôt : dès la Révolution, dont pas moins de 1 350 journaux diffusent les idées entre 1789 et 1800. Ils en veulent pour preuve la participation aux élections qui n'est pas toujours plus faible à la campagne qu'à la ville. Toutefois, il s'agit souvent d'un vote collectif qui se fait à l'unanimité.

On le voit, la politisation des campagnes fait l'objet de plusieurs approches qui sont souvent liées au sens « élastique » qu'on donne au mot « politisation », laquelle dépend, en outre, de modalités particulières d'« acculturation » (les mécanismes locaux d'appropriation du vote, par exemple) et de la manière dont les élections modèlent les électeurs. Néanmoins, on peut s'accorder sur les grandes caractéristiques (*cf.* l'encadré ci-dessus) de ce qu'on peut considérer comme l'avènement de la démocratie moderne, parmi lesquelles l'apparition de véritables « entreprises politiques ».

1.2. *Des agents essentiels*

L'ouverture du monde rural et la naissance d'enjeux réellement perçus comme nationaux n'ont pas, seuls, engendré la politisation. Le personnel politique lui-même a beaucoup contribué à la construction de la démocratie.

Jusqu'en 1848, ce sont essentiellement des notables qui font de la politique et se font élire. Ils ont le temps et l'argent nécessaires, et les électeurs à qui ils s'adressent sont encore peu nombreux, donc proches et faciles à convaincre. Mais, lorsque disparaît le suffrage censitaire, le nombre des électeurs s'élève. C'est à partir de ce moment que les « professionnels » remplacent peu à peu les notables (une indemnité parlementaire est d'ailleurs créée en France en 1889 au bénéfice des hommes qui consacrent tout leur temps et leur savoir-faire à ce type d'activités), constituant des « entreprises politiques » qui commencent à jouer un rôle important au niveau local, même si leur activité est encore discontinue et si elles sont encore très personnalisées. Michel Offerlé les définit comme des agents en concurrence pour le courtage politique qui, sur ce type de marché, « tentent d'échanger des biens politiques contre des soutiens actifs ou passifs » (Offerlé, 1989, p. 152). Certes, ces entreprises ne créent pas le marché, mais en fixent les termes de l'échange et imposent, petit à petit, la reconnaissance progressive de la légitimité des procédures de représentation, ou du moins leur acceptation. En clair, elles « travaillent à créer l'accoutumance au vote » (*ibid.*, p. 153).

Concrètement, les notables locaux sont de plus en plus obligés de proposer à des électeurs de plus en plus nombreux, en échange de leur vote, des « biens privés indivisibles » (faveurs ou menaces de sanctions collectives), et non plus « divisibles » (boissons, emplois, etc.). En face d'eux, se dresse un autre type de personnel politique qui, ne pouvant s'offrir ce genre de pratiques, les dénonce comme corruptrices et propose, à leur place, des « biens publics indivisibles » beaucoup plus abstraits et symboliques : discours politiques, représentations, programmes, images de l'avenir, politiques publiques. Ce sont les luttes entre ces entreprises rivales et l'intérêt des électeurs pour ces divers biens qui aboutissent à la construction d'une démocratie représentative. De fait, la mobilisation augmente sensiblement à la fin du XIXe siècle. Mesurée par le rapport « électeurs ayant voté/électeurs potentiels » qu'Offerlé juge préférable aux taux de participation ou d'inscription, très différents d'une ville à l'autre et très inférieurs dans les campagnes, elle atteint, en 1889, pour la France entière, 73 %, contre 69 % en 1876, avec, il est vrai, des écarts très sensibles d'une ville à l'autre : ainsi, entre ces deux dates, elle passe d'un tiers à la moitié de l'électorat dans la banlieue parisienne, de 46 à 58 % à Paris, mais aussi de 80 à 84 % au Creusot !

2. Les analyses de l'apprentissage individuel

La socialisation politique n'est qu'un aspect de la socialisation au sens large, c'est-à-dire du processus d'apprentissage par lequel chacun « intègre la culture et s'adapte à la société qui constituent son milieu vital » (Denni et Lecomte, 1992, p. 98). Elle représente le « niveau élémentaire de l'« incorporation » par chaque agent [...] des normes et codes culturels particuliers régissant [...] son action dans le champ politique de la vie collective » (*ibid.*, p. 97). Son analyse a sensiblement évolué dans le temps.

2.1. *La tradition américaine*

La socialisation politique n'a été étudiée qu'assez récemment. Il a fallu attendre les années 1950-1960 pour que des sociologues américains s'en préoccupent. Les nombreuses enquêtes qu'ils entreprennent à l'époque montrent que les enfants ont, dès l'âge de dix/onze ans, une préférence partisane, et que cette préférence va de pair à la fois avec l'attachement au parti choisi et une représentation personnalisée de la politique à travers la figure bienveillante du Président. L'approche béhavioriste qui triomphe alors peut être scindée en deux courants.

Le premier courant, autour de l'école de sociologie électorale de l'université du Michigan, considère que l'enfance et l'adolescence constituent un moment majeur dans la formation des attitudes politiques (*cf.* Herbert Hyman, *Political Socialization. A Study in the Psychology of Political Behavior*, 1959). On se demande ainsi ce que seront les comportements politiques lorsque les enfants seront devenus adultes. Pour cette école de pensée, la socialisation politique se fait avant tout au sein de la famille où se transmet une préférence partisane forte et durable qui constitue une grille de lecture des événements présents et futurs. Elle fournit le cadre fondamental de référence. Le parti prendra ensuite le relais.

Dans une perspective systémique, un deuxième courant, essentiellement constitué par Jack Dennis et David Easton (*Children in the Political System*, 1969), cherche à construire une théorie des fonctions de la socialisation politique et de la capacité de cette dernière à permettre au système politique de se maintenir en place. Selon cette approche, l'apprentissage de la politique se fait en quatre phases :

▲ une phase de « politisation », qui correspond à une période de sensibilisation à l'univers politique ;

▲ une phase de « personnalisation » quand, pour la première fois, et par l'intermédiaire de quelques personnalités marquantes, l'enfant établit une relation avec le système politique ;

▲ une phase d'« idéalisation » de ces figures d'autorité, perçues comme bienveillantes ou malveillantes ;

▲ une phase d'« institutionnalisation » quand l'enfant rationalise sa perception du système politique.

Mais ce qui compte, pour Dennis et Easton, ce n'est pas tant la manière dont se fait l'apprentissage que le fait que les parents apprennent à leur progéniture l'acceptation d'un système fondé sur la nécessité de choisir, dans le cadre d'élections, entre des partis.

En France, où la méfiance à l'égard des partis est traditionnelle, et où, de plus, ceux-ci sont nombreux et n'hésitent pas à changer d'étiquette, le paradigme de Michigan ne s'est jamais complètement appliqué. Mais, même aux États-Unis, les résultats de ces premières études ont été rapidement contestés. En effet, les identifications partisanes des enfants sont apparues non seulement vides et instables, mais en outre moins fortes et moins influencées par la famille qu'on ne le pensait initialement, alors que, parallèlement, de nouvelles enquêtes montraient une absence généralisée d'attitudes politiques structurées chez les adultes. De plus, ces premières analyses ont été faites lors de présidences très populaires, celles de Eisenhower et de Kennedy, et n'ont concerné que des enfants de race blanche appartenant le plus souvent aux classes moyennes des grandes villes. Il y a là un double biais qui pourrait expliquer l'image bienveillante du Président. Enfin, ériger en modèle de socialisation politique des constatations faites dans un seul pays a paru bien léger, tant il est vrai qu'elles véhiculaient une vision particulière, donc contestable, de la société, conçue comme indifférenciée — *quid* des minorités ethniques? — et largement consensuelle en faveur du capitalisme et de l'économie de marché.

2.2. *La perspective holiste*

2.2.1. Origine sociale et compétence politique

C'est du côté de Pierre Bourdieu qu'a été recherché un approfondissement aux approches précédentes. La thèse qu'il soutient et qui est reprise par des auteurs comme Cot et Mounier (1988) ou Gaxie (1993) est que l'apprentissage politique est lié au milieu social dans lequel se développe l'enfant. Or, cet apprentissage sera très différent d'une PCS à l'autre et risque de déboucher sur « l'incompétence statutaire » des catégories à faible capital culturel et social (*cf.* Bourdieu, 1979, chapitre 8 : « Culture et politique », p. 463-541). Au contraire, les enfants socialisés dans des milieux à fort capital culturel et social seront, une fois devenus adultes et citoyens, susceptibles de participer à la vie politique tout en étant politiquement compétents, capables tout à la fois :

▲ de discerner les différences entre les prises de position des hommes politiques et des candidats aux élections;

▲ de se situer en se justifiant par rapport à ces prises de position;

▲ d'accorder de l'importance aux débats et aux arbitrages entre les programmes proposés.

Or, parmi les profanes, le degré d'intérêt et les performances ne sont pas le fruit du hasard : il y a un rapport étroit entre, d'une part, l'effort de s'informer et la faculté de répondre à des interrogations éloignées des préoccupations de la vie de tous les jours et, de l'autre, le sexe, l'âge, la catégorie sociale, et, surtout, le niveau d'instruction, comme le montrent les résultats de l'enquête effectuée par la SOFRES à la demande du Centre d'études de la vie politique française (CEVIPOF) à l'occasion de l'élection présidentielle de 1988.

La corrélation entre l'intérêt politique et la position sociale apparaît lorsque l'on croise les deux échelles suivantes :

▲ une échelle d'intégration politique, graduée de zéro (le plus faible intérêt pour la politique) à trois (le plus fort);

▲ une échelle d'intégration sociale, graduée de zéro (la plus faible position sociale) à trois (la plus élevée).

Niveau social et intérêt pour la politique
(% d'électeurs « actifs », à savoir votants et bien informés)

	INTÉGRATION POLITIQUE			
POSITION SOCIALE	**0**	**1**	**2**	**3**
0	27	44	70	77
1	34	46	68	81
2	45	49	67	86
3	45	54	74	87

Source : Mayer et Perrineau, 1992, p. 36.

On voit là qu'une position sociale élevée incite à participer activement à la vie politique, même quand celle-ci ne passionne pas : il y a 18 points d'écart, dans la première colonne (à intérêt également faible pour la politique), entre les citoyens du bas de l'échelle sociale et ceux du haut. Cet écart est encore de 10 points dans la quatrième colonne, où l'intérêt pour la politique est élevé. Bien entendu, on ne s'étonnera pas que le pourcentage le plus élevé de participants actifs soit au croisement de la quatrième colonne et de la quatrième ligne, là où se trouvent les individus de niveau social élevé qui s'intéressent à la politique.

La même corrélation positive se retrouve entre le niveau de diplôme et l'intérêt pour la politique :

Niveau de diplôme et intérêt pour la politique (%)

	INTÉRÊT POUR LA POLITIQUE	
DIPLÔME	**Peu ou pas du tout**	**Assez, beaucoup**
Sans ou faible	35	76
Moyen ou élevé	**40**	**78**

Source : Ibid., p. 34.

L'école joue un rôle décisif. Il est vrai qu'elle procure « un matériel verbal et conceptuel », « une aptitude à comparer et à classer », « une disposition à s'intéresser aux grands et petits sujets qui alimentent les discussions cultivées » (Gaxie, 1993, p. 159). Et tout cela débouchera d'autant mieux sur l'intérêt pour la politique que la famille sera capable de relayer le message. Sinon, l'individu, pour être politisé, devra compter sur les organisations politiques et syndicales.

Pour ce courant de pensée, il y aurait donc deux formes de socialisation politique « susceptibles de s'emboîter dans le temps » (Percheron, 1985, p. 175). La première, fondamentale, serait la formation à un système de valeurs. La seconde, fondée pour l'essentiel sur l'institution scolaire, serait destinée à ceux qui la fréquentent le plus. Elle leur fournirait les outils et les savoirs qui leur donneraient une « maîtrise symbolique des pratiques » (*ibid.*). Ce double processus déboucherait, à la limite, sur une sorte de division du travail politique comme il y a une division du travail social : d'un côté, ceux, peu nombreux, qui pensent ; de l'autre, en grand nombre, ceux qui reprennent leur pensée. Cela n'empêcherait nullement ces derniers de participer aux élections et de s'intéresser à la politique, ni même ceux qui ne s'intéressent pas à la politique d'aller voter.

2.2.2. Incompétence politique et opinion

Lorsque les individus politiquement incompétents votent, comment font-ils leur choix ?

Il se peut qu'ils soient amenés à déléguer le pouvoir à des individus ou à des partis à qui ils font confiance plus ou moins aveuglément, avec le risque que cela comporte de renforcer encore un peu plus la domination de certaines couches sociales, celles qui, de par leur compétence, savent porter un jugement sur les hommes et les idées.

Il se peut aussi qu'ils s'expriment par des « critères de jugement non accordés aux principes et aux règles censés présider à la formation d'une véritable opinion publique » (Lagroye, 1993, p. 321). En langage moins savant, cela signifie que l'individu « incompétent » aura tendance à faire son choix en fonction d'appréciations autres que « politiques ». Ce choix pourra s'appuyer sur des jugements, souvent sévères, à propos de la moralité des politiciens, ce qui n'a pourtant pas empêché qu'à la dernière élection européenne (1994), la liste conduite par Bernard Tapie, pourtant mis en examen dans de multiples affaires, obtienne 12 % des suffrages des Français ! Le cas échéant, l'individu incompétent empruntera ses références aux schèmes de la vie quotidienne, par exemple au registre sportif : tel ou tel politicien sera jugé comme un « gagneur » et l'on assistera aux débats politiques comme à des matches. L'appréciation sera fréquemment stéréotypée (« Tous des voleurs ! »), ou affective : John Kennedy aurait, dit-on (?), fait la différence avec Richard Nixon à l'élection présidentielle de 1960 parce qu'une frange non négligeable de l'électorat féminin le trouvait… beau.

On l'aura compris : « incompétence » ne signifie pas « absence d'opinion », mais cette opinion peut très bien être formulée dans des termes ou des catégories qui ne sont pas « politiques ». Du reste, si on se réfère aux sondages dont on dispose, l'incompétence apparaît d'autant plus faible que les questions abordent des préoccupations concrètes. Elle apparaît forte, au contraire, quand elles concernent des problèmes de politique générale ou quand elles utilisent un langage de spécialiste, même s'il s'agit de problèmes bien concrets, ce qui incite à penser que, plutôt que de compétence, il vaudrait mieux parler de méconnaissance du champ politique, c'est-à-dire des acteurs concernés et des enjeux.

Reste que, pour les individus qui n'ont pas d'opinion précise, le vote ne saurait être considéré autrement que comme un acte symbolique d'appartenance au groupe.

2.3. *Les choix de l'acteur*

Tous les chiffres que nous venons de donner confirment que le degré de compétence politique, et avec lui, celui d'achèvement du processus de socialisation, sont en grande partie fonction de la place occupée au sein du système social. Il n'en demeure pas moins que celle-ci ne saurait suffire à expliquer la compétence ou l'incompétence, ne serait-ce que parce que la politique a ceci de particulier que l'enfant en est éloigné et que les principaux agents de la socialisation, dont la famille et l'école, peuvent devenir concurrents. En ce cas, ils peuvent n'avoir, finalement, qu'un rôle pédagogique réduit. Il en résulte que, dans la même catégorie sociale, il peut y avoir des individus politiquement compétents et d'autres non, ou des individus qui votent à droite et d'autres à gauche.

C'est pourquoi Annick Percheron, qui a consacré de nombreux travaux à la question, considère que, sans nier le poids du système, l'individu lui-même a un rôle à jouer dans son propre apprentissage de la politique. Chaque individu ferait l'objet d'une structuration complexe résultant à la fois des contraintes du système et de sa propre volonté de se construire une identité sociale. Les contraintes du système, nous venons de les évoquer : les représentations que se fait l'enfant de la politique se forment dans le cadre d'une société donnée — avec ses règles, son histoire, ses structures — et dans celui d'une famille, d'un groupe social. Mais, par ailleurs, l'individu cherche à s'intégrer à la société, et, plus précisément, à s'identifier à un groupe : soit à celui auquel il appartient, soit à celui auquel il aimerait appartenir. Dès lors, il se peut que des attitudes et des opinions d'ordre politique se développent chez l'enfant simplement pour se faire accepter et sans qu'il en ait bien saisi toute la portée (Percheron, 1985, p. 178 *sq.*).

De cette conception découle :

▲ que la socialisation politique dépend du contexte historique dans lequel l'enfant fait son apprentissage ;

▲ qu'elle est l'enjeu de conflits de valeurs et de normes entre les différents groupes qui y participent ;

▲ qu'elle ne saurait être considérée comme une simple accumulation de connaissances, mais plutôt comme intériorisation et intégration à un système plus vaste de connaissances et comme la capacité de chacun d'en tirer une grille qui lui permette d'interpréter le système de façon cohérente ;

▲ qu'elle n'est pas non plus un apprentissage « de comportements tout faits, prêts à fonctionner tels quels. Elle ne permet donc pas de prévoir avec exactitude la distribution des votes demain » (*ibid.*, p. 183) ;

▲ qu'enfin elle n'autorise pas la reproduction à l'identique, d'une génération à l'autre, les opinions et les comportements.

3. Les principaux aspects de la socialisation politique

Arrêtons-nous maintenant sur deux aspects importants : l'acquisition d'un outillage spécifique, acquisition qui, si elle peut se faire à tout âge, concerne surtout l'enfant, et la prise en charge par ce dernier des dimensions politiques de son identité sociale.

3.1. *L'acquisition d'outils*

Il s'agit d'abord pour l'enfant de percevoir ce qu'est la politique. Cette perception est variable d'un pays à l'autre, d'une culture à l'autre. Le seul point commun est le fait que l'enfant sépare très tôt, vers sept ans environ, le monde politique de son environnement personnel, et ce suivant des critères similaires. Il lui faudra ensuite reconnaître ce qui est politique avant de pouvoir prendre position dans les débats.

3.1.1. L'appropriation des objets politiques

Là encore, les différences sont nombreuses d'un pays à l'autre. Aussi, afin d'aller à l'essentiel, nous insisterons plus particulièrement sur les caractéristiques générales. Ainsi, dans tous les pays, la connaissance des héros et des symboles fondateurs, celle des rôles et des fonctions politiques, tout comme celle des acteurs et des institutions sont d'autant plus nombreuses qu'il y a affirmation d'une proximité idéologique, à savoir que, concrètement, l'enfant ou l'adolescent s'affirme de gauche ou de droite, démocrate ou républicain. Pour simplifier, nous résumons sous forme de tableau les principales caractéristiques en matière de reconnaissance des objets politiques (*ibid.*, p. 202-205) :

CARACTÉRISTIQUES GÉNÉRALES	CARACTÉRISTIQUES PARTICULIÈRES
Connaissance précoce des structures d'autorité, surtout quand il s'agit de fonctions de décision (Président, Premier ministre, maire...), plus visibles que les fonctions délibératives (unicité du rôle, fréquence dans les médias, caractère cérémonial et rituel, proximité physique du lieu d'exercice, forte personnalité d'un acteur).	Connaissance différenciée d'un pays à l'autre des hommes et des partis.
Ce savoir est accompagné d'un jugement de valeur, toujours positif pour les objets et les symboles qui concernent la communauté.	Ce savoir est variable d'un pays à l'autre pour les institutions, les structures et les figures d'autorité.
La nature des représentations politiques dépend des modes d'acquisition, donc en partie du hasard, lequel correspond à ce qui n'est pas appris en famille ou à l'école.	On observe des différences de niveaux, mais surtout de types de connaissances entre les enfants des milieux privilégiés et défavorisés.
Si la connaissance de ces objets est incomplète, elle est cependant organisée, structurée et constitue un véritable « univers politique ».	Néant.

3.1.2. **L'intérêt des jeunes pour la politique**

Dans l'ensemble, et quel que soit le pays, l'intérêt des enfants est faible. En vérité, il mesure avant tout un sentiment de compétence technique (un degré de connaissances), politique (l'acceptation de se placer sur un axe gauche/droite) et sociale (l'intérêt exprimé pour la politique). En France, seuls les enfants d'enseignants possèdent cette triple compétence, et c'est pour la troisième que les différences d'un milieu social à l'autre sont les plus grandes.

Une fois de plus, il y a des différences sensibles d'un pays à l'autre. Si, aux États-Unis, il semble qu'il y ait une certaine bienveillance des enfants à l'égard du politique, en France, au contraire, c'est une certaine méfiance qui prévaut, voire un rejet qui concerne aussi bien les autorités politiques que les partis et les syndicats. Le politique représente un lieu de divisions, de conflits : c'est l'arène politique, au sens propre, qui est rejetée. Cela n'empêche pas les petits Français de se rassembler autour de grandes valeurs nationales et communautaires, comme la patrie, le drapeau ou la Marseillaise.

La socialisation ne se faisant pas de façon régulière et dépendant sensiblement du développement psychosocial de l'enfant, il est difficile de dater avec précision les étapes qui seront franchies. Il semble cependant qu'avant sept/huit ans, le jeune n'ait que quelques notions éparses, qu'entre huit/neuf ans et dix/onze ans, il passe à une pensée prélogique, puis, vers onze/douze ans, à une pensée hypothético-déductive et à une attitude moins subjective (*ibid.*, p. 219 *sq.*). C'est l'âge de la puberté. Jusqu'alors, les garçons semblaient moins se désintéresser de la politique que les filles et paraissaient donc plus compétents. Ce n'est plus le cas désormais. Le quatrième stade, décisif, est la sortie de l'enfance, vers quinze/seize ans. En France actuellement, à cet âge, l'attitude qui domine à l'égard de la politique est l'indifférence. Pire : si l'on en croit une étude récente, 61 % des 16/24 ans s'en méfient et 63 % la considèrent comme « peu » ou « pas honorable », contre 39 % seulement (?) qui pensent la même chose chez les adultes (SOFRES, *L'État de l'opinion 1994*, Paris, Seuil).

Anne Muxel a étudié la question sur un échantillon de 4 334 jeunes, principalement de Paris et de la région parisienne, ce qui, puisque cette étude n'est pas représentative de la France entière, en limite la portée. Celle-ci est néanmoins fort instructive. Elle constate qu'il y a bien un « moratoire politique » des années de jeunesse, et cela à 20/25 ans plutôt qu'à 18/20 ans. En effet, « parmi les inscrits, l'âge de la plus faible participation n'est pas celui du tout début de la vie électorale » (Muxel, 1992, p. 244). Mais, pour les jeunes, parler de moratoire n'a de sens que vis-à-vis de la participation conventionnelle, autrement dit des élections qu'ils ont tendance à plus bouder que la moyenne nationale. Près d'un tiers des inscrits de 18 à 24 ans n'ont pas participé au premier tour des législatives de mars 1993 contre 24 % pour l'ensemble des Français. Il est vrai qu'à cet âge, on affiche une sérieuse méfiance à l'égard des hommes politiques, qu'on juge volontiers menteurs, arrivistes et manipulateurs, et des partis dont l'éventuelle disparition n'inquiéterait pas 43 % des 18/24 ans (SOFRES, *op. cit.*), près de la moitié des jeunes interrogés ! Au fond, pour reprendre le titre d'un article assez récent, ils auraient de la sympathie pour « la politique sans les politiciens » (Philippe Bernard, *Le Monde*, 28 mai 1994, p. 16). Que reprochent-ils donc à ceux-ci ? Pêle-mêle :

▲ les discours, à leurs yeux, non suivis d'effet ;

▲ les querelles « politiciennes » qui portent soit sur des personnes, soit sur des questions qui ne leur paraissent pas fondamentales ;

▲ et, bien sûr, les scandales financiers qui, il est vrai, se sont multipliés au cours des dernières années : là où certains pourraient y voir la preuve de l'indépendance de la justice, ils n'y voient que la corruption des élus qu'ils mettent tous volontiers dans le même sac (…poubelle?).

De plus, beaucoup de jeunes ne saisissent guère les enjeux idéologiques. En clair, ils ne font guère la différence entre la gauche, qu'ils ont longtemps connue au pouvoir en France, et la droite. Aussi, les seuls politiciens qui trouvent grâce à leurs yeux sont des personnalités atypiques, au discours protestataire. Ainsi, toujours aux législatives de 1993, les 18/24 ans ont voté plus que la moyenne des Français pour les écologistes (12 % contre 8 %) et l'extrême-droite (18 % contre 13 %). Pour autant, les jeunes ne rejettent pas le droit de vote : 93 %, selon la SOFRES (*op. cit.*), pensent que sa suppression serait « grave » ou « assez grave ».

D'ailleurs, ils finissent par entrer dans la participation conventionnelle, mais ils le font de façon progressive et socialement différenciée. En effet, l'inscription sur les listes électorales augmente avec l'âge. On enregistre, en France, une augmentation du taux d'inscription forte et régulière jusqu'à 40 ans, le taux maximum, environ 95 % en 1986, n'étant atteint qu'après 65 ans (*cf.* Jean Morin, « La participation électorale », *in Données sociales 1987*, INSEE, p. 606-610). Les jeunes finissent donc bien par entrer dans la participation conventionnelle, mais ils ne le font que très progressivement, expérimentant le bagage acquis au cours de leur socialisation, sous la pression de l'intérêt pour la politique. Or, celui-ci est d'autant plus fort que les parents ont une situation socioprofessionnelle plutôt favorable : « L'acte de s'inscrire dès 18 ans apparaît plus répandu parmi les jeunes originaires des couches moyennes salariées (professions intermédiaires ou employés) » (Muxel, *op. cit.* p. 242.) Du reste, ceux qui diffèrent leur inscription, souvent, ne vivent plus avec leurs parents et sont dans une situation sociale précaire, chômeurs, par exemple. Concernant les opinions politiques, l'auteur fait des observations similaires. D'une part, les jeunes en ont d'autant moins qu'ils ne sont pas inscrits sur les listes électorales, qu'ils sont chômeurs et/ou d'origine populaire. D'autre part, ces opinions sont largement déterminées par celles de leurs parents.

S'inscrire est une chose, voter en est une autre : là encore, famille et intérêt pour la politique, et notamment les élections, jouent leur rôle. L'enquête du CEVIPOF sur la participation à la présidentielle de 1988 montre un accroissement du pourcentage des citoyens « actifs » avec l'âge : de 41 % entre 18 et 24 ans à 65 % de 65 à 75 ans. Au-delà, la participation s'érode. Quant à l'intérêt pour la politique, il s'accroît régulièrement jusqu'à 45 ans où il atteint son maximum. Chez les jeunes, ce sont les étudiants qui votent le plus, surtout s'ils vivent chez leurs parents, et les chômeurs qui votent le moins : « L'effet de la compétence politique est encore vérifié » (*ibid.*)

Pour ce qui concerne d'autres actions de caractère politique, au sens large, les jeunes ne sont pas si mal placés que cela : il est vrai qu'en général, ils ne considèrent pas ces actions comme « politiques ». Ainsi, ils sont capables de réagir contre des projets qui ne leur plaisent pas et de se mobiliser. Ils l'ont montré lors des manifestations contre le projet Devaquet de réforme de l'enseignement supérieur en 1986, lors de la révolte lycéenne de 1990, et dans la contestation du CIP — contrat d'insertion professionnelle — envisagé par le gouvernement Balladur en 1994. De plus, selon les enquêtes d'Annick Percheron et d'Anne Muxel, ils seraient, plus que la moyenne des Français, informés des problèmes internationaux. Aussi seraient-ils prêts, disent-ils, à s'engager dans des mouvements antiracistes, de défense des droits de l'homme ou de l'environnement, de prévention du sida ou de la délinquance, de lutte contre la toxicomanie, d'aide aux malades, aux handicapés, aux plus démunis et au tiers monde, ou encore pour la paix et le désarmement, surtout les filles. Ces observations sont confirmées par une enquête du journal *Panorama*. 69 % des jeunes enquêtés déclarent qu'ils ont envisagé, au cours de leur adolescence, de se consacrer à une cause humanitaire (*cf.* Guy Lescanne, *20-30 ans : de jeunes adultes à découvert*, Paris, Desclée de Brouwer, 1991). De la même façon, un sondage IPSOS-Fondation de France montre que 52 % des 18-25 ans sont, ou ont été, engagés dans une action de solidarité. Pour 48 % d'entre eux, ce qui compte le plus est la lutte contre toutes les formes d'exclusion et, pour 35 %, le combat pour le respect de la liberté dans le monde (*Le Monde* du 18 mars 1994).

Ils sont d'ailleurs nombreux à participer effectivement à des associations pour le droit au logement ou pour l'aide aux devoirs dans les banlieues, aux Restos du Cœur créés il y a quelques années par Coluche, aux Comités « Bosnie », à Act'up, association de lutte contre le sida, à SOS Racisme ou encore à des groupes de rap aux chansons militantes. Et Philippe Bernard de citer « le discret succès de *Droit de cité*, réseau de banlieues qui entend "rassembler les énergies positives" [...] et tient aux jeunes le discours de la responsabilisation qu'il oppose à celui de l'éternelle "victimisation" » (Bernard, *op. cit.*). Ainsi, il semble bien que ce soit dans les associations qu'une partie de la jeunesse d'aujourd'hui apprend la politique. En réalité, une très faible partie : 3 % seulement déclarent participer à un mouvement humanitaire (*cf.* Muxel, *op. cit.*). Ainsi, de la parole aux actes, il y a tout de même un grand pas à franchir, ce que confirment les chiffres suivants : 4 % des jeunes déclarent être adhérents d'un parti politique, et 5 % à un syndicat, mais ceux qui sont salariés sont plus syndiqués (21 %) que la moyenne nationale (9 %) (*ibid.*). Ce désir d'engagement se réduit rapidement, probablement avec l'éloignement dans le temps du mouvement étudiant et l'apparition de préoccupations plus personnelles. Pourtant, des bouleversements comme l'abandon du domicile parental ou l'installation en couple n'ont guère d'incidences sur le calendrier politique.

3.2. *Les dimensions politiques de l'identité sociale*

3.2.1. L'identité nationale

Son acquisition correspond à un besoin de sécurisation. Elle permet à l'enfant d'exprimer sa solidarité avec les groupes qui lui sont le plus proches, sa conformité aux valeurs qu'ils véhiculent. Si sa construction prend des formes différentes d'un pays à l'autre, il n'en reste pas moins qu'il y a toujours deux noyaux distincts autour desquels elle s'articule. Il s'agit d'abord d'identifications spontanées issues de son vécu quotidien. L'inculcation provient alors de la pratique répétitive de certaines attitudes toutes faites qui finit par leur conférer un caractère familier et évident. Il s'agit ensuite de l'adoption d'un petit nombre de symboles abstraits comme l'hymne national, le drapeau, la monnaie, les grands lieux et les grandes dates de l'histoire nationale. Le risque de dérive vers le nationalisme et ses éventuels excès s'interrompt généralement quand l'enfant devient capable de raisonnement.

La transmission de l'identité nationale est organisée par l'État. Elle se fait dans le cadre du système d'enseignement. L'enfant y acquiert une culture générale, en particulier la maîtrise d'une langue qui constitue l'un des principaux ciments de l'unité nationale. Il y apprend l'histoire, c'est-à-dire tout ce qui, dans le passé, a contribué à forger la nation à laquelle il appartient. Éventuellement, il suit des cours d'instruction civique. Le culte de certains héros mythiques et l'organisation de rituels, comme les commémorations de hauts faits qui ont marqué l'histoire du pays, contribuent aussi à la transmission de cette identité.

3.2.2. La dimension idéologique

Elle a fait l'objet de nombreuses études, mais les conclusions qu'on en a tirées doivent être interprétées avec prudence. La politique est une affaire d'adultes, alors que les individus dont on étudie le comportement sont des enfants ou des adolescents qui, par définition, ne sont pas en âge de participer à la vie politique. Les informations leur proviennent de sources discordantes sinon contradictoires, et ce dans un domaine qui, au moins partiellement, peut être considéré comme tabou. En outre, les discours disent rarement ouvertement les préférences partisanes. Il faut donc les décoder. Enfin, il peut être imprudent de généraliser les conclusions d'études effectuées dans un pays, les États-Unis par exemple, tant il est vrai que le contenu idéologique des identifications partisanes peut être différent d'un contexte à l'autre.

Une fois prises en compte toutes ces hypothèses restrictives, Annick Percheron pense qu'il est néanmoins possible de « proposer quatre schémas de développement des préférences partisanes/idéologiques » (Percheron, 1985, p. 195) :

▲ « Une identification déclarée avec un parti » grâce à une connaissance claire du champ politique, ce qui est le cas dans des pays comme l'Italie ou le Royaume-Uni où les clivages partisans sont nettement tranchés.

▲ Le même type d'identification, mais sans adhésion à un programme, ou, du moins, avant celle-ci : dans cette configuration, la charge affective, souvent en liaison avec la famille ou le groupe ethnique, est forte.

▲ Une proximité par rapport à une famille politique qui se fait non pas en fonction d'étiquettes mais de valeurs partagées : dans cette hypothèse, c'est l'adhésion non à un parti et à son programme qui est déterminante, mais la défense d'une idée ou l'adhésion à une cause — pour ou contre le régime de Vichy, l'Algérie française ou la guerre du Golfe.

▲ Une proximité plus lâche, l'imprégnation des représentations, normes et valeurs étant inconsciente, donc peu profonde, comme c'est souvent le cas dans l'Hexagone.

D'un pays à l'autre, l'identité politique ne dépend pas de la même façon de composantes socioculturelles identiques. Ainsi, en Italie, la religion joue un rôle important dans sa formation. En France ou au Royaume-Uni, c'est plutôt le groupe social d'appartenance qui serait déterminant, alors qu'aux États-Unis, ces éléments ont une influence secondaire. En revanche, où que l'on se situe, l'interaction entre les dimensions politiques et non politiques est d'autant plus forte que l'individu affiche une préférence partisane.

Chez nous, l'acculturation religieuse est beaucoup plus précoce et profonde que la formation des préférences idéologiques mais, peu à peu, ces dernières se développent en même temps que l'enfant devient de plus en plus autonome et qu'il affirme sa maturité intellectuelle.

4. La socialisation politique en pratique

Comment, où, en fonction de quoi? Voilà les questions auxquelles cette dernière partie tentera de répondre.

4.1. *Le mode opératoire*

Il n'est pas propre à la socialisation politique. La place restreinte, parce que masquée, de la politique dans la vie de l'enfant lui confère une certaine originalité, à savoir le poids important du verbe, du latent et de l'implicite. On peut distinguer deux processus fondamentaux : la transmission, explicite ou non, des connaissances, et l'acquisition par accumulation et structuration de faits observés, expérimentés ou appris. Ces processus s'appuient sur la familiarisation qu'impose peu à peu la répétition de gestes, de propos et de pratiques, et l'inculcation, fondée sur des discours et des leçons de morale, de civisme ou d'histoire.

En ce domaine, Philippe Braud distingue trois niveaux de socialisation (Braud, 1992, p. 177-179). Le premier est constitué par les discours explicites des agents qui détiennent l'autorité. Les parents, l'école (pour les aspects les plus élaborés), les médias (pour les acteurs et les péripéties) informent, interprètent, commentent et, parfois, suscitent des discussions, des débats, des contestations. Au-delà du discours, il y a les faits tels qu'ils sont vécus et/ou perçus, et qui peuvent très bien être en décalage avec ce qui a été entendu et appris. Ce deuxième niveau est constitué par les codes effectifs de comportement. Reste que même les conditions dans lesquelles les messages sont produits, les lieux où ils sont transmis, le ton avec lequel ils sont énoncés ont une signification. Leurs modes de production constituent le troisième niveau. La reproduction culturelle sera d'autant plus forte qu'il y aura cohérence entre les trois niveaux dans une même institution et convergence entre les différents milieux dans lesquels baigne l'individu.

4.2. *Les milieux de socialisation*

Habituellement, on parle d'agents de socialisation pour évoquer les communautés où s'opère l'apprentissage de la politique. En ce cas, on considère que l'individu en est le jouet, alors que, nous l'avons vu plus haut, on peut penser que le processus de socialisation peut faire partie d'une stratégie individuelle destinée à faciliter l'intégration. Le terme « milieu », plus neutre, semble donc préférable au mot « agent ».

Quoi qu'il en soit, si l'apprentissage de la politique se fait surtout pendant l'enfance et la jeunesse, il se poursuit toute la vie. Il est donc bien difficile de mesurer l'efficacité de chacun de ces milieux et d'en privilégier un par rapport à un autre. Aussi, par commodité et sans préjuger de l'importance relative de chacun, nous en distinguerons trois — la famille, l'école et les médias — tout en ne perdant pas de vue qu'à travers eux, c'est tout ou partie de la société qui socialise l'individu : la famille est elle-même membre d'une classe sociale ; à l'école, qui fait partie d'un quartier que l'enfant est nécessairement amené à fréquenter, celui-ci sera, certes, à l'écoute du maître, mais il subira aussi l'influence des autres élèves, en particulier de leurs chefs de file ; le message du maître lui-même est nécessairement conditionné par des logiques institutionnelles. Comment cela ne pourrait-il pas avoir quelque importance ?

4.2.1. La transmission par les parents de leurs préférences politiques

De manière générale, quel que soit le pays, elle est forte, surtout quand lesdites préférences sont bien affirmées, quand les parents sont, grâce à un niveau d'instruction et un intérêt pour la politique suffisants, aptes à cette transmission, et quand cette opération se fait en milieu homogène : la formation des croyances idéologiques et partisanes des enfants sera d'autant plus forte que les parents sont d'accord entre eux et avec leur environnement. Néanmoins, on aurait tort de croire que cette socialisation est unidirectionnelle : les « attributs socioculturels des enfants et des parents [...] combinent leurs effets » (Percheron, 1985, p. 213). Partout aussi, la transmission de ces préférences se fait moins bien que celle des croyances et des pratiques religieuses, mais mieux que celle des opinions et des attitudes concernant des problèmes politiques particuliers ou d'autres domaines socioculturels, même s'il y a de grandes disparités dans la transmission des préférences au sein de chaque groupe ou entre groupes sociaux lorsque certaines variables cumulent leurs effets.

4.2.2. L'école

Son influence est triple. Elle provient, en premier lieu, du contenu de l'enseignement (programmes, manuels), de sa forme, voire du type d'établissement (privé ou public). Tous ces éléments, aussi nombreux soient-ils, n'ont pas, pour autant, un poids très considérable : des enquêtes effectuées aux États-Unis montrent que l'influence des professeurs est inférieure à celle des parents, et que l'instruction civique, dont on ne peut pas dire que c'est l'une des disciplines principales, corrige en partie les effets discriminatoires de la socialisation familiale en milieu défavorisé. Or, il se trouve que, si la langue officielle qui y est utilisée est certes un élément fédérateur de la nation, elle a aussi la particularité d'être mieux maîtrisée par les élèves des couches sociales supérieures.

La deuxième influence tient à l'initiation à certaines formes de participation, comme les élections des délégués de classe. Toutefois, si ces formes sont jugées positivement dans leur principe, elles sont jugées plutôt négativement en pratique par les principaux intéressés.

En dernier lieu, l'école faciliterait l'intégration à la société, dont on sait l'importance en matière politique, par l'apprentissage de relations de pouvoir : relations horizontales entre pairs, relations verticales adultes/enfants, hors autorité des parents. Or, il y a une forte corrélation entre milieu défavorisé, échec scolaire et rejet de l'école, lequel croît en proportion du temps qu'on y passe.

Finalement, le système scolaire renforcerait plutôt — à tout le moins, reproduirait — les logiques de discrimination de la socialisation, y compris celles qui concernent le champ politique.

4.2.3. Le rôle des médias

En dehors de l'interaction entre le médium, les messages et le public, ce rôle peut s'analyser ici à deux niveaux.

Tout d'abord, il faut tenir compte de l'influence des émetteurs de messages, journalistes et politiciens. Celle-ci se fait grâce à un double mécanisme de médiation. Le premier, vertical et direct, va des émetteurs aux récepteurs-médiateurs, les *leaders* d'opinion, en partie négligés par l'ancien président de la République, Valéry Giscard d'Estaing, qui cherchait à séduire directement la grande masse de l'électorat, en affectant un style simple, « peuple », en vain semble-t-il. Le second, horizontal et indirect, va de ces récepteurs-médiateurs, qui servent ainsi de relais aux membres de leurs milieux d'appartenance. Mais, quelle que soit la médiation, l'influence des médias est beaucoup plus faible qu'on ne le croit généralement dans la mesure où l'absorption des informations ne se fait pas passivement. Chacun fait, implicitement, son tri, excluant plus ou moins les informations qui ne lui paraissent pas — ou qui lui paraissent peu — pertinentes. Il semble tout de même qu'il y ait deux catégories d'individus particulièrement influençables : ceux qui doutent sur le plan intellectuel, et ceux qui s'interrogent sur le plan existentiel. En revanche, ceux qui ont une forte estime d'eux-mêmes sont fort peu influençables.

Par ailleurs, il faut tenir compte du vecteur lui-même. Si l'écriture contraint à un effort de reconstruction intellectuelle, les « médias chauds », autrement dit la radio et la télévision, unidirectionnels, ont une sorte d'influence hypnotique sur un auditeur/téléspectateur passif. Plus que de l'information, ils mettent en scène des symboles et des mythologies, reconstruisant, à partir d'images, une illusion de réalité, et font une communication plus sensorielle qu'intellectuelle qui s'adresse en priorité à des individus peu politisés, tant il est vrai que « le goût pour la télévision augmente en raison inverse de la position sociale, donc du niveau de politisation » (Gaxie, 1989, p. 32).

Il semble que les effets directs et à court terme des médias soient faibles car ils ne concernent qu'un petit nombre de destinataires : les émissions politiques ont une assez faible audience (*cf.* Denni et Lecomte, 1992, p. 109) qui ne concerne qu'une partie peu représentative de l'électorat, laquelle, en outre, est déjà très déterminée dans ses choix. Pour elle, les médias ne font que confirmer ou activer des opinions ou des convictions déjà acquises. Néanmoins, ils construisent aussi des représentations communes de la politique : ne serait-ce que par ce qu'ils choisissent de traiter ou de ne pas traiter, ils nous disent à quoi il faut penser, sinon ce qu'il faut en penser.

Toutefois, par le remodelage de « l'espace public » ainsi opéré, le rôle des médias audiovisuels est loin d'être négligeable (*cf.* Jean-Louis Missika et Dominique

Wolton, *La Folle du logis. La télévision dans les sociétés démocratiques*, Paris, Gallimard, 1983). En effet, leur audience est massive et non discriminatoire puisque les mêmes programmes s'adressent à tous. Ce qui s'y déroule fait désormais partie de la vie privée. La représentation politique s'en trouve désacralisée. Quant aux politiciens, désormais familiers des téléspectateurs qui finissent par connaître leurs qualités et leurs défauts comme ceux de leurs proches, ils doivent s'adresser à cette masse plutôt qu'à leurs partisans. La télévision est devenue une sorte d'agora ou de forum des temps modernes. Cela suppose une mise en scène et une rhétorique nouvelles. La politique prend une forme plus personnalisée. La manière dont elle est perçue s'en trouve modifiée au profit des apparences et au détriment des idées. Même le fonctionnement des partis en est affecté. Ceux-ci se sentent, en effet, obligés de donner la première place aux *leaders* qui passent à la télévision ou à la radio, rejetant les autres dans l'ombre : pour réussir en politique, désormais, il vaut mieux avoir du succès à la télévision que devant les militants.

Les médias jouent enfin un rôle d'intégration sociale dans la mesure où, grâce à l'actualité, aux journaux radiodiffusés ou télévisés, ils construisent une histoire et une mémoire communes à toute la nation, d'autant plus commune que, par le choix forcément limité des sujets qu'ils traitent, ils nous disent à quoi il faut penser. Ce qui n'est pas dans les médias est alors sans objet, voire inexistant.

Au terme de ce chapitre, nous ferons nôtres les conclusions d'Annick Percheron. Contrairement à ce que pensaient les pionniers de l'école du Michigan, ce qui a été appris dans l'enfance ne prédispose pas à savoir exactement « qui votera quoi demain » (Percheron, 1985, p. 224). La socialisation politique n'est qu'un « fond de carte » (*ibid.*). Au plus profond, l'individu se forge une identité, une certaine compétence et un certain goût pour la politique, mais, au gré des circonstances, les comportements peuvent évoluer. Il se peut qu'il change de région ou de pays, qu'il change de métier, qu'il connaisse une ascension sociale. Il se peut aussi qu'il connaisse des événements ou des hommes qui modifient sensiblement sa perception de la politique. C'est cette dimension biographique qui introduit une importante part d'incertitude dans la compréhension par la socialisation, des phénomènes politiques, ce qui en réduit d'autant le caractère prédictif.

À RETENIR

▲ L'apprentissage est d'abord collectif et les sociétés n'assimilent que peu à peu une véritable culture politique.

▲ Même si l'enfance en est le moment privilégié, l'apprentissage individuel se fait, lui aussi, progressivement, tout au long de la vie. Élément du processus d'intégration de chacun au sein du système social, il s'effectue dans les différents milieux qu'un individu peut fréquenter : famille, école, médias, etc.

▲ Ce processus n'est pas uniquement subi. En effet, chaque personne appartient — simultanément ou successivement — à plusieurs collectivités qui sont toutes porteuses de leurs propres valeurs entre lesquelles elle doit choisir.

Chapitre 5

Les organisations politiques

SOMMAIRE

OBJECTIFS DE CONNAISSANCE

Prendre un peu plus conscience de la complexité de la vie politique :

▲ par une meilleure compréhension du rôle, de la composition et du fonctionnement des partis politiques;

▲ par une meilleure connaissance, voire la découverte, des organismes de tous ordres qui agissent en coulisse.

On distingue habituellement deux grandes catégories de forces politiques : les partis et les groupes d'intérêt. Ce sont ces derniers qu'on appelait autrefois, de façon un peu péjorative, «groupes de pression». Cette expression est plutôt réservée aujourd'hui à une forme particulière de groupes d'intérêt : les *lobbies*.

«On doit entendre par partis», écrit Max Weber, «les associations reposant sur un engagement (formellement) libre» — donc volontaire — «ayant pour but de procurer à ses chefs le pouvoir au sein d'un groupement et à leurs militants actifs des chances idéales ou matérielles de poursuivre des buts objectifs, d'obtenir des avantages personnels, ou de réaliser les deux ensemble» (Weber, 1971, p. 292). Ces organisations sont durables. Leur audience s'étend de l'échelon local à l'échelon national. Elles y cherchent le soutien populaire — en se présentant, par exemple, aux élections — en vue de conquérir le pouvoir politique pour l'exercer directement.

Les groupes d'intérêt sont des associations tout aussi volontaires qui se contentent de chercher à influencer le pouvoir dans le sens de leur(s) intérêt(s). Leur action, en général beaucoup plus discrète que celle des partis, n'en est pas moins souvent efficace.

1. Les partis

En France, il y a toujours eu, à l'égard des partis, une certaine méfiance. Ils sont ignorés, voire honnis par les révolutionnaires de 1789, qui refusent tout ce qui est corps constitué et dénoncent les dangers du clientélisme. À gauche, sous l'influence de l'anarcho-syndicalisme, on reste longtemps sceptique quant au pouvoir réformateur de la société et on ne voit guère leur utilité. À droite, les partis sont longtemps considérés comme des facteurs de division de la nation et, si de Gaulle veut en 1958 une nouvelle constitution, c'est pour mettre fin à la IVe République qu'il appelle la «république des partis» qu'il rend responsables de tous les maux. Aujourd'hui, on ne peut pas dire que leur image soit très positive. Comme leurs *leaders*, ils ne donnent pas le sentiment de bien représenter la population.

D'ailleurs, ils attirent souvent assez peu d'adhérents et leur taux de pénétration — nombre d'adhérents sur nombre d'électeurs inscrits — est partout en Europe décroissant. Les seules exceptions, au moins apparentes, se trouvent dans les pays où ils ne sont qu'une poignée : en Allemagne et en Belgique. Mais c'est en France que ce pourcentage est le plus faible : 1,7 en 1992 contre 1,5 en 1959, après une pointe en 1982 à 2,6 correspondant à l'arrivée de l'Union de la gauche au pouvoir (Ysmal, 1994, p. 50). Malgré tout, il semble qu'il y ait toujours autant de personnes qui s'affirment proches des partis.

1.1. *Typologies*

1.1.1. Partis de cadres et partis de masses

La plus traditionnelle est binaire (Duverger, 1951). Le tableau ci-dessous résume cette classification qu'on trouve à l'état latent chez Max Weber. Celui-ci distingue déjà deux types de partis suivant qu'ils sont nés avant ou après le suffrage universel, ce qui montre l'importance, soulignée bien plus tard par Angelo Panebianco, de l'enracinement historique des formations politiques.

Les partis selon Duverger, et leurs principales caractéristiques

	PARTIS DE CADRES (EXEMPLE : LE PARTI RÉPUBLICAIN	PARTIS DE MASSES (EXEMPLE : LE PC)
Adhérents	Peu nombreux, notables influents	Nombreux et cotisants
Organisation interne	Peu structurée	Très structurée et hiérarchisée
Qui décide de l'orientation politique ?	Les élus	Les militants

Les premiers, qui datent de la démocratie censitaire et existent donc bien avant le suffrage universel, « sont des proto-partis clientélaires, des "clubs politiques épisodiques" ou des groupes parlementaires » (Seiler, 1993, p. 94). Ils résultent, selon Duverger, d'une « création intérieure » au système de pouvoir puisqu'ils se constituent à partir des groupes des assemblées représentatives. Weber pensait qu'ils disparaîtraient ou changeraient de forme, tout comme, beaucoup plus tard, Duverger. Il n'en a rien été : on peut considérer que ce sont les partis de cadres d'aujourd'hui.

Les seconds, créés à l'extérieur du système après l'institution du suffrage universel, sont issus des ligues, des sociétés secrètes, des associations, des Églises ou des syndicats qui ne disposent pas d'une représentation parlementaire et qui foisonnent au XIXe siècle. Préfiguration des actuels partis de masses, ils apparaissent comme des « machines politiques encadrant les masses et animées par des professionnels au service de chefs charismatiques » (*ibid.*).

1.1.2. Une réalité plus complexe

Si la typologie proposée par Duverger paraît toujours fondamentale, il n'en reste pas moins qu'on a essayé de l'améliorer. Jean Charlot propose de distinguer des partis de *notables*, d'*électeurs* et de *militants*. Les premiers seraient des partis de cadres au sens strict. Les partis d'électeurs seraient exclusivement préoccupés de remporter des élections. Pour cette raison, ils ne seraient actifs qu'en période électorale. Pour aboutir à leurs fins, à savoir obtenir le maximum de voix, il leur faut disposer de nombreux adhérents susceptibles de convaincre les électeurs en effectuant les tâches subalternes et ingrates, mais indispensables, qui consistent à distribuer des tracts à la sortie des usines ou des supermarchés et à coller des affiches de propagande. Il n'est donc pas nécessaire que ces adhérents aient une formation idéologique poussée car le programme de ce type de parti — le RPR, par exemple — est volontairement flou pour plaire à un maximum de personnes. En fait, le parti de militants correspond au parti de masses de Duverger, même si ces militants ne sont pas nécessairement nombreux. Le tout est qu'ils jouent un rôle essentiel dans le fonctionnement du parti.

On pourrait être tenté de rapprocher les partis d'électeurs des partis « attrape-tout » d'Otto Kirchheimer. Le règne de l'idéologie et du vote de classe étant, selon lui, révolus, ces partis devraient remplacer les partis de masses. En fait, Kirchheimer se place du côté de l'électorat et de la propagande, alors que les typologies précédentes se référaient à l'aspect organisationnel. Jean Charlot lui-même qualifie ce type de parti de *parti de rassemblement*. Or, tout parti qui souhaite gouverner ne cherche-t-il pas à rassembler un maximum d'électeurs? Si c'est bien le cas, tout parti à vocation majoritaire et gouvernementale risque alors d'être un parti « attrape-tout »...

La classification de Duverger, intéressante pour la France, ne peut guère s'appliquer aux États-Unis où les grands partis sont de grosses « machines » électorales tout entières préoccupées par la victoire de leur candidat aux élections présidentielles. En revanche, elle paraît correspondre à la situation qui prévaut en Europe. Néanmoins, il y a, en Allemagne, un type de parti qu'on ne rencontre pas en France : le *Sozialghettopartei* — ou « parti d'intégration sociale » —, tel que le définit Siegmund Neumann, regroupe un nombre important de militants actifs et développe de vastes réseaux d'organisations parallèles qui visent « à encadrer les citoyens "du berceau à la tombe" » (*ibid.*, p. 96).

Les principaux partis

La liste ci-dessous n'est pas exhaustive, car bien que tout le monde s'accorde sur le déclin des partis, leur nombre reste considérable : 178 à la date du 31 décembre 1994 selon la Commission nationale des comptes de campagne et des financements politiques! Toutefois, leur « poids » politique étant extrêmement variable, nous ne faisons figurer ici que ceux qui nous paraissent jouer un rôle significatif, fût-il modeste, dans la vie politique française : ils sont classés de gauche à droite sur l'échiquier politique de la manière qui nous a paru la plus pertinente.

INTITULÉ **(et date de création ou de nouvelle dénomination)**	**SIGLE**	**PRINCIPAL RESPONSABLE (au début de l'année 1998)**
Lutte ouvrière (1968) [ex-Voix ouvrière (Union communiste internationaliste), 1956]	LO	Arlette Laguiller
Parti communiste français (1920)	PCF	Robert Hue
Mouvement des citoyens (1993)	MDC	Jean-Pierre Chevènement
Parti socialiste (1969) * [ex-SFIO : Section française de l'internationale ouvrière, 1905]	PS	François Hollande
Parti radical de gauche (1998) [ex-Groupe d'études et d'action radicale-socialiste, puis Mouvement de la gauche radicale-socialiste, 1972; ex-MRG : Mouvement des radicaux de gauche, 1973; ex-Radical, 1994; ex-Parti radical-socialiste, 1996]	PRG	Jean-Michel Baylet
Les Verts (1984)		Dominique Voynet
Génération écologie (1990)	GE	Brice Lalonde
Mouvement écologiste indépendant (1994)		Antoine Waechter
Union pour la démocratie française (1978), dont : — **Parti radical**, dit «valoisien» (1901); — **Force démocrate (1996)** [ex-CDS : Centre des démocrates sociaux, 1976]; — **Parti populaire pour la démocratie française (1995)** [ex-clubs «Perspectives et réalités», 1965]; — **Démocratie libérale (1997)** [ex-Fédération nationale des républicains indépendants, 1966; ex-Parti républicain, 1977]	UDF PR FD PPDF DL	François Léotard Didier Cornillet François Bayrou Hervé de Charette Alain Madelin
Rassemblement pour la république (1976) [ex-UNR : Union pour la nouvelle république, 1958; ex-UD Ve République, 1967-1968; ex-UDR : Union pour la défense de la république, 1968, puis Union des démocrates pour la république, 1971]	RPR	Philippe Séguin
Mouvement pour la France (1994)	MPF	Philippe de Villiers
Front national (1972)	FN	Jean-Marie Le Pen

* Dans sa forme actuelle : 1971, date du congrès d'Épinay, rassemblement du PS, de la Convention des institutions républicaines de François Mitterrand et de 3 813 nouveaux adhérents.

1.1.3. Une tentative de synthèse

Il était tentant de proposer une synthèse de ces différentes typologies. C'est ce que fait Daniel-Louis Seiler (1993, p. 102-105). Pour Max Weber, rappelle-t-il, les partis sont des entreprises politiques, voire de domination, dont l'apparition et le développement correspondent au mouvement de rationalisation des sociétés. Ils procèdent de l'action rationnelle en finalité, le but à atteindre — gouverner — orientant les moyens de recueillir le plus possible de suffrages. Or, ces moyens dépendent d'abord des pouvoirs détenus par leurs fondateurs et de leur influence, ce qui justifie une première différenciation : si la fondation est extérieure au pouvoir, il s'agit de *partis de masses*. Si leur organisation est souple, ce sont des *partis de militants*. Si elle est rigide, ce sont des *partis d'intégration*. Si la fondation est intérieure, la question se pose de savoir qui gouverne. Si c'est le Parlement, on est en présence de *partis de cadres*. Que leur organisation soit souple et nous sommes en présence de *partis de notables*. Qu'elle soit rigide et ce sont des *partis d'électeurs*. Si c'est le président qui dirige le pays, les partis font en sorte que leur candidat détienne cette fonction suprême : il s'agit alors de « partis présidentiels », comme aux États-Unis.

1.2. *À quoi servent-ils?*

1.2.1. Les fonctions traditionnelles

Aux yeux de Moisei Ostrogorski qui les étudie au début de ce siècle, les partis politiques, tels qu'on les entend aujourd'hui, sont assez récents. Certes, dans l'Angleterre du XVIIIe siècle, il y avait des *whigs* et des *tories*, des formations contrôlées par les oligarchies parlementaires et qui décidaient qui serait candidat ou non. Les partis modernes naissent de l'élargissement du droit de vote et de l'extension corrélative du nombre des participants à la vie politique. Ils accompagnent le développement de la démocratie à laquelle ils sont absolument nécessaires : en allant à la rencontre de leurs électeurs, en les mobilisant, ils contribuent à en faire des citoyens responsables. Ce sont les partis qui opèrent la médiation entre le peuple et les candidats, leurs membres se chargeant, à l'échelle de la nation, de réguler l'offre et la demande politiques (Ostrogorski, 1993). La constitution française les reconnaît officiellement pour la première fois en 1958, mais simplement comme « devant concourir à l'expression des suffrages ». Pourtant, comme Ostrogorski, la théorie démocratique leur attribue des fonctions plus vastes et, au final, un pouvoir formidable, mais caché qui reviendrait à établir une connexion — *linkage* — entre les citoyens et l'État :

> « 1. Formuler des programmes différents afin d'agréger et d'articuler les intérêts de l'ensemble de l'électorat.
>
> 2. Sélectionner les candidats pour les élections et les autoriser à porter leurs noms.
>
> 3. Organiser les campagnes électorales.
>
> 4. Une fois au pouvoir, organiser le gouvernement autour d'un programme spécifique et cohérent, et l'exécuter. »

Source : Kay Lawson, « Partis politiques et groupes d'intérêt », *Pouvoirs*, n° 79, 1996, p. 37.

En somme, les partis sont supposés organiser le jeu institutionnel en encadrant les électeurs, développer leur « conscience » politique en leur demandant de réfléchir sur un programme, et leur proposer des candidats. Dans une certaine mesure, ils encadreraient aussi les élus puisqu'ils sont supposés assurer, entre eux et leurs électeurs, un lien à double sens : ils doivent transmettre les souhaits de la population à ceux qui détiennent le pouvoir et aussi faire comprendre le sens des décisions prises. En outre, ils soutiennent, structurent le travail de ces derniers. Ainsi, en France, des travaux sont organisés dans le cadre de groupes parlementaires auxquels les élus sans étiquette ou appartenant à un mouvement peu représenté s'apparentent pour ne pas se trouver marginalisés.

D'une certaine façon, les partis modèlent le fonctionnement du système politique : leur pluralité est en principe la garantie que des idées différentes, voire opposées, seront connues du plus grand nombre, défendues, et pourront, le cas échéant, être mises en application au plus haut niveau ; ce multipartisme peut engendrer aussi une certaine instabilité, au contraire de ce qui peut se passer s'il n'y a, comme au Royaume-Uni ou aux États-Unis, que deux partis qui se disputent le pouvoir.

1.2.2. Un déclin irrémédiable ?

Les partis politiques paraissent de moins en moins en mesure de remplir correctement leurs fonctions traditionnelles. Dans des pays comme la France où le parlementarisme est en recul, ils se borneraient de plus en plus, aux yeux de certains, à n'être que des « machines à produire des candidats à la présidence de la république » (Madeleine Rebérioux, « L'évolution des partis politiques », *in Après-demain*, 1995, p. 9).

Établis pour plaire, sinon aux électeurs, du moins aux votants, voire à certains groupes d'intérêt (comme c'est fréquemment le cas aux États-Unis), les programmes proposés sont souvent fort vagues. Il n'est pas rare que les candidats se désignent eux-mêmes, attendant ensuite l'aval de leur parti ou des votants. Les campagnes électorales sont de moins en moins le fait des militants et de plus en plus des opérations de *marketing* où les conseillers en communication, les médias et les sondages jouent un rôle majeur. Elles nécessitent toujours plus de fonds qu'elles ne peuvent pas trouver en quantité suffisante auprès des militants et qu'elles se font offrir, ouvertement ou secrètement, légalement ou pas, par de généreux donateurs dont on imagine sans peine qu'ils souhaitent, d'une manière ou d'une autre, pouvoir en tirer profit. En France, la mise à jour d'un recours généralisé au financement illégal d'entreprises n'a pas peu contribué au discrédit de la politique en général et des partis en particulier. Certes, des lois ont bien été votées de 1988 à 1993, en particulier celle du 15 janvier 1990 qui plafonne les dépenses de campagne, introduit le principe de transparence et met en œuvre un financement public ainsi qu'un contrôle strict des dépenses. Il n'empêche que le mal est fait et que de nouvelles « affaires » surgissent encore.

1.2.3. De nouvelles fonctions

Des constatations qui précèdent, Lawson tire l'idée que les fonctions traditionnelles des partis seraient, au moins en partie, cédées à d'autres : élus, représentants des groupes d'intérêt et conseillers politiques. Ce sont eux, en effet, qui ont le plus de contacts, donc une position centrale proche de la prise de décisions. Cela l'amène à se demander si les partis ne remplissent pas une cinquième fonction, occulte, officieuse, qui consisterait « à créer et en même temps à déguiser le *linkage* entre les groupes d'intérêt les plus puissants et l'État, donnant ainsi une légitimation démocratique à une situation décidément non démocratique » (Lawson, *op. cit.*, p. 48). Ces partis seraient toujours plus proches des groupes d'intérêt et, finalement, la seule différence qui pourrait subsister tiendrait au fait qu'ils peuvent, en leur propre nom, présenter des candidats aux élections. Que la mondialisation réduise comme peau de chagrin les pouvoirs de l'État, que les intérêts se situent toujours plus à un autre niveau, et cette dernière fonction pourrait alors, à son tour, tomber en désuétude. L'on n'aurait plus guère besoin des partis politiques, à moins que, comme les intérêts, ils s'internationalisent.

Ce pessimisme n'est pas partagé par tout le monde (*cf.* Henri Weber, « Un nouvel âge pour la démocratie », *in Après-demain*, 1995, p. 20-22). Certes, les partis auraient leur part dans la crise contemporaine de la démocratie que manifeste, entre autres, une citoyenneté de plus en plus passive, où les droits l'emportent toujours plus sur les devoirs. Certes, il leur est difficile de lutter contre certaines évolutions sur lesquelles ils n'ont guère de prise :

▲ La montée de l'individualisme, qui est positive quand elle est l'affirmation de la valeur de chacun, mais négative quand elle s'accompagne d'un sentiment d'appartenance à la nation de plus en plus diffus et d'une indifférence croissante aux autres, en un mot, quand l'intérêt personnel remplace les sentiments et dicte les opinions.

▲ Le dualisme croissant d'une société où se multiplient les exclus pendant que l'économie prospère.

▲ Le renforcement des médias de communication directe (radio, télévision) au détriment des « médias de représentation » (partis, syndicats), ce qui implique une simplification et une dramatisation de l'information; dès lors, les questions complexes, faute d'une analyse complète, deviennent inintelligibles et les réponses nuancées inaudibles. Du fait de la multiplication des sondages, le corps électoral serait remplacé par une « opinion ventriloque » (*ibid.*, p. 22). En somme, journalistes et sondeurs concurrenceraient de plus en plus les représentants du peuple.

▲ La mercantilisation et la professionnalisation de la vie politique.

Pourtant, Henri Weber pense que les partis peuvent agir sur certains aspects de cette crise. Le monde change rapidement. Les progrès techniques incessants, la mondialisation économique, commerciale et culturelle, le bouleversement des rapports mondiaux de puissance font qu'il est plus complexe et instable. Les partis doivent le rendre plus intelligible : pourquoi le citoyen voudrait-il essayer de transformer un monde qu'il ne comprend pas et comment pourrait-il le faire?

Qui plus est, le citoyen moderne est de plus en plus sceptique. Il a fait de plus longues études et il est plus cultivé, plus qualifié que ses prédécesseurs. Son esprit critique a contribué au déclin des grandes idéologies du XIXe siècle (communisme et socialisme révolutionnaire, en particulier) : finies, écrit Weber, la « sécularisation de la foi » (*ibid.*, p. 21), l'identification et l'adhésion inconditionnelles à un parti. Plus individualiste, ce citoyen ne serait-il pas plus enclin à voir dans ses représentants des instruments qui lui permettraient d'atteindre ses propres objectifs? Si c'est le cas, la clé de la survie des partis serait dans l'adaptation de leurs programmes à ce nouveau citoyen d'un monde en perpétuel changement. Plus généralement, elle serait dans leur capacité à rendre la politique moins rébarbative.

2. Les groupes d'intérêt

2.1. *Une infinie diversité*

Leur point commun essentiel est de défendre des intérêts spécifiques auprès des instances qui ont des pouvoirs de décision en matière de politiques publiques et de se faire reconnaître par elles comme des interlocuteurs pertinents. Même si on exclut les groupes où l'interaction entre membres est faible et où n'existe entre eux qu'un simple lien objectif (comme dans une manifestation), si, par conséquent, on ne retient que ceux où le niveau d'interaction est fort et dont les membres sont conscients d'avoir un intérêt commun, la diversité de ces intérêts, voire le caractère évanescent de ce dernier mot, font que leur nombre est très important. Il s'agit, pour l'essentiel, des syndicats et d'associations qui « sont *en principe* créés et organisés à l'initiative de leurs membres » (Offerlé, 1994, p. 27). En principe... Pourtant, certains groupes d'intérêt comme l'Union fédérale des consommateurs n'ont-ils pas été initiés par l'État? Les intérêts défendus sont souvent liés au métier, au statut, au diplôme, voire à la spécialité. Ainsi, un professeur peut être syndiqué en tant que tel (à la FSU, par exemple), en tant qu'enseignant dans le secondaire (au SNES, un des syndicats de la Fédération syndicale unitaire citée), mais aussi être membre de la Société des agrégés et d'une association de spécialistes regroupant les enseignants de la même discipline, comme l'APSES (l'Association des professeurs de sciences économiques et sociales). Bien entendu, rien n'empêche qu'il soit membre d'associations de défense de consommateurs ou de tel ou tel site naturel menacé par les promoteurs immobiliers, ou encore de parents d'élèves...

David Truman (*The Government Process*, 1951) pensait que les groupes d'intérêt étaient le fruit d'un changement technique de plus en plus rapide engendrant une frustration croissante portant sur des domaines de plus en plus spécialisés. Il avançait même l'idée que leur nombre était un indicateur de la complexité sociale. Mais les groupes d'intérêt sont-ils nécessairement liés à des griefs ou des mécontentements? À l'évidence non : « Les plus "objectivement" démunis ne sont-ils pas les moins capables de reconnaître et de faire reconnaître leurs intérêts » (Offerlé, 1994, p. 48-49)? En réalité, il semble bien que ces groupes, souvent fondés dans le but de produire des prestations matérielles, soient, dans la majorité des cas, sinon toujours, « le résultat du travail d'organisation réalisé par ou pour les membres du groupe » (*ibid.*, p. 49).

D'ailleurs, il ne suffit pas qu'il y ait communauté d'intérêts entre des individus pour qu'il y ait formation d'un groupe d'intérêt. Mancur Olson a montré dès 1966 que « des individus raisonnables et intéressés ne s'emploieront pas volontairement à défendre les intérêts du groupe », et qu'« un groupe inorganisé de personnes ayant un intérêt commun, consciéntes de cet intérêt et ayant des moyens de le réaliser, ne fera [...] rien pour le promouvoir » car, quoiqu'en pense Marx, « la communauté d'intérêt ne suffit pas à provoquer [...] l'action commune permettant de promouvoir l'intérêt de tous » (Olson, 1987, p. 22). Pire : plus le groupe comportera de membres, plus chacun d'entre eux sera tenté de faire cavalier seul, d'être un *free rider*, en ne participant pas à l'action commune, se disant que les autres sont bien assez nombreux pour obtenir le résultat dont il pourra quand même bénéficier, espérant un « ticket gratuit ». Dès lors, l'individu n'adhérera que s'il en tire des avantages directs, que s'il a la possibilité d'acquérir les « biens » sélectifs réservés aux membres. Lorsque le groupe est de taille réduite, la pression exercée relève des relations de face à face et ne nécessite pas d'investissements coûteux. Il n'en est pas de même lorsqu'il est important, ce qui nécessite, pour obtenir un maximum d'adhésions, la fourniture de toutes sortes de services.

2.2. *Essais de clarification*

On peut envisager plusieurs regroupements, mais aucun n'est vraiment tout à fait satisfaisant.

En s'appuyant sur le critère organisationnel privilégié par Duverger, on peut envisager une classification qui distingue les *groupes de masses* des *groupes de cadres* aux caractéristiques semblables aux partis du même nom.

Dans une deuxième classification, fonctionnelle, et qui fut proposée initialement par Finer, on peut faire une nouvelle distinction. D'un côté, il y aurait les *groupes d'intérêts matériels*, ou groupes d'intérêts proprement dits, à savoir les organisations professionnelles et syndicales, ou des mouvements de défense d'intérêts plus transversaux comme ceux des consommateurs. De l'autre, on trouverait des « groupes promotionnels d'idées ou *groupes de propagande* » (Charlot, 1985, p. 460), c'est-à-dire des organisations à vocation idéologique comme *Amnesty International*, *Greenpeace* ou le MRAP (Mouvement contre le racisme et pour l'amitié entre les peuples), ou encore des clubs, groupes chargés d'alimenter la réflexion au sein des partis politiques. Une telle typologie doit être utilisée avec précaution eu égard à son caractère nécessairement simplificateur : ainsi, les syndicats, s'ils défendent, avant toute chose, des intérêts matériels (conditions de travail en général et salaires en particulier), ne se battent-ils pas aussi pour une certaine idée de l'organisation sociale?

Aussi Jean et Monica Charlot proposent-ils une autre classification en deux catégories de groupes d'intérêt. Les premiers seraient des « groupes *ad hoc* fondés sur un objectif unique et nettement circonscrit » (*ibid.*, p. 461), ceux qui militent contre l'installation d'un aéroport ou contre le tabac. Leur objectif étant unique et souvent non négociable, ils usent plus facilement de la violence que les seconds qui sont des « groupes à vocation permanente, aux objectifs multiples, diffus et sans cesse renouvelables » (*ibid.*, p. 462).

Quoi qu'il en soit, la clientèle des groupes de pression est très typée et correspond généralement à une seule catégorie de personnes. De plus, leurs membres sont souvent eux-mêmes membres d'autres groupes de pression : on peut adhérer à la fois à un syndicat, une association de spécialistes, une association féministe ou un groupe qui combat la vivisection. Aussi, on ne saurait apprécier leur caractère représentatif de la même façon que pour les partis : la représentativité d'un syndicat se mesure-t-elle uniquement par le taux de syndicalisation? Et ne vaut-il pas mieux l'évaluer à partir de sa capacité de mobilisation?

2.3. *Des moyens d'action très variés*

En caricaturant quelque peu, on peut affirmer que « les "groupes de cadres" ont l'argent, les relations, la compétence et l'information, l'utilité économique et financière ; les "groupes de masses" le nombre, l'organisation, une image favorable, l'utilité sociopolitique » (*ibid.*, p. 505). Ce serait prétendre que, pour atteindre leur cible privilégiée que sont les pouvoirs publics, les groupes de cadres se contenteraient d'une action occulte : dans l'ombre, ils chercheraient à convaincre l'Administration, les parlementaires ou les membres du gouvernement en essayant, par une information solidement argumentée, des pressions personnelles et discrètes — voire par des tentatives de corruption… — du bien-fondé de leurs demandes. Cette pression sur les décideurs se ferait dans la coulisse. C'est pourquoi on utilise volontiers, à son propos, l'anglo-américain *lobby* qui signifie « corridor », « vestibule » ou « hall d'hôtel », et qui désigne, par extension, les couloirs, le bar ou la salle des pas-perdus du Parlement, antichambres du pouvoir hantés par les individus qui font du *lobbying* et peuvent y rencontrer ministres, sénateurs ou députés.

Les groupes de masses sont supposés préférer l'action ouverte, celle qui se fait au grand jour dans le cadre de négociations ou d'instances consultatives où siègent leurs représentants. Cette action peut aussi prendre la forme de grèves, de manifestations ou de campagnes d'information où l'opinion publique est prise, en quelque sorte, à témoin, comme un moyen de pression indirect sur les pouvoirs publics.

En réalité, la distribution des ressources politiques est plus complexe. C'est pourquoi il semble pertinent à Jean et Monica Charlot d'étudier la mise en œuvre de ces ressources à la lumière d'une approche de type « tactique et stratégie » : les groupes choisiraient entre la pression individuelle et l'action ouverte. Ils le feraient en fonction de leurs objectifs, certes, mais aussi en fonction de leurs moyens — qu'il s'agirait d'utiliser au mieux — et de ceux de leur adversaire qui ne sauraient, en aucun cas, être négligés.

2.4. *Une efficacité réelle mais difficile à apprécier*

Le pouvoir effectif des groupes d'intérêt est difficile à mesurer. Quand une décision est prise, c'est sous l'influence de pressions multiples parmi lesquelles il est bien difficile de déterminer le poids relatif de chacune. Aussi, il peut être plus facile d'apprécier ce pouvoir « en creux », à travers les échecs qui sont plus aisément observables. De cette observation d'échecs dus non seulement à l'insuffisance de la pression, mais aussi à la résistance des faits ou, tout simplement à la sous-estimation de la volonté des pouvoirs publics, on peut déduire que l'influence des groupes d'intérêt est tributaire de nombreux facteurs : elle « dépend de la volonté et de la capacité d'action du pouvoir politique […], de l'équilibre des soutiens et des oppositions dans l'ensemble des groupes d'intérêt concernés […], de la cohésion interne du groupe » (*ibid.*, p. 521). Parmi ces facteurs, on l'aura noté, il y a la capacité d'action du pouvoir politique. C'est que ce pouvoir lui-même n'est jamais totalement cohérent et uni, ce qui laisse des ouvertures plus ou moins grandes aux groupes d'intérêt. Mais il a toujours un atout de plus : la possibilité qu'il détient de mobiliser la force publique…

À RETENIR

▲ Les partis, organisés pour accéder au pouvoir, ont aussi des fonctions, méconnues, de médiation entre les citoyens et l'État.

▲ À leur côté, et toujours plus influents, se développent de multiples « micro-organismes » car, si les syndicats périclitent, il n'en est pas de même des clubs ou des associations de défenses d'intérêts particuliers.

Chapitre 6

Militants et dirigeants

SOMMAIRE

OBJECTIFS DE CONNAISSANCE

▲ Ce chapitre étudie les participants les plus actifs à la vie politique, tente d'en dresser un portrait, d'en connaître les motivations et d'en mesurer l'influence.

Avant d'accéder au pouvoir, les partis doivent convaincre les électeurs de voter pour leurs candidats. Ces derniers ne peuvent se présenter avec quelque chance de succès et accéder à la « classe » dirigeante sans le soutien actif d'une main-d'œuvre souvent nombreuse et dévouée de militants. Qui sont-ils? Quelles forces les poussent à payer ainsi de leur personne dans des actions apparemment gratuites, et ce à une époque où les partis ont plutôt mauvaise presse?

1. Le militantisme

Tous les partis n'ont pas la même organisation. Celle-ci, toutefois, est généralement constituée de trois niveaux superposés.

À la base, à l'échelon local, on trouve un petit groupe qui peut prendre la forme d'un comité, d'une section ou d'une cellule. Le *comité* est un groupe restreint de notables comme on en trouve habituellement dans les partis libéraux. La *section* est un groupe nombreux et actif qui remplit généralement des tâches d'éducation politique. C'est le cas au Parti socialiste français. La *cellule*

— typique des partis communistes — est un groupe réduit, mais actif, qui doit avant tout diffuser les idées du parti.

Les échelons intermédiaires correspondent au découpage administratif. C'est ainsi que tous les partis ont des instances départementales. Au sommet de cette organisation pyramidale, siège, dans les organes centraux, une élite professionnalisée et stable qui détermine l'orientation du parti, et cela en conformité avec la « loi d'airain de l'oligarchie » de Roberto Michels.

Ce noyau dirigeant n'aurait guère de chances d'accéder au pouvoir s'il n'y avait pas des militants. Jusqu'à la fin des années 1970, on trouve peu d'études sur le militantisme. Pourquoi? On peut avancer les raisons suivantes (*cf.* Subileau, 1981). La première, c'est qu'au début de la Vᵉ République, les observateurs de la vie politique, dans leur majorité, sont convaincus de la dépolitisation, voire de la « désidéologisation », de la population et, singulièrement, du déclin des partis qui, il est vrai, n'ont pas bonne réputation, notamment du côté du pouvoir : la Vᵉ République ne s'est-elle pas construite sur les cendres de la IVᵉ et de son « régime des partis »? La deuxième raison, c'est que, tout simplement, les partis se méfient des chercheurs auxquels ils ne confient pas facilement leurs fichiers. Il faut donc se rabattre sur des estimations. Les rares études du militantisme politique n'ont souvent été faites que dans le cadre, plus large, de l'étude des partis de masse. Les militants, qu'une journaliste qualifie de « soutiers de la politique » (article de Françoise Chirot, *in Le Monde*, 16-17 septembre 1994), sont analysés comme des pourvoyeurs de fonds, des indicateurs de « poids » politique ou encore le vivier dans lequel se construira l'élite. On ne s'intéresse guère à leur évolution que dans la mesure où elle semble avoir un rapport avec les résultats électoraux.

1.1. *Le militant*

1.1.1. Définition

L'origine du terme « militant » est à la fois guerrière et religieuse : être militant, à l'origine, c'est faire partie de la « milice du Christ sur terre », être un soldat du Christ. Ce n'est que dans la deuxième moitié du XIXᵉ siècle que le vocable accompagne les mots « classe » et « doctrine » et prend le sens de « battant, combattant, agressif ». Il ne devient substantif qu'après la Commune de Paris, mais reste encore imprécis, s'appliquant à toutes sortes de domaines. Weber, nous l'avons vu, parle, dans sa définition des partis, de militants actifs. Ce n'est qu'en 1951, dans *Les Partis politiques* de Maurice Duverger, que les militants apparaissent dans un ouvrage de science politique. Ils constituent le cœur d'une série de plusieurs cercles concentriques constitués, en allant des moins impliqués jusqu'aux plus impliqués :

▲ des *électeurs* ;

▲ des *sympathisants*, qui se contentent d'affirmer leur préférence pour tel ou tel parti sans, pour autant, y adhérer ;

▲ des *adhérents* ;

▲ des *dirigeants*, dont le groupe, peu mobile, est quasi oligarchique.

Adhérents et dirigeants sont, au sens large, les militants du parti si l'on considère que les seconds en constituent l'élite que nous examinerons à la fin du chapitre. Ici, nous nous intéressons aux adhérents les plus actifs par opposition aux «membres non actifs» et aux «masses associées (électeurs et votants)» (Weber, 1971, p. 293) : au sens strict, ce sont eux, les militants. Quelles sont leurs activités? Il s'agit d'abord d'assister régulièrement aux réunions de leur parti, voire aux universités d'été «où les dirigeants viennent faire leurs gammes d'après-vacances» (Chirot, *op. cit.*, p. 1). Il s'agit aussi de contribuer aux tâches matérielles : collage d'affiches, généralement la nuit, distribution de tracts sur les marchés ou à la sortie des usines et des magasins, et participation effective aux campagnes électorales. Bien entendu, les tâches varient suivant les circonstances. Aussi, pour une bonne analyse du phénomène militant, il est nécessaire de tenir compte des «rythmes de la vie partisane» [qui] «varient sensiblement selon que le parti est au pouvoir ou dans l'opposition, en campagne électorale ou non, prépare son congrès ou l'a déjà tenu» (Rey et Subileau, 1991, p 18). Chacun sait, par exemple, que les militants du PS ont beaucoup souffert de l'épreuve du pouvoir à laquelle ils n'étaient pas vraiment préparés et de la quasi-impossibilité de critiquer le président Mitterrand.

1.1.2. Une signification différente d'un parti à l'autre

Être militant n'a pas le même sens dans tous les partis. Dans un parti de cadres, comme aujourd'hui l'UDF, militer se limite à assister aux réunions. Dans un parti de masse, comme le Parti communiste, le militantisme est une activité de tous les jours qui se poursuit jusque sur le lieu de travail où le militant est généralement un membre actif de la CGT (Confédération générale du travail). Le déclin du PC (*cf.* encadré) n'est pas, on s'en doute, sans rapport avec celui de ce syndicat. Peut-être ce déclin est-il lié aussi à celui de tout ou partie de ses fonctions traditionnelles. En effet, un parti de masse a, en principe, pour fonctions d'éduquer à la politique, de former l'esprit public, d'animer les débats et de définir des objectifs. Or, aujourd'hui, on a parfois le sentiment qu'il ne sert plus, comme les autres partis, qu'à sélectionner des candidats aux emplois publics.

Dans un parti faiblement intégrateur, comme le Parti socialiste, les militants risquent d'être moins actifs et moins faciles à mobiliser que dans un parti fortement intégrateur, comme le PC. De fait, au PS, ceux que Henri Rey et Françoise Subileau définissent comme les «syndicalistes associatifs», soit près de la moitié des militants, sont peu actifs. À l'opposé, les «partisans», moins nombreux, s'ils sont mieux intégrés au parti, s'usent dans la bataille permanente des «courants». Quant au PC, sa puissance intégratrice semble, elle aussi, s'affaiblir. Pour s'en convaincre, il suffit d'évoquer la multiplication des débats et des critiques internes qui auraient paru inimaginables il y a quelques années.

À vrai dire, les différences entre les partis de gauche s'estompent. L'activité militante décroît : crise des «buts objectifs», pour reprendre une expression de Max Weber, ou de la cause à défendre, en particulier au PC? Toujours est-il que même la publicité, lors des campagnes électorales, est de plus en plus aux mains de professionnels. Les relations sont toujours plus lâches entre les partis et les militants. Ce sont, de plus en plus, les *leaders* qui décident. Ne reste plus aux militants qu'à contrôler les candidatures aux postes électifs, postes auxquels ils aspirent de façon croissante. Ainsi, les militants de gauche servent de moins en moins de lien entre la population et les dirigeants. Peut-être y a-t-il là une des causes de la crise de la représentation : les Français s'identifient, en effet, de moins en moins aux partis, ce que manifeste le rejet accru de politiciens accusés d'être coupés des réalités.

À droite, la longue présence de la gauche au pouvoir dans les années 1980 a stimulé un surinvestissement des partis de droite dans le politique en faveur de l'identité nationale et contre l'immigration. Leurs cadres sont donc arrivés plus récemment, alors que ceux des grands partis de gauche ne se renouvelaient plus (*cf.* Colette Ysmal, 1994, p. 52). Dans ces partis, toutefois (et surtout au Front national), il y a une forte personnalisation du pouvoir et les militants se contentent le plus souvent d'entériner ce qui se décide en haut.

1.2. *Qui milite?*

1.2.1. Une espèce en voie de disparition?

Peu d'électeurs adhèrent à un parti. À la fin des années 1980, ils n'étaient, en France, que 3 %, beaucoup moins nombreux que ceux qui déclarent s'intéresser à la politique (Ranger, 1990, p. 130). Et ils sont de moins en moins nombreux, du moins dans les partis traditionnels (*cf.* encadré *infra*).

Qui sont-ils, ces militants qui sacrifient une bonne partie de leur temps et de leur vie privée au service d'un idéal politique? Ont-ils des caractéristiques communes ou sont-ils essentiellement différents d'un parti à l'autre?

Si on s'en tient aux cadres des partis pour lesquels on a une information suffisamment précise, les adhérents les plus actifs sont peu représentatifs de la population électorale en général, et même de leur propre électorat. Ce sont surtout des hommes d'âge mûr, instruits et de milieu aisé (Ysmal, 1994, p. 63). Ils apparaissent ainsi de plus en plus coupés de la frange toujours plus nombreuse des exclus de notre société en crise. Pire : ils semblent incapables — mais le veulent-ils vraiment? — de produire de l'opinion chez les électeurs.

1.2.2. Des profils sociologiques conformes aux orientations partisanes

Naturellement, les militants diffèrent suivant qu'ils appartiennent à un parti ou à un autre. Pour nous en convaincre, parcourons l'échiquier politique français de la gauche vers la droite.

Si l'on en croit l'enquête menée auprès des délégués au congrès de janvier 1994, censés être représentatifs de l'ensemble des adhérents, les militants communistes ont en moyenne 40 ans pour les femmes et 42 ans pour les hommes. 25 % d'entre eux ont fait des études supérieures alors que 53 % n'ont fait que des études secondaires. 46 % travaillent dans le secteur privé, 14,5 % dans le secteur nationalisé et 39 % dans la fonction publique où ils sont souvent employés — 10 % — ou enseignants dans le primaire ou le secondaire. Le PC a toujours une forte coloration ouvrière puisque 43 % des militants sont des salariés de l'industrie. Enfin, 6 % des délégués au congrès de janvier 1994 étaient des chômeurs et 2 % des lycéens et des étudiants (*Source :* Françoise Chirot, « Les décomptes des partis », *Le Monde*, samedi 17 septembre 1994, p. 13).

Effectifs estimés des adhérents

	PCF	SFIO/PS	UNR/UDR/ RPR	CNI/RI/PR	MRP/CD/C DS	FN
1958		60 000			40 000	
1959			24 000			
1960	300 000		35 000			
1961	300 000		50 000			
1962	318 000				20 000	
1963	330 000	55 000	86 000			
1964	330 000					
1966	341 000	70 000				
1967	350 000					
1968		60 000			15 000	
1969	380 000					
1970	380 000			3 000		
1971	375 000	50 000				
1972	390 000					
1973	410 000					
1974	450 000					
1975	491 000					
1978	520 000					
1979						
1981		150 000		8 500	17 500	900
1982			250 000	12 000	17 000	
1983		180 000			14 000	
1984	380 000		331 000	10 000	12 500	
1985	352 000	180 000				10 000
1986	340 000		98 000	20 000		
1987	330 000					
1989	250 000					
1990	220 000	150 000				
1992		125 000	200 000	25 000	12 500	50 000

CNI : Centre national des indépendants ; PR : Parti républicain ; RI : Républicains indépendants ; MRP : Mouvement républicain populaire ; CD : Centre démocrate (la signification des autres sigles est donnée dans l'encadré sur « les principaux partis »). Ne figurent ici que les années pour lesquelles nous disposons de statistiques fiables.

Source : Colette Ysmal, 1994, p. 48-49.

Au Parti socialiste, selon Henri Rey et Françoise Subileau, qui ont enquêté auprès de trente fédérations en 1985-1986, les catégories supérieures (28 % des militants) et moyennes (33 % de techniciens, de contremaîtres et d'agents de maîtrise, et 13 % de travailleurs indépendants) sont surreprésentées, et notamment les salariés de la fonction et du secteur publics (50 % des effectifs), parmi lesquels professeurs et instituteurs pèsent d'un poids sans commune mesure avec leur place dans la société. Du coup, les ouvriers (avec les employés, ils ne sont que 20 % des adhérents), mais aussi les femmes et les jeunes, se trouvent marginalisés au sein de ce parti. Leur faible participation rejoint ce que nous avions observé quant à leur participation conventionnelle.

Chez les écologistes, on trouve des militants plutôt jeunes — 29 % de moins de trente ans et 47 % de 31 à 45 ans — représentant surtout les couches supérieures de la société. Ainsi, il y a 43 % de militants qui exercent des professions libérales, plus de 28 % qui ont des professions intermédiaires, et seulement 11 % qui sont employés (Chirot, *ibid.*).

Au CDS, parti de centre-droit membre de la nébuleuse UDF, très présent dans les campagnes de l'Ouest et de l'Alsace, les cadres et les personnes exerçant des professions intellectuelles supérieures y remplacent de plus en plus les agriculteurs.

Les adhérents et militants du RPR, le parti gaulliste, sont en majorité des hommes plutôt âgés vivant souvent à la campagne : environ un tiers des effectifs. Parmi eux, se trouvent beaucoup de représentants des catégories sociales supérieures, des représentants des catégories intermédiaires (mais de moins en moins), des employés (8 %), mais peu — et de moins en moins — d'ouvriers (8 %). La cotisation y est aussi, d'ailleurs, relativement plus élevée que dans les autres partis : 200 francs pour 1994. Les travailleurs indépendants sont nettement surreprésentés puisqu'ils constituent 46 % de l'ensemble des adhérents, c'est-à-dire pratiquement la moitié, à savoir 15 % d'artisans et de commerçants, 13 % d'agriculteurs, 10 % d'industriels et 8 % de personnes exerçant des professions libérales (*ibid.*).

Le tour d'horizon des principales formations politiques françaises serait à peu près complet si nous disposions de renseignements précis sur les adhérents du principal parti d'extrême droite. Comme ce n'est pas le cas, contentons-nous du profil de ses électeurs. Aux dernières élections européennes, le 12 juin 1994, c'étaient plutôt des hommes relativement jeunes issus souvent des classes moyennes. Les ouvriers — 10 à 15 % — étaient sensiblement moins nombreux à avoir fait confiance au parti de Jean-Marie Le Pen que dix ans auparavant. En effet, aux élections européennes de 1984, ils représentaient 25 % de son électorat (*cf. L'Effet Le Pen*, dossier établi et présenté par Edwy Plenel et Alain Rollat, Paris, La Découverte/Le Monde, 1984, p. 129). Toutefois, ils ont voté massivement pour lui aux élections présidentielles de 1995 : 27 % des voix pour le candidat de l'extrême droite provenaient de cet électorat décidément flottant, voire de plus en plus extérieur à la société politique.

1.3. *Pourquoi et comment devient-on militant ?*

Il y a bien des raisons et bien des façons de devenir militant, mais en général on le devient jeune (*cf.* Chirot, « Les soutiers de la politique », *op. cit.*, p. 1 et 10).

Même s'il y a une adhésion très jeune à la politique, l'adhésion à un parti suppose un moment politique important qui la provoque, comme les événements de mai 1968 ou l'arrivée de la gauche au pouvoir en 1981. De là à penser que, suivant l'épisode qui a déclenché l'adhésion, il y a des générations de militants, il n'y a qu'un pas. Ce pas, Annie Kriegel le franchit en proposant de classer les militants en fonction de la nature de leur adhésion (Kriegel, 1968). Ainsi, distingue-t-elle, au Parti communiste :

- l'*adhésion politique :* le militant choisit une politique parmi d'autres, celle, en l'occurrence, que propose le PCF ;
- l'*adhésion existentielle*, quasi religieuse, qui concerne « ceux pour qui appartenir au PC constitue un état de nature » ;

▲ l'*adhésion idéologique*, qui concerne les intellectuels en général, et les étudiants en particulier.

Annie Kriegel enrichit sa typologie par la prise en compte des « générations » militantes, distinguant :

▲ la « bigarrure des années vingt », où le Parti communiste est composé tout à la fois d'anciens combattants de 14-18, de vieux anarcho-syndicalistes et de léninistes ;

▲ la génération de 1924-1934, celle de la bolchevisation et du mot d'ordre : « classe contre classe », en marge de la société française ;

▲ celle du Front populaire, mieux intégrée, qui s'est engagée dans le Parti pour combattre, non pas le capitalisme, mais le fascisme ;

▲ celle de la Résistance, qui a connu la clandestinité et la déportation ;

▲ celle, enfin, du Programme commun de la gauche.

L'analyse d'Annie Kriegel permet de montrer que la réalisation de choix idéologiques et politiques est aussi affaire de socialisation, notamment familiale : là aussi, il y a, pour reprendre le titre d'un ouvrage célèbre de Pierre Bourdieu et Jean-Claude Passeron, des « héritiers ». De là, la distinction qu'Henri Rey et Françoise Subileau font, par exemple, chez les militants socialistes, entre un « socialisme d'héritage », qui concerne les enfants de parents « de gauche », et un « socialisme de rupture », relatif aux militants qui rejettent leur milieu d'origine. Dans des études plus anciennes, concernant le RPR et le Parti socialiste du début des années 1970, la reproduction sociale s'avère si forte que la quasi-totalité des militants affirment, pour le RPR, avoir des parents de droite, et, pour le PS, des parents de gauche. À cette époque, il semble que la socialisation intergénérationnelle joue donc un rôle plus grand qu'aujourd'hui. Ainsi, pour le RPR, Bréchon, Derville et Lecomte écrivent : « Plus grande est la familiarité de leur famille avec la politique [...], plus précoce et plus intense est leur propre politisation, plus développée leur propre implication dans le militantisme » (*Les Cadres du RPR*, Paris, Économica, 1987, p. 32.)

À cette adhésion « d'imprégnation », s'oppose celle des individus qui ont voulu rompre avec la tradition familiale. Au PS, ces adhérents seraient aussi nombreux que les socialistes d'héritage (Rey et Subileau, *op. cit.*, p. 26). Mais d'autres raisons encore ont suscité l'adhésion à ce parti. C'est d'abord la recherche d'une identité sociale, d'un moyen d'intégration à la société. Il est vrai que, pour beaucoup de militants socialistes et communistes, qui viennent du catholicisme ou de milieux populaires, mais appartiennent à des couches moyennes, l'adhésion au PS est une façon de concilier une certaine réussite sociale concrétisée par une mobilité sociale ascendante avec leurs origines.

Il paraît établi que la vocation de militant passe par un caractère altruiste, une volonté de s'occuper d'autrui, qui se traduit par l'adhésion à un projet de société proposé par les partis, adhésion souvent liée à la sympathie provoquée par telle ou telle personnalité et à l'image positive que l'on se fait d'une formation. Ainsi, adhérer au PCF, c'est combattre pour une société plus juste et plus fraternelle, disent les militants, un peu comme au Parti socialiste où on déclare vouloir une société plus solidaire. Participer au mouvement écologique avec les Verts, c'est, sans surprise, militer pour une planète mieux protégée. Rejoindre les centristes, c'est pour construire une France à la fois humaniste et européenne. Adhérer au RPR, c'est se battre pour une « certaine idée de la France » dans le monde et pour une nation sans exclus. Enfin, au Front national, il s'agit surtout d'obtenir une société où on vivrait en sécurité, cet idéal sécuritaire s'accompagnant de la volonté de maintenir ou de rétablir les valeurs traditionnelles que sont la famille, la patrie et le travail bien fait.

Résumons : le militantisme est, en définitive, fonction de la socialisation, de la nature des partis, des échéances électorales, mais aussi — nous le verrons plus loin — du capital scolaire.

1.4. *Récompenses et gratifications*

Rappelons, d'entrée de jeu, qu'un parti politique est avant tout, pour les dirigeants politiques, l'un des moyens d'accéder au pouvoir. Or, pour atteindre cet objectif, les dirigeants ont besoin des militants. Certes, beaucoup de ces militants sont de futurs élus ou de futurs membres des cabinets ministériels, voire plus. Encore faut-il qu'ils soient patients. Si la retraite est à 60 ans pour les salariés, on ne peut pas en dire autant pour les responsables politiques qui arrivent souvent au pouvoir âgés et physiquement usés (*cf.* Pierre Accoce et Pierre Rentchnick, *Ces malades qui nous gouvernent*, Paris, Stock, 1996, 1re édition : 1983). Et, en général, ils s'y accrochent : François Mitterrand n'a-t-il pas dirigé la France pendant quatorze ans alors qu'il était atteint d'un cancer, comme l'a révélé son médecin personnel, le docteur Gubler, dans un livre paru juste après sa mort et qui fut vendu à plusieurs dizaines de milliers d'exemplaires en quelques jours (Michel Gonod et Claude Gubler, *Le Grand Secret*, Paris, Plon, 1996)?

Militer, en soi, nous l'avons vu plus haut, demande une bonne dose d'altruisme et d'abnégation. C'est aussi accepter d'être, d'une certaine façon, « embrigadé », d'abandonner une partie de sa liberté tout en sacrifiant une part significative de ses loisirs, y compris pour s'informer afin de pouvoir débattre. Or, dans notre société, l'individualisme semble gagner du terrain, faisant reculer symétriquement le sens des responsabilités, comme l'avait déjà prévu Tocqueville au siècle dernier. Enfin, et surtout, militer peut sembler particulièrement difficile dans une société comme la nôtre où l'image de la politique est sérieusement brouillée par ce qu'on appelle pudiquement les « affaires », mais aussi par la « guerre des chefs » qui sévit dans chaque parti, des chefs qui, par ailleurs, sont accusés de manier la « langue de bois ». Cette image négative est véhiculée, pour ne pas dire accentuée, voire outrée quotidiennement par des émissions télévisées à succès. Militer paraît décidément bien méritoire et, de fait, la plupart des militants ne le restent que de trois à cinq ans. On comprend, dès lors, que, pour les garder, il soit nécessaire de récompenser leur bonne volonté en leur faisant miroiter la possibilité d'accéder à certains avantages. Lesquels?

Dans les partis « de cadres » comme ceux qui composent l'UDF, on paye, tout simplement, les services de « mercenaires » pour coller les affiches ou constituer un service d'ordre, ce qui implique des moyens financiers importants... Les militants sont membres des couches aisées et n'ont pas besoin du parti pour atteindre une position sociale enviable.

Dans les partis « de patronage », comme les appelle Daniel Gaxie, fondés sur le clientélisme, on s'assure les mêmes services en échange d'un emploi à la discrétion du parti. Ce système est très répandu aux États-Unis grâce au grand nombre d'emplois électifs auxquels les partis peuvent présenter leurs candidats : c'est le système des « dépouilles ».

Dans les partis « de masse », plutôt démunis, les militants doivent se contenter d'une rémunération symbolique comme « l'attachement à la cause, la satisfaction de défendre des idées » (Gaxie, 1977, p. 125). Mais, comme la maîtrise des idées est d'autant moins répandue qu'on se trouve dans le bas de l'échelle sociale, là où ces partis recrutent surtout leurs militants, ceux-ci risquent de se faire rares. Pour s'en procurer, il faut donc bien les rémunérer d'une façon ou d'une autre, et d'abord par des postes qui offrent des avantages matériels et des gratifications symboliques. Ce seront des postes, soit de direction de l'appareil d'État, de l'Administration, voire des grandes entreprises, pour le haut de la hiérarchie militante, soit des emplois dans les collectivités locales ou dans le parti lui-même — « permanents » — et les organismes qu'il contrôle : journaux ou revues, maisons d'édition et associations culturelles, agences de voyage et syndicats, etc.

On peut aussi les rémunérer par des rétributions symboliques : « Outre l'estime, l'affection, l'admiration, le prestige, voire la crainte qu'elle peut susciter dans le parti, une responsabilité à la base donne, par exemple, l'occasion d'exercer des fonctions de représentation, de signer dans la presse locale, de participer aux festivités, de siéger au conseil d'administration de nombreuses associations » (*ibid.*, p. 130) ; il est clair que ces rétributions n'attireront que les personnes qui ne pourraient pas obtenir ces avantages par leur simple position sociale, et qu'elles devront respecter des règles de promotion, donc une certaine hiérarchie qui « donne la possibilité de définir une carrière, d'associer des gratifications différenciées à l'ensemble des positions et d'aménager une rémunération croissante des responsabilités successivement occupées par les adhérents les plus actifs » (*ibid.*, p. 131). Malheureusement, tout le monde ne peut pas connaître la même ascension au sein de la hiérarchie, et le parti risque de perdre des militants déçus, sans qu'ils le disent (ils se sentiraient déshonorés), de ne pas avoir pu y faire carrière. Pour éviter l'hémorragie, le parti a intérêt à multiplier les niveaux de responsabilités. « On comprend alors que les partis de masse se caractérisent par une prolifération d'échelons hiérarchiques fortement articulés, et on n'a pas assez souligné l'importance du fait que, quand il comptait 400 000 adhérents, le PCF revendiquait l'existence de plus de 100 000 cadres » (*ibid.*, p. 134-135).

Le parti peut également procurer un véritable capital relationnel ; en effet, grâce à sa presse, aux réunions, aux contacts avec des dirigeants, il offre un substitut au capital scolaire et au capital social que les militants n'ont pu acquérir dans leur jeunesse et/ou au cours de leurs études : les intellectuels de parti se trouvent donc « sur le devant de la scène sans avoir à suivre le *cursus honorum* habituellement exigé », ils obtiennent « ainsi une renommée qu'une carrière strictement académique ou scientifique leur permettrait difficilement d'atteindre » (*ibid.*, p. 137). Les militants peuvent, enfin, profiter des bénéfices spécifiques à la sociabilité militante, autrement dit « l'intégration dans une microsociété avec tous les avantages psychologiques et sociaux qui lui sont associés » (*ibid.*, p. 138), microsociété qui peut prendre la forme de la section ou de la cellule, par exemple, mais dont la petite taille est essentielle pour favoriser l'intégration de ses membres : « Comme les adhérents aiment à le dire, le parti est une grande famille » (*ibid.*).

Il n'en reste pas moins que « la logique de l'intérêt est par trop réductrice et ne peut s'appliquer à la communauté militante tout entière, ni rendre compte complètement de l'engagement dans le parti » (Rey et Subileau, *op. cit.*, p. 27).

C'est particulièrement le cas au Parti socialiste qui n'a pas beaucoup de postes à proposer à ses intellectuels, lesquels disposent souvent d'un capital culturel qui leur permettrait une réussite sociale en dehors du parti. Même l'objectif de l'intégration semble peu plausible compte tenu du peu de réunions et de l'âpreté des conflits internes. On peut donc penser que les militants poursuivent aussi des « buts objectifs » : principalement, « participer à la transformation de la société, être associé à l'élaboration et à la mise en œuvre de réformes » (*ibid.*, p. 57).

Les adhérents aux partis, nous l'avons vu, sont relativement peu nombreux et leur recrutement s'avère bien problématique malgré l'organisation, par certains partis, de festivités — soirées dansantes, « pots », déjeuners, sorties en commun — destinées à séduire les sympathisants pas encore militants. Peut-être le militantisme politique n'a-t-il pas évolué au même rythme que la société? Ainsi, aujourd'hui, les campagnes électorales se font en grande partie à la télévision alors que bien des militants « en sont encore à l'âge de la ronéo et de la colle » (Chirot, « Les décomptes des partis », *op. cit.*). En outre, il semble bien que les citoyens soient de plus en plus incapables de patience. Ils souhaitent, voire exigent, des résultats rapides, alors que les partis politiques travaillent sur le long terme. Comment, dès lors, s'étonner que les associations, qui entreprennent des actions ponctuelles, rencontrent un certain succès, notamment auprès des jeunes?

2. La « classe » politique

« Tous pourris! Tous des voleurs! » On connaît l'appréciation peu amène de beaucoup de nos contemporains à l'égard des politiciens. Et pourtant, il y a toujours des candidats à l'exercice du pouvoir. S'ils sont de plus en plus nombreux à vivre de la politique plutôt que pour elle, si ce sont de plus en plus des professionnels, ce n'est pas pour autant, sauf exception (et corruption!), pour faire fortune : en 1996, en France, le Premier ministre gagne 53 700 francs nets par mois, un ministre 40 900, un secrétaire d'État 35 400, et un parlementaire 31 000 avec plafonnement à 42 000 en cas de cumul. Certes, ce sont là des revenus confortables accompagnés d'avantages en nature non négligeables, mais les élus locaux sont beaucoup moins bien payés — 19 000 francs par an d'indemnité pour le maire d'une petite commune rurale avec carburant nécessaire à ses déplacements à sa charge! — et bien des élus gagneraient beaucoup plus, eu égard à leur qualification, s'ils exerçaient leurs talents dans le secteur privé. Quoi qu'il en soit, titulaires d'un mandat électif important, ils tendent à constituer un groupe que la démocratie représentative transforme en unique détenteur du pouvoir et qui, s'il n'est pas une classe au sens sociologique du terme, n'en est pas moins bien individualisé.

2.1. *Qui fait de la politique?*

Deux catégories de facteurs, personnels et sociaux, peuvent expliquer le goût de certains pour la politique.

2.1.1. Les facteurs personnels

Risquons une petite incursion dans le domaine de la psychologie : elle devrait nous éclairer sur les motivations profondes qui poussent à faire de la politique active (*cf.* Madeleine Grawitz, « Psychologie et politique », *in* Grawitz et Leca, dir., 1985, volume 3, p. 1-139).

La première, essentielle mais jamais affirmée, est le goût du pouvoir. Mais pas de n'importe lequel : il ne s'agit pas du pouvoir économique, mais bien du pouvoir politique. Est-ce à dire qu'il est plus passionnant de se battre pour des idées ou un projet de société que pour obtenir plus de profit? Ou est-ce parce que ce pouvoir s'exerce sur un grand nombre de personnes? Ou encore parce que, grâce à son extrême médiatisation, il est plus visible?

La deuxième motivation tient à l'image de réussite sociale, de notoriété, que peut apporter l'obtention d'un mandat politique. Et même en admettant qu'aujourd'hui cette image est brouillée, le politicien en mal de reconnaissance peut toujours considérer que l'Histoire saura immortaliser son action : on sait combien François Mitterrand était sensible à l'idée qu'il laisserait la trace de son passage dans les manuels d'histoire.

La troisième grande caractéristique psychologique des hommes politiques est leur amour du risque qu'on peut apparenter au goût du jeu : le risque de perdre le pouvoir, tout d'abord (à chaque élection, ils remettent en cause celui qu'ils détiennent), celui de se tromper, ensuite. Pour des personnes qui doivent affronter le regard et l'opinion d'autrui, ainsi que les inconvénients d'une vie publique et conflictuelle, cela ne peut pas aller sans une certaine combativité. De Mitterrand encore, chez qui ce goût du jeu était patent, on disait justement qu'il n'était jamais aussi à son affaire que dans l'adversité, ce dont témoigne d'abondance sa capacité à « rebondir » politiquement tout au long de sa vie.

Pour inciter les électeurs à leur faire confiance, il faut que les hommes politiques sachent les convaincre qu'ils détiennent la vérité. Et il faut le faire constamment. De là la quatrième caractéristique du politicien : le besoin qu'il a de parler et l'importance de l'éloquence.

L'exercice du pouvoir, affirme-t-on enfin, serait un moyen de compenser un sentiment de frustration lié à un handicap physique, à un sentiment d'infériorité sociale ou à un manque d'affection : « Je bats tous les records d'impopularité », écrit le Premier ministre d'alors, Alain Juppé (*Entre nous*, Paris, Nil, 1996), et pourtant, avoue-t-il, « j'ai besoin de reconnaissance, de considération et même d'affection ».

2.1.2. Les conditions favorables

Le virus de la politique se développe là où certaines conditions sont réunies. Lesquelles?

Il faut — et c'est essentiel — que le futur dirigeant soit précocement initié à la politique par une famille elle-même souvent très politisée qui lui en donne une image positive. Nous l'avons noté dans le chapitre sur la socialisation, cela exclut les enfants d'ouvriers, d'agriculteurs, d'artisans et de commerçants chez qui la politique paraît bien loin des préoccupations quotidiennes. Cela exclut ceux des cadres du secteur privé et des hommes d'affaires qui valorisent plutôt l'efficacité et la rationalité marchandes.

Le poids de l'hérédité est tel qu'il se forme parfois des dynasties (*cf.* Annette Ardisson, *La Politique en héritage*, Paris, Flammarion, 1995). Il est vrai que, parfois, ce n'est pas seulement le goût du pouvoir qui se transmet, mais le pouvoir lui-même quand le fils succède à son père — ou, de plus en plus, la femme à son mari, pour cause d'inéligibilité ou à la suite du décès de l'élu — dans ce qui devient de véritables fiefs où une partie de l'électorat finit par être une clientèle captive, une sorte de fonds de commerce que le fils ou l'épouse n'auront qu'à gérer au mieux.

Le fait d'occuper une place particulière dans la fratrie — la première ou la deuxième en général — semble être aussi un facteur favorable, peut-être parce que s'y cultive mieux le sens des responsabilités, tout comme le fait d'être de sexe masculin. Nous y reviendrons.

Autre élément à prendre en compte, et non le moindre : la profession. Certaines sont favorables à l'exercice d'un mandat électif, d'autres non. Ainsi, les salariés sont dans une position plus favorable que les chefs d'entreprise. Faire de la politique demande tant d'énergie et de temps, surtout au début, que le travail risque d'en pâtir. Ajoutons que les fonctionnaires, par le fait qu'ils sont au service de l'État, sont encouragés à faire de la politique, comme le sont plus particulièrement les enseignants, les avocats, voire les journalistes, du fait de leurs connaissances et de leur savoir-faire proches de la politique. En France, les fonctionnaires ont même la chance de pouvoir retrouver leur poste à la suite d'un échec électoral.

Toutes ces conditions ne suffisent pas. C'est un événement historique important — comme le fut la Résistance pendant la Deuxième Guerre mondiale — ou même un « choc émotif » (Grawitz, *op. cit.*, p. 34) qui déclenche l'envie d'agir.

2.2. *Les élites politiques : un groupe à part*

Les dirigeants politiques constituent un groupe restreint caractérisé par un recrutement relativement homogène et, malgré des oppositions idéologiques, l'existence de solidarités. Ce sont là des éléments susceptibles de conférer à ce groupe une certaine unité.

2.2.1. Des hommes d'âge mûr

Si l'on s'en tient aux parlementaires qui exercent le pouvoir au niveau national, « le gros des élus des démocraties occidentales se situe [...] dans la tranche des 40-60 ans » (Chagnollaud, 1996, p. 88). C'est que, pour nombre d'entre eux, l'élection au Parlement apparaît, soit comme le début d'une seconde carrière, soit, plus souvent, comme l'aboutissement d'un long apprentissage au sein de l'appareil d'un parti et/ou la suite logique de la conquête de mandats locaux qui leur a conféré le statut de notable local.

En 1993, dans l'Union européenne qui passe pourtant, à juste titre, pour l'une des zones les plus démocratiques du monde, les femmes parlementaires sont partout minoritaires : de 5,3 % en Grèce à un tiers ou plus dans les pays scandinaves.

En France, la sous-représentation des femmes est particulièrement criante même si elle s'est réduite lors des législatives de 1997 : alors que plus de la moitié des électeurs sont des électrices, les femmes ne sont que 5 % environ des maires, des conseillers généraux et des sénateurs, 11 % des députés (63 sur 577, dont cinquante de gauche) mais tout de même 31 % des ministres du gouvernement

Jospin (8 sur 26). C'est là où les élections se font au scrutin de liste qu'elles sont les plus nombreuses : 13 % d'élues aux conseils régionaux, 17 % aux conseils municipaux et 22 % au Parlement européen. Elles sont aussi très minoritaires dans la haute fonction publique (pour des chiffres, *cf.* Denni, 1993, p. 418-419).

Notre société est-elle encore si marquée par la domination masculine pour que la politique, qui, depuis toujours, commande la paix et la guerre, qui donc, d'une certaine façon, est sacrée, ne doive pas être confiée, comme la religion, à des êtres impurs? À moins que, tout simplement, les femmes, de plus en plus actives, mais toujours chargées, pour l'essentiel, des tâches ménagères, n'aient pas assez de temps à consacrer à la politique (ou ne le veulent pas), et que, comme dans la vie économique, elles ne soient obligées d'y être excellentes pour prouver qu'elles sont capables de faire aussi bien que les hommes? De fait, les femmes politiques les plus célèbres — de Margaret Thatcher, la « dame de fer » britannique, à l'Israélienne Golda Meïr en passant par l'Indienne Indira Gandhi — ont fait montre d'une personnalité exceptionnelle. Ajoutons que l'investiture des femmes se heurte souvent à des obstacles institutionnels. Dans *Être femme en politique* (Paris, Plon, 1997), Élisabeth Guigou accuse pêle-mêle le scrutin uninominal, le cumul des mandats, la faiblesse des partis, le monarchisme de la Ve République, le pantouflage et les médias.

Mais si les femmes sont encore marginalisées dans la vie politique française (plus qu'à Cuba, en Chine et dans bien d'autres pays du tiers monde!), elles accèdent plus que dans la plupart des autres pays, même en Suède, à des postes importants, notamment dans l'éducation, la justice ou la communication, domaines qui nécessitent des compétences intellectuelles tout en leur laissant du temps : peut-être qu'en dehors de quelques-unes, elles ne cherchent pas réellement le pouvoir politique? Est-ce parce que « le pouvoir ajoute à la séduction des hommes, alors qu'il retranche à celle des femmes », comme l'affirme l'ancienne secrétaire d'État à la Condition féminine et ministre de la Culture Françoise Giroud (*La Comédie du pouvoir*, Paris, Fayard, 1977, p. 233)? Ou simplement parce que l'image très négative de la politique aujourd'hui n'incite guère à en faire? Toujours est-il que l'inégalité de la représentation politique alimente un débat sur l'obligation qui pourrait être faite aux partis politiques de présenter un minimum de candidates aux élections.

2.2.2. Une composition sociologique très spécifique

En France, comme dans les autres démocraties occidentales, les membres des plus hautes instances politiques, Parlement et gouvernement, sont issus très majoritairement des catégories sociales moyennes et supérieures : pour la droite, la bourgeoisie économique et la haute fonction publique; pour la gauche, la bourgeoisie intellectuelle et la fonction publique moyenne et supérieure.

Les ouvriers et les employés sont généralement très sous-représentés au Parlement. À l'inverse, les professions libérales y occupent une place sans commune mesure avec leur poids relatif dans la société, et le nombre de hauts fonctionnaires y est croissant. Les parlementaires ont un bon niveau d'instruction. Ainsi, en Allemagne, en France et au Royaume-Uni, une large majorité d'entre eux a fait des études supérieures, souvent de droit. Même l'alternance au pouvoir ne modifie pas sensiblement ces tendances. Simplement, quand la gauche accède aux responsabilités, les parlementaires sont un peu plus des cadres de la fonction publique, en particulier des enseignants.

Il en est de même au gouvernement, à cette nuance près que, lorsque la droite est au pouvoir, les chefs d'entreprise y sont surreprésentés et que, quelle que soit la majorité, les hauts fonctionnaires s'y substituent peu à peu aux catégories dirigeantes traditionnelles et y sont proportionnellement plus nombreux qu'au Parlement. Il est vrai que les parlementaires servent avant tout de médiateurs entre le pouvoir et la population, ce qui ne nécessite pas de compétences techniques particulières.

Cette tendance correspond à une « fonctionnarisation du personnel politique » (Denni, 1993, p. 425) voire, selon Jean-Louis Quermonne et Francis de Baecque, à une « fonctionnarisation de la politique ». Elle signifie que les grands « serviteurs de l'État », déjà accusés de constituer un véritable État dans l'État agissant dans la coulisse hors de tout contrôle démocratique, sortent progressivement de l'ombre, renforçant leur pouvoir de techniciens. La France est sans doute la démocratie pluraliste la plus dominée par sa haute fonction publique, la plus technocratique. Issus des grandes écoles, ses membres constitueraient une sorte de « noblesse d'État », pour reprendre le titre d'un ouvrage célèbre de Bourdieu, recrutée dans les couches les plus favorisées de la population selon un mode semblable de sélection et capable de se reproduire. Une étude récente du ministère de l'Éducation nationale montre, en outre, que la proportion des jeunes d'origine populaire qui fréquentent Polytechnique, Normale sup et l'ENA s'est sensiblement réduite depuis trente ans. Comme l'ENA est la principale de ces grandes écoles, on utilise volontiers le terme d'énarchie pour fustiger ce qui apparaît comme un recul de la démocratie. Cette accusation est réfutée dans la livraison de janvier 1997 de la revue *Pouvoirs* par Jacques Rigaud (« Mythes et réalités de l'ENA », p. 5-12) et Jean-François Kesler (« L'énarchie n'existe pas », p. 23-41). Selon eux, l'énarchie n'existe ni en tant que catégorie sociale, ni en tant que catégorie dirigeante. L'ENA est une école d'application ouverte à des individus très divers, qui organise des stages et dispense des cours eux-mêmes très divers. Aussi, les énarques, dont le pouvoir, qui plus est, n'est pas autonome, ont-ils des comportements et des références dissemblables et ne constitueraient en rien une couche homogène.

2.2.3. Un groupe solidaire

Les politiques occupent des fonctions précaires. On pourrait donc penser qu'ils ne sont que provisoirement membres de la classe dirigeante. En fait, une grande partie d'entre eux vit de la politique et ne vit que d'elle. Le phénomène est encore plus répandu en France qu'ailleurs car le cumul des mandats, même s'il est limité depuis 1985, permet, suite à un échec électoral, de rester politiquement actif. Dès lors, si les hommes politiques passent leur temps à se combattre sur la scène politique, dans la coulisse, il n'en est pas de même : être dans l'opposition n'implique nullement qu'on se haïsse. Les politiques sont en effet amenés à siéger dans diverses instances et, finalement, à vivre ensemble et à s'apprécier. D'ailleurs, leurs conditions de vie sont assez semblables. Tous exercent un métier public et instable où communication et apparence jouent un grand rôle, un métier qui leur procure des facilités dont ne bénéficie pas le commun des mortels et dont ils peuvent être tentés d'abuser. Il en résulte une certaine perte du sens des réalités et une propension à se forger une morale particulière. Bien entendu, théâtralisation du pouvoir oblige, si le sentiment de solidarité entre les hommes politiques est réel, il n'est pas affiché. Il est même parfois nié : la population pourrait y voir de l'hypocrisie, voire un complot de privilégiés contre elle. Leur image est suffisamment négative pour qu'ils ne prennent pas le risque de la dégrader encore plus.

À RETENIR

▲ Peu et de moins en moins nombreux, les militants sont des idéalistes qui s'engagent jeunes, mais pour peu de temps. Le triomphe de leurs candidats et de leurs idéaux est toujours leur principale récompense.

▲ Quant aux dirigeants, élus et hauts fonctionnaires, ils représentent un groupe relativement homogène de par ses origines, bourgeoises et/ou intellectuelles, et son mode de vie, très spécifique.

TROISIÈME PARTIE

La pièce

Chapitre 7

Les élections

SOMMAIRE

OBJECTIFS DE CONNAISSANCE

Répondre aux questions suivantes :

▲ Qui ne vote pas?

▲ Qui vote pour qui?

▲ Pour quelles raisons?

La participation politique se trouve au cœur de l'idéal démocratique, même si cette participation, aussi limitée et partielle soit-elle, n'est pas l'apanage des régimes démocratiques : «Le dictateur ne se satisfait pas d'être craint, il veut aussi être acclamé» (Lagroye, 1993, p. 292.)

Selon Montesquieu, Tocqueville ou John Stuart Mill, le citoyen se doit de participer activement à la vie démocratique. Or, il ne suffit pas de présenter la participation comme une norme, il faut aussi tenir compte de la manière dont se construit sa dimension politique. Or, nous avons vu dans le chapitre 4 que le développement de la participation est lié avant tout à l'élargissement du droit de vote. Ainsi, en France, il n'a pas suffi de reconnaître les droits de l'homme et du citoyen en 1789 pour que tous les Français soient des citoyens à part entière. Le suffrage est seulement censitaire en 1791 : il faut alors avoir vingt-cinq ans pour voter et verser un impôt au moins équivalent à trois jours de travail. Il ne devient universel qu'en 1848, mais reste réservé aux hommes. Les femmes n'obtiennent le droit de vote qu'en avril 1944, bien après la plupart des autres pays développés. Enfin, dernière étape en date que l'on doit au président Giscard d'Estaing, les jeunes obtiennent la majorité à dix-huit ans en 1974, et, avec elle, le droit de vote. Celui-ci ne s'est donc que très progressivement étendu à de nouvelles couches de population qui, en outre, ont dû apprendre à l'exercer.

L'approche normative des tenants de ce modèle « activiste » est contestée dès les années 1950 par les « comportementalistes » ou « behaviouristes ». Cette contestation peut prendre appui sur de grandes enquêtes réalisées alors aux États-Unis, qui montrent la passivité d'un grand nombre de citoyens, quel que soit l'indicateur choisi, ce dont s'accommodent fort bien, il faut le dire, les démocraties de vieille date (*cf. Voting*, 1954, et *The American Voter*, 1960). Deux approches peuvent nous permettre de mieux comprendre cette apathie, et sa compatibilité avec une certaine vitalité démocratique : la vision élitiste et celle des théoriciens de l'illusion démocratique.

Selon la première, celle de Bernard Berelson, Hazel Gaudet et Paul Lazarsfeld (*The People Choice*, 1944), un système politique d'essence démocratique doit faire en sorte que le pays soit effectivement gouverné et répondre aux attentes des citoyens, ce qui risque d'être contradictoire. Cette contradiction apparente peut être levée si l'on tient compte des différentes variantes de la culture politique que distinguent Gabriel Almond et Sidney Verba (*The Civic Culture*, 1963), et qui expliquent que les citoyens, même quand ils sont actifs, n'ont pas la même attitude en matière de participation politique :

▲ la culture « paroissiale », qui implique une forte intégration locale, et des citoyens plutôt sensibles aux intérêts locaux ;

▲ la culture de « sujétion », qui implique une certaine soumission des individus, liée à leur socialisation, et fait qu'ils sont des citoyens malléables ;

▲ la culture de « participation », qui suppose de ceux qu'elle concerne un véritable engagement, ce qui fait d'eux la minorité politiquement active de la société.

C'est le mélange de ces trois variantes qui assurerait la stabilité des démocraties, l'activité de leurs élites leur procurant leur vitalité. Peu importe, donc, qu'il y ait un déficit de participation. L'essentiel, c'est que les élites soient actives.

Selon les tenants de l'illusion démocratique, comme Daniel Gaxie, nos démocraties souffrent, au contraire, d'une insuffisance de participation qui ne doit pas surprendre. Pour lui, en effet, qui se situe dans la mouvance de Pierre Bourdieu, participer à un suffrage n'est qu'un leurre, car l'exercice de la démocratie suppose une compétence également répartie entre les citoyens. Ceux-ci, théoriquement, devraient être attentifs aux événements politiques, au fait des problèmes sur lesquels ils doivent se prononcer et instruits des idéologies en place. Ils devraient être capables d'exprimer, par le vote, un choix réfléchi et motivé. En réalité, la minorité des citoyens qui maîtrise vraiment la symbolique politique est aussi celle qui possède les autres pouvoirs socioculturels. Au-delà des professionnels de la politique, cette situation favorise les partis qui représentent ces citoyens socialement favorisés, et permet la reproduction d'une société inégalitaire. On le voit, on n'est pas loin du slogan popularisé par les socialistes du XIXe siècle : « Élections = piège à cons ! »

Si une grande partie de la population ne s'intéresse que de loin à la politique, cela ne veut pas dire qu'elle ne la suit pas du tout, et cela n'empêche pas qu'une autre partie se passionne pour elle. En témoignent les résultats d'enquêtes effectuées en France par le CEVIPOF en 1978 et en 1988.

Question : « Vous intéressez-vous à la politique ? »

%	1978	1988
I. Beaucoup	12	10
II. Assez	34	32
III. Peu	36	38
IV. Pas du tout	18	20

Source : CEVIPOF (1990), chiffres cités par Jean Ranger, « Les Français s'intéressent-ils à la politique ? », p. 130.

Si l'on regroupe, d'une part, les catégories I et II, et, d'autre part, les catégories III et IV, on met encore mieux en valeur ce qui paraît être une légère baisse de l'intérêt pour la politique.

Intérêt des Français pour la politique

%	1978	1988
Élevé (I + II)	46	42
Faible (III + IV)	54	58

Source : Ibid.

Évitons, toutefois, de tirer des conclusions trop hâtives. En effet, en 1978, le CEVIPOF n'avait interrogé que des personnes inscrites sur les listes électorales, alors qu'en 1988 des personnes non inscrites ont aussi été interrogées. Or, il est clair que ne pas s'inscrire manifeste un très faible intérêt pour la politique. En fait, ces deux tableaux font apparaître qu'il y a des degrés dans l'intérêt de la population pour la politique : alors que 95 % des personnes interrogées en 1988 sont inscrites sur les listes électorales et que, parmi elles, 87 % ont voté au premier tour des présidentielles, 59 % seulement d'entre elles déclarent suivre souvent des émissions politiques à la radio et à la télévision. Ainsi, l'intérêt le plus élevé se manifeste par une forte participation aux élections, mais aussi de bien d'autres façons, et notamment par un réel et intense effort d'information, comme le montre le tableau suivant.

Intérêt pour la politique et information (France, 1988)

ONT SUIVI LES ÉMISSIONS POLITIQUES À LA RADIO et à la télévision (en %)	CATÉGORIE I	CATÉGORIE IV	ENSEMBLE DES PERSONNES INTERROGÉES
Très souvent	63	7	19
Jamais	2	28	10

Source : Ibid., p. 131.

Si l'on classe les personnes interrogées par ordre croissant d'intérêt pour la politique, on discerne des « apathiques complets », des « minimalistes », des « civiques » et des « actifs » déjà évoqués dans le chapitre 4 (Mayer et Perrineau, 1992, p. 24).

Pour sa part, Inglehart propose une typologie assez proche qui distingue les citoyens apathiques, passifs et actifs, mais il insiste sur le fait que, si ces derniers, en général, votent, ils peuvent aisément adopter un comportement protestataire, c'est-à-dire manifester dans la rue — c'est le vote *boots* — ou refuser d'obéir à des lois qu'il considèrent comme injustes. C'est là une vision très vaste de la participation politique, qui ne se résume pas à la participation aux élections. On y reviendra.

Mais si on pense que toute pratique politique a un caractère « éminemment intellectuel » bien souvent réduit au « maniement de mots et de concepts », à un discours, on peut encore proposer les différents degrés de participation suivants (*cf.* Dominique Memmi, « L'engagement politique », *in* Grawitz et Leca, dir., 1985, vol. 3, p. 339-340) :

▲ La participation comme simple réception de signes politiques : c'est, bien évidemment, le degré zéro de la participation.

▲ La participation comme réponse : l'individu se contente de répondre, par exemple, aux questions qu'on lui pose lors d'un sondage ou lors d'une élection.

▲ La participation comme un engagement politique, fondé sur l'assimilation du discours d'un parti et sa reproduction, ou la participation à des manifestations où, par définition, on donne de la voix pour faire entendre des slogans aux détenteurs du pouvoir avec qui on mime une sorte de dialogue. Ce troisième groupe n'est plus seulement constitué de spectateurs, mais de combattants, de « gladiateurs ».

▲ Certaines pratiques illégales, comme les actes terroristes, qui peuvent être interprétés comme la volonté, au moins pour un temps, de substituer au discours dominant un autre discours.

Quelle que soit la typologie retenue, force est de constater qu'il y a une forte corrélation entre la participation politique et la participation sociale. Voici quelques chiffres qui donnent une indication de l'ampleur de la participation politique au sens large :

▲ En France, la participation électorale fluctue, depuis quelques années, entre 45 et 80 % ; les deux tiers du corps électoral votent aux élections législatives, échéance jugée importante : par exemple, au deuxième tour, 66 % en 1988 et 68 % en 1993, contre 83 % en 1978 ; au Royaume-Uni, pour les mêmes élections : 72 % en 1988 contre 84 % en 1978.

▲ Les personnes qui lisent les rubriques politiques des journaux ne constituent qu'une faible minorité de 3 à 15 % des citoyens ; celles qui prennent part à des meetings ne sont que 2 %.

▲ À peine plus de 10 % du corps électoral de 1988 suit la principale émission politique de France 2 à l'époque, *L'Heure de vérité*.

▲ Enfin, en 1988, sur les 40,3 millions d'électeurs français potentiels, 37,4 étaient inscrits sur les listes électorales, 31,3 ont voté à l'élection présidentielle, 21,7 ont assisté au débat télévisé entre les deux principaux candidats, Jacques Chirac et François Mitterrand, 1,2 étaient membres d'un parti.

L'action des gouvernés sur les gouvernants peut être scindée en deux formes de participation. La moins courante, non conventionnelle, « protestataire », semble se développer rapidement : le passage de nos sociétés au stade « postindustriel » semble, en effet, avoir ouvert la voie à de nouvelles demandes politiques qui prennent alors des formes originales (qu'on se rappelle mai 1968 en France et en Italie, ou les mouvements de défense des droits des femmes !), voire « alternatives » (*boycotts*, graffitis, *sit-in*, occupations de locaux, etc.). Elles feront l'objet de notre prochain chapitre. Dans celui-ci, nous analyserons la participation électorale, une action désormais considérée comme conventionnelle, mais qui reste le moyen majeur d'exercice de la souveraineté du peuple et, en conséquence, la source de la légitimité politique. C'est sans doute ce qui incite les pouvoirs publics, avant chaque élection, à financer une campagne publicitaire sur le thème : « Voter est un droit, mais c'est aussi un devoir civique. »

Or, pour participer aux élections, il faut d'abord remplir certaines conditions : s'inscrire sur les listes électorales puis se déplacer au bureau de vote. Une fois remplies ces conditions, chacun peut exprimer ses choix et est censé « être capable de se faire une opinion et d'exprimer par son vote, aussi bien ses préférences politiques que son intérêt pour la sphère publique » (Lagroye, 1993, p. 310). Contrairement à d'autres pays, aucun de ces actes, en France, n'est obligatoire. Aussi peuvent-ils être envisagés avec un intérêt tout particulier : celui de déterminer s'ils sont l'expression d'une stratégie libre et réfléchie ou, si, au contraire, au moins dans une certaine mesure, ils sont socialement conditionnés.

1. L'importance des facteurs sociaux

Les nombreuses recherches effectuées en sociologie électorale donnent des résultats sans ambiguïté : le statut social, la compétence en matière politique, le degré d'intégration conditionnent largement aussi bien la participation — inscription sur les listes électorales et vote — que les choix effectués le jour du scrutin.

1.1. *Participation et intégration*

1.1.1. Les conditions de la participation conventionnelle

On ne peut prétendre participer aux élections sans s'inscrire sur les listes électorales, ce que Pascal Perrineau appelle le « degré zéro de la mobilisation électorale ». Les personnes inscrites constituent l'électorat. Une très large majorité des électeurs français potentiels — 90 % environ — est effectivement inscrite. Il est vrai qu'en principe, cette inscription est obligatoire (article L. 9 du code électoral). À titre indicatif, notons qu'à la fin de 1987, l'électorat comprenait 80 % de salariés, 23 % de retraités, 17 % de femmes au foyer, 8 % de chômeurs, 3 % d'étudiants… La proportion des inscrits n'est pas la même sur tout le territoire national. Ainsi, pour l'ensemble de la France, 68 % des résidents possèdent, en 1995, leur carte électorale contre 58 % des Parisiens (1 250 000 sur 2 150 000 habitants). On peut voir là, certes, une conséquence de la forte proportion d'étrangers résidant à Paris et qui ne peuvent pas voter : 390 000, soit 18 % de la population, contre 8 % pour l'ensemble du pays. Pourtant, cela n'explique pas tout, d'autant que, à l'opposé, 10 000 Français résidant à l'étranger sont électeurs à Paris (*Le Monde*, 13 janvier 1995).

S'inscrire est une condition nécessaire, mais pas suffisante. Pour participer effectivement aux élections, il faut voter. Or, nombreux sont ceux qui s'abstiennent d'accomplir ce « devoir » électoral. Ce phénomène est loin d'être propre à notre époque : 50 % pour les élections municipales de 1790, 77 % pour les élections à l'Assemblée nationale de juin 1791 et 85 % pour celles à la Convention d'août 1792 (*cf.* Patrick Guéniffey, *Le Nombre et la raison*, Paris, Éditions de l'EHESS, 1993) ! Les premiers électeurs français, il est vrai, ont des circonstances atténuantes à faire valoir. D'abord, il y a eu, entre 1790 et 1799, une vingtaine de consultations électorales. Ensuite, les premières élections législatives étaient à deux degrés, les citoyens « actifs » désignant, au sein du canton nouvellement institué, des électeurs à qui revenait la responsabilité d'élire les députés. Guéniffey insiste sur d'autres raisons, comme la durée excessive des sessions parlementaires et la lourdeur des procédures. Il insiste surtout sur la séparation stricte que le système électoral introduit entre le choix des élus et la délibération politique. Quoi qu'il en soit, les débuts de la démocratie en France sont marqués par un abstentionnisme considérable.

Il n'y a pas d'abstentionnisme complet dans la France d'aujourd'hui, sinon celui des non-inscrits. L'immense majorité des Français — les trois quarts selon Françoise Subileau et Marie-France Toinet — vote régulièrement. Et si, dans d'autres pays, comme les États-Unis, l'abstentionnisme est très élevé, il se pourrait qu'il soit, avant toute chose, une réponse à l'absence d'une offre électorale crédible. Dans ces deux pays que nos deux auteurs ont étudiés, on serait donc loin de la dépolitisation et du désengagement dont les médias se font largement l'écho (Subileau et Toinet, 1993).

Pourtant, l'inscription sur les listes électorales, comme le vote et l'abstention, ne répondent-ils pas à une logique beaucoup plus sociale qu'individuelle ?

1.1.2. Les raisons de l'inscription

L'inscription augmente avec l'âge : « Environ 75 % des personnes de 19 ans sont inscrites. Ce pourcentage monte régulièrement jusque vers 90 % à trente ans ; la progression continue ensuite très lentement jusqu'à des taux voisins de 95 % à 50 ans. Au fond, le processus d'inscription suit la courbe de l'insertion dans la vie active » (Bréchon, 1995, p. 17.) Il y a une dizaine d'années, Pierre Bréchon et Bruno Cautrès concluaient d'une étude des listes électorales de la région de Grenoble que, quels que soient le sexe ou la catégorie sociale, l'âge était la variable d'intégration la plus importante dans la mesure où elle apportait une compétence statutaire. Néanmoins, ils admettaient qu'« un fort intérêt pour la politique annule l'effet de l'âge », même si « plus l'intérêt pour la politique décroît, plus l'âge intervient fortement dans les taux d'inscription » (Bréchon et Cautrès, 1987, p. 514). Depuis, il semble que Pierre Bréchon ait rejoint l'opinion d'Annick Percheron pour qui la variable la plus importante à prendre en compte n'est pas l'âge, mais le degré d'instruction et de compétence qui va de pair avec la place occupée dans la société (*cf.* Annick Percheron et René Rémond, dir., *Âge et politique*, Paris, Économica, 1991). Il admet désormais que « l'inscription électorale est en fait, pour tous les âges, fortement liée à l'insertion et à la compétence sociales, qui passent par le niveau scolaire, la possession d'un patrimoine, le statut professionnel » (Bréchon, 1995, p. 18-19).

On peut observer que, tous âges confondus, le taux d'inscription sur les listes électorales est le plus fort chez les cadres (97 %) et dans les professions intermédiaires (95 %), un peu moins élevé chez les employés, les inactifs et les travailleurs indépendants, y compris les agriculteurs (94 %), un peu moins encore chez les ouvriers (93 %), pour atteindre son niveau le plus bas avec les salariés agricoles (91 %) (*cf.* Jean Morin, « La participation électorale », *op. cit.*). Curieusement, on constate une plus forte inscription chez les salariés du public (93 %) que chez les salariés du privé (83 %). Pour ces derniers, l'inscription augmente avec la forte politisation. Les salariés du public auraient-ils mieux intégré les normes démocratiques, ceux du privé ayant un comportement plus individualiste? En tout cas, non seulement les premiers sont plus nombreux à être inscrits sur les listes électorales que les seconds, mais ils sont aussi plus nombreux à voter (de 10,5 points) et à prêter intérêt à la politique (de 6 points).

Corrélativement, le taux d'inscription s'accroît avec le niveau d'instruction : le plus faible taux est celui des « sans diplôme » (93 %), le plus élevé celui des électeurs au moins bacheliers (98 %). En revanche, hommes et femmes ont désormais le même comportement d'inscription, contrairement à ce qui avait été repéré dans les années 1950. Les premières études sur le sujet montrent que les personnes les moins inscrites sur les listes électorales sont surtout des femmes, plutôt jeunes (Alain Lancelot, *L'Abstentionnisme électoral en France*, Paris, Armand Colin, 1968). Certes, le droit de vote vient de leur être accordé — en avril 1944 — par le gouvernement de la France libre à Alger, mais il n'est pas sûr qu'il soit encore bien entré dans les mœurs. Il n'en reste pas moins que la raison principale du phénomène tient probablement aux changements de domicile qui réduisent leur intégration.

C'est que le fait d'habiter de façon durable au même endroit incite à s'inscrire sur les listes électorales en vue de participer à la vie de la Cité. Et on change d'autant moins de logement qu'on en est propriétaire. C'est pourquoi la propriété du logement est une variable explicative importante de l'inscription, notamment entre 25 et 65 ans. Bréchon et Cautrès constatent qu'en effet les propriétaires de leur logement s'inscrivent plus volontiers sur les listes électorales que les locataires : il n'y a que 4 % de non-inscrits parmi les propriétaires contre 17 % pour les locataires. Mieux : le fait d'être propriétaire peut compenser la faiblesse du statut social et du niveau de diplôme : « Dans ce cas, la possession de son logement peut être vue comme une chance d'atteindre des taux de non-inscription peu éloignés des autres groupes socioprofessionnels ou catégories de diplômés » (Bréchon et Cautrès, *op. cit.*, p. 516-517.) Elle correspondrait à une bonne intégration à la vie locale et à une véritable « identification territoriale » (*ibid.*, p. 519). *A contrario*, plus l'intérêt pour la politique est fort et plus la proximité partisane intense, plus l'effet de la location du logement sur la non-inscription faiblit. La politisation joue donc un rôle important dans l'inscription de catégories sociales par ailleurs mal intégrées et/ou géographiquement peu stables.

L'importance du logement est particulièrement mise en lumière par la faible proportion d'inscrits que l'on trouve chez les individus qui sont dans une situation extrême en ce domaine : les SDF (sans domicile fixe). Selon un sondage effectué par l'institut CSA du 12 au 22 novembre 1994, le premier du genre effectué en France auprès de cette catégorie de population, ils ne sont, en effet, qu'un quart à avoir leur carte électorale, et 7 % à « faire confiance » aux hommes politiques (*cf. Le Monde* du 5 janvier 1995, p. 13). Il est vrai que leur intégration sociale est particulièrement faible. En témoigne le fait qu'ils déclarent beaucoup plus souffrir de la solitude, de l'ennui et de la séparation d'avec leurs enfants que du froid, de la faim et de la dépendance à l'égard de l'alcool.

Pour nous résumer, on peut dire que les individus qui s'inscrivent le plus volontiers sur les listes électorales et manifestent ainsi leur désir de participer au choix de leurs représentants sont ceux qui sont bien intégrés à la société. À l'opposé, les non-inscrits se recrutent plutôt parmi les jeunes des grandes villes, non ou pas diplômés, les chômeurs ou les « sans profession ». Ils s'inscrivent encore moins facilement s'ils ont un père étranger et s'ils sont catholiques non pratiquants, voire irréligieux. Outre ces « exclus », pour reprendre les termes de Pierre Bréchon, il s'agit d'individus « mobiles » qui changent souvent de lieu de travail, et d'habitation, voire — à la marge — d'« anarchistes » qui « refusent les institutions sociales et politiques et critiquent toutes les normes sociales » (Bréchon, *op. cit.*, p. 18).

1.1.3. Abstentionnistes et non-inscrits : même profil?

Les caractéristiques des abstentionnistes, telles qu'elles apparaissent régulièrement depuis les années 1950 en France, confirment les constatations précédentes (Lancelot, 1968, *op. cit.* ; Morin, 1987, *op. cit.* et, du même auteur, « La participation électorale d'avril 1988 à mars 1989 », *in Données sociales 1990*, INSEE, p. 394-397).

Comme pour les non-inscrits sur les listes électorales, les abstentionnistes sont plutôt des jeunes : 69 % seulement de participants au vote pour les « moins de 35 ans » en 1986, mais un taux de participation particulièrement élevé pour... les inscrits. Ce sont aussi des vieux : 59 % seulement de participation au-dessus de 80 ans la même année, mais la participation s'affaiblit significativement dès 70 ans. Aux élections de 1988-1989, les abstentionnistes que Jean Morin qualifie « d'impénitents » se recrutent toujours parmi les jeunes et les vieux : 12 % des inscrits de moins de 25 ans et 26 % des inscrits de plus de 75 ans n'ont participé à aucune des quatre élections étudiées; les participants assidus, qui ont voté aux quatre élections, se situent surtout entre 45 et 75 ans (Morin, 1990, *op. cit.*, p. 395).

L'âge n'est pas pour autant la variable principale à prendre en compte en matière de participation. En fait, c'est un indicateur d'intégration parmi d'autres : « L'âge n'est qu'un mot », écrit Pierre Bourdieu. En témoignent les caractéristiques de la fin de la participation. Les plus de 80 ans participent peu aux élections et, dès qu'ils déménagent, ne se réinscrivent que rarement sur les listes électorales. La chute de la participation, lente après 70 ans, s'accélère après 80 ans, mais cette chute n'est pas parfaitement homogène. Ce sont d'abord les centres d'intérêt qui sont moins nombreux : on néglige de plus en plus les informations internationales, puis nationales pour se focaliser sur celles régionales et locales. Logiquement, à partir de 65 ans environ, on quitte le militantisme syndical ou politique mais on adhère plus aux associations religieuses : l'éthique et la morale prennent le pas sur la politique, surtout après 80 ans. Ainsi, le retrait de la participation est bien lié à une désinsertion sociale plus qu'à une désinsertion professionnelle. Particulièrement fort lorsque les vieux se retrouvent en maison de retraite ou en hospice, et d'autant plus accusé que leur séjour s'y prolonge, il se manifeste par un désintérêt croissant pour la politique et les hommes politiques accusés de ne rien faire. Il ne correspond pas, pour autant, à une dépolitisation. En effet, ce n'est pas parce que les vieux participent moins qu'ils ne sont pas attachés au droit de vote ou qu'ils n'ont pas d'opinion, mais, phénomène de reconstruction du présent à l'aide du passé, les personnalités du moment s'insèrent, à leurs yeux, dans des filiations politiques — Léon Blum pour François Mitterrand, par exemple.

Ce sont — logiquement — les catégories sociales les moins inscrites qui participent le moins au vote, les non-inscrits pouvant être considérés comme des « abstentionnistes obligatoires » (Bréchon, 1995, p. 15). Plus les niveaux d'études et/ou de revenus augmentent, plus l'abstention est faible. Ainsi, 35 % des « sans diplôme » ont participé aux quatre consultations de 1988 et 1989 contre 50 % des électeurs ayant un diplôme supérieur au baccalauréat, la catégorie sociale « cadres et professions intellectuelles supérieures » fournissant les participants les plus assidus (Morin, 1990, *op. cit.*, p. 396).

L'enquête CEVIPOF/SOFRES de 1988 dénombre 59 % d'hommes participants « actifs », pour qui la politique présente un fort intérêt, et seulement 48 % de femmes. Quand on rapproche la variable « âge » des variables « sexe » et « catégorie sociale », on découvre que les femmes, à cette date, restaient détachées jusqu'à 50 ans environ, alors que ce n'était le cas, pour les hommes, que jusqu'à 21 ans. Mais la comparaison avec les enquêtes précédentes permet de remarquer que le décalage en faveur des hommes, concernant à la fois la participation et la « compétence », s'atténue, surtout chez les jeunes, au point de devoir vraisemblablement disparaître à brève échéance, si ce n'est déjà fait. Cela veut dire que les femmes ne sont pas plus prédisposées que les hommes à s'abstenir de voter : comme elles sont de plus en plus nombreuses à avoir un emploi, elles participent plus. Ainsi, à Paris, désormais, celles qui ont moins de 25 ans s'abstiennent moins que les hommes du même âge. De même, aux États-Unis, les femmes ont tendance à voter autant que les hommes. Ceci confirme d'autant mieux la thèse de l'intégration, évoquée plus haut, que les femmes âgées, qui ont été plus rarement actives, sont sensiblement plus abstentionnistes que leurs homologues masculins.

Il n'en demeure pas moins qu'à la fin des années quatre-vingt, les hommes s'intéressent sensiblement plus à la politique que les femmes, surtout entre 30 et 44 ans. Entre 27 et 58 ans, ce sont les citoyens « actifs » qui dominent, puis, à partir de 59 ans, les « militants », ceux qui sont prêts à s'investir dans des combats de caractère politique ou social. Mais les Français ne sont pas militants bien longtemps : huit ans pour les ouvriers, douze pour ceux qui exercent une profession intermédiaire, treize pour les cadres et les intellectuels — qui s'intéressent dès leur plus jeune âge à la politique, alors que les autres catégories sociales ne s'y intéressent que plus tard — et dix-huit pour les agriculteurs. Pourquoi ces calendriers différentiels? En raison, principalement, du degré d'instruction et de compétence.

Les abstentionnistes sont plutôt des inactifs : le travail est un facteur de participation électorale, tout comme l'appartenance à une communauté soudée. Ainsi, les catholiques pratiquants votent massivement, sans doute parce que « la morale catholique se fonde sur une éthique du devoir électoral » (Nonna Mayer et Annick Percheron, « Les absents du jeu électoral », *in Données sociales 1990*, INSEE, p. 399). Cela ne veut pas dire que les catholiques soient des militants ou des idéologues, mais des légitimistes qui soutiennent le système politique démocratique.

France : le profil des abstentionnistes aux élections européennes de 1994 (%)

	Ensemble	**46**
Sexe	Hommes Femmes	45 **47**
Âge	18-24 ans 25-34 ans 35-49 ans 50-64 ans 65 ans et plus	**57** **57** 42 40 40
Profession	Exploitant agricole Artisan, petit commerçant Cadre ou profession intellectuelle supérieure Profession intermédiaire Employé Ouvrier Retraité Autre inactif	34 42 43 44 52 **54** 39 49
Niveau d'instruction	Primaire (ou n'est jamais allé à l'école) Secondaire ou baccalauréat BTS ou DUT Supérieur	43 **49** 45 46
Sympathie partisane	Parti communiste Parti socialiste et MRG Écologiste Union pour la démocratie française Rassemblement pour la république Front national Aucune	38 47 55 41 36 43 **61**

Source : Sondage BVA, *in Le Monde*, mardi 14 juin 1994, p. 11.

Enfin, les abstentionnistes sont plutôt des citadins : la participation n'atteint que 66 % dans les villes de plus de 100 000 habitants pour les moins de 35 ans alors qu'elle culmine à 75 % dans les communes rurales pour la même tranche d'âges en 1986. C'est aussi dans les grandes cités qu'on trouve le plus d'abstentionnistes « impénitents » en 1988-1989 alors qu'il est bien difficile d'échapper aux normes sociales dans les petites communes. Les élections législatives de 1993 le confirment : il y a eu, au premier tour, 22 % d'abstentions en Corrèze et 23 % en Lozère, très au-dessous des 31 % de la moyenne nationale, contre 34 % à Paris, 35 % dans les Bouches-du-Rhône et 36 % en Seine-Saint-Denis (*cf. Le Monde* du mardi 23 mars 1993).

Toutes ces caractéristiques, nous les retrouvons, pour l'essentiel, dans le tableau ci-dessus. Elles peuvent nous permettre, au risque d'être quelque peu caricatural, de dresser le portrait de l'abstentionniste « moyen » : c'est plutôt une femme, jeune (moins de 35 ans), sans profession ou de profession modeste, n'ayant pas suivi d'études au-delà du baccalauréat et n'ayant aucune sympathie partisane, c'est-à-dire aucune référence politique précise.

Comme pour l'inscription sur les listes électorales, la participation électorale est décidément une norme culturelle d'autant plus forte que les électeurs potentiels sont fortement intégrés à la société. Même ces succédanés du vote que sont les sondages ne disent guère autre chose : les personnes qui ne répondent pas aux questions des sondeurs sont plutôt des femmes, des personnes peu ou pas diplômées et des ruraux. Ce sont donc des personnes qui intériorisent un certain sentiment d'infériorité. De manière générale, ce sont des personnes qui trouvent la politique trop compliquée et qui, dès lors, ne s'informent pas et n'émettent pas d'intention de vote. Toutefois, comme pour les abstentionnistes, le taux des « sans réponse » diminue quand les individus sont à même de se situer sur un axe gauche-droite, donc quand ils sont capables d'avoir une orientation politico-idéologique, surtout quand celle-ci est dirigée vers la gauche ou l'extrême gauche, cette orientation individuelle étant elle-même en partie dépendante de l'orientation du milieu social.

Au vu de tous ces indicateurs, le bilan qui s'impose est clair. On souhaite d'autant plus participer aux élections qu'on est, ou plutôt qu'on se sent, compétent — qualité qui semble conférée surtout par le statut social — et qu'on est sédentarisé. On y participe effectivement pour des raisons semblables, auxquelles il faut ajouter le fait d'avoir un emploi : la participation à l'activité de production engendre une meilleure intégration et, grâce aux syndicats, s'accompagne d'un encadrement politico-idéologique qui accroît le sentiment d'être politiquement compétent. Les enquêtes montrent, en effet, que les ouvriers révèlent une compétence politique égale à celle des femmes de cadres supérieurs.

1.2. *Des choix électoraux socialement conditionnés*

Là encore, la logique sociale l'emporte : même si le phénomène est le plus souvent implicite, le vote est associé à des systèmes de représentations, d'attitudes, de normes et de valeurs, en un mot à des « organisations symboliques » (Guy Michelat et Michel Simon, « Religion, classe sociale, patrimoine et comportement électoral. L'importance de la dimension symbolique », *in* Gaxie, dir., 1989, p. 291-292). Incluant la perception de l'univers politique et surtout celle du champ social, ces systèmes rendent aux yeux du citoyen ses choix évidents alors que, d'une certaine manière, ce sont sa position sociale et son niveau d'intégration religieuse qui les lui dictent. Ainsi, si les personnes âgées semblent avoir un certain penchant pour la droite, ce n'est pas tant une question d'âge que parce qu'elles appartiennent à un groupe où sont surreprésentés les individus qui, habituellement, votent en ce sens, à savoir les possesseurs d'un patrimoine, les travailleurs indépendants, les catholiques pratiquants réguliers. Et si les femmes votent, depuis 1986, autant pour la gauche que les hommes, c'est en raison de leur situation sociale : désormais massivement présentes dans le monde du travail (un peu moins que les hommes mais dans une situation plus précaire), elles sont, comme eux, voire plus qu'eux, pour les plus jeunes, attachées aux acquis sociaux (*cf.* l'article de Janine Mossuz-Lavau *in Le Monde*, 7-8 mai 1995, p. 7).

1.2.1. L'appartenance de classe

La mobilité et l'ouverture croissantes caractérisent les sociétés contemporaines. La scolarisation, les médias, la culture et la consommation de masse contribuent à leur homogénéité. Pourtant, les choix électoraux restent très marqués par l'appartenance à une catégorie sociale et, au sein de celle-ci, qui est elle-même la combinaison de différentes variables comme l'âge et le sexe, par la position occupée : plus les fonctions, le niveau d'instruction, le revenu et le patrimoine sont élevés, plus le vote de droite est probable (*cf.* Nonna Mayer et Étienne Schweisguth, « Classe, position sociale et vote », *in* Gaxie, dir., 1989, p. 263-290). C'est ainsi que les travailleurs indépendants — agriculteurs, artisans, commerçants, industriels, professions libérales — votent très majoritairement à droite pendant que les salariés auraient plutôt tendance à pencher pour la gauche, nonobstant des différences d'une région à l'autre, quelle que soit l'élection (voir tableaux *infra*). En fait, la probabilité de voter à droite est d'autant plus forte que les agents ont intériorisé les valeurs « de l'entreprise privée, du fait à la fois de leur position et de leur trajectoire, des caractéristiques de leur milieu de travail et des tâches qui leur sont confiées, et de l'exposition et de la réceptivité aux messages correspondants » (Simon, 1995, p. 37). Et ceci vaut pour l'ensemble du milieu social, à savoir pour les conjoints et les anciens actifs : « Plus on entretient de "liaisons" avec une classe sociale (par la trajectoire professionnelle, l'ascendance, le mariage, etc.), plus on a de chances d'épouser les attitudes et d'adopter des comportements typiques de cette classe » (*ibid.*, p. 38.)

Ainsi, les travailleurs indépendants actifs, leur famille et les retraités ont toutes chances de voter à droite à chaque élection, et cette probabilité — car ce n'est nullement une certitude — est d'autant plus forte que les intéressés ont des attaches avec ce milieu. C'est le fait d'être employeur qui apparaît comme la variable explicative principale du vote à droite dans ce milieu. Mais d'autres variables renforcent cette orientation : les indépendants sont plus fréquemment propriétaires d'éléments de patrimoine que les salariés, et plus attachés qu'eux à la propriété privée. Ils sont aussi proportionnellement plus ruraux et plus âgés, ce qui leur donne une attitude plus conservatrice. Enfin, en matière de religion, ils sont plus pratiquants, ce qui implique aussi une orientation plutôt à droite. Mais à patrimoine et pratique religieuse égaux, ils votent toujours plus à droite que les salariés. Dès lors, aux deux extrêmes de l'échiquier politique, on trouve les indépendants riches et catholiques pratiquants et leurs proches qui votent presque automatiquement à droite et les ouvriers sans attache religieuse qui votent massivement à gauche.

Vote de gauche selon la catégorie sociale (en % des suffrages exprimés)

CATÉGORIES SOCIALES (en gras, vote pour la gauche supérieur à la moyenne)	**1967**	**1984**	**1997**
Agriculteurs	33	23	31
Commerçants, artisans, industriels	33	24	33
Cadres et professions libérales*	39	37	**53**
Professions intermédiaires	**46**	**46**	**60**
Employés	**46**	**48**	**55**
Ouvriers	**57**	**65**	**54**
Personnels de service	**45**	**58**	
Étudiants	39	**43**	40***
Retraités	36	39	
Sans profession	36	37	
Résultat de la gauche aux élections**	**44**	**42**	**47**

* Y compris les professeurs, dont le vote accentue l'orientation à gauche de cette CSP (voir tableau suivant).
** Législatives du 5 mars 1967 et du 25 mai 1997, européennes du 17 juin 1984 (voix écologistes comprises).
*** Inactifs et retraités. En 1997, le personnel de service est inclus dans la catégorie « employés ».
Sources : Pour 1967, fichier constitué par Guy Michelat à partir de sondages IFOP ; pour 1984, sondage Bull-BVA pour *Le Parisien*, *in* Mayer et Schweisguth, « Classe, position sociale et vote », *op. cit.*, p. 290 ; pour 1997, sondage SOFRES, *in* Perrineau *et alii*, 1997, p. 462-464.

L'indépendance « est bien plus qu'un rapport de propriété juridique, un mode de vie, un statut social et une vision du monde. Ce qui rapproche médecins et épiciers, chefs d'entreprise et exploitants agricoles, c'est la conscience d'avoir des intérêts distincts, voire contraires à ceux des salariés, l'adhésion à des valeurs opposées » (Mayer et Schweisguth, *op. cit.*, p. 271). Pourtant, jusqu'à la fin du XIXe siècle, les indépendants, qui avaient été nombreux à soutenir la Révolution, ont défendu les idéaux républicains puis, tout au long de la IIIe République, ceux du radicalisme. C'est la constitution des grandes entreprises, et l'apparition corrélative d'un prolétariat partisan de la lutte des classes, qui poussent cette catégorie de travailleurs vers la droite. Et c'est l'intervention croissante de l'État en matière économique et sociale qui les renforce dans cette orientation (*cf.* Nonna Mayer, *La Boutique contre la gauche*, 1986). Les premières lois sociales sur le repos hebdomadaire, la limitation de la durée du travail, l'impôt sur le revenu et la mise en place laborieuse des assurances sociales matérialisent à leurs yeux la menace « collectiviste ». Si les médecins, par exemple, votent traditionnellement pour la droite, c'est qu'ils rejettent une gauche accusée de tenter de « socialiser », voire d'« étatiser » le système de soins.

Ce groupe des indépendants est particulièrement homogène, beaucoup plus que celui des salariés. Son taux d'autoreproduction est élevé : on y transmet volontiers l'exploitation, le fonds de commerce ou le cabinet ou, tout simplement, l'aspiration à être indépendant. Les conditions de l'activité sont nettement typées : le travail y est bien souvent familial, la confusion entre maison d'habitation et lieu d'exercice y est courante et la séparation entre activité et retraite n'y est pas très nette. Les clivages, au sein du groupe, sont liés d'abord à la nature des entreprises : la division capitaliste du travail rencontrée chez les « gros » patrons n'est pas de mise dans les exploitations personnelles et familiales des « petits ». Des clivages existent aussi en raison de la nature du travail, ce qui explique que les artisans, proches des ouvriers, votent plus souvent à gauche que les commerçants.

Il y a aujourd'hui 80 % de salariés dans la population active française, chiffre comparable à celui qu'on peut enregistrer dans les autres pays occidentaux. Pourtant, la gauche n'y est pas nécessairement aux commandes. C'est que la diversité est grande au sein de ce groupe, et les choix politiques variés. Plusieurs facteurs exercent une influence sur ces choix.

La socialisation subie dans l'enfance est le premier d'entre eux. Elle pèse aussi lourd dans les orientations politiques des salariés que la catégorie socioprofessionnelle d'appartenance. C'est ainsi qu'on a pu démontrer qu'un ouvrier non fils d'ouvrier a autant de probabilité de voter à gauche qu'un non-ouvrier fils d'ouvrier (*cf.* Guy Michelat et Michel Simon, *Classe, religion et comportement politique*, Paris, Presses de la FNSP/Éditions sociales, 1977).

L'homme est un animal social : les individus qui l'entourent et le cadre de son activité continuent, tout au long de sa vie, à influer sur ses comportements politiques. L'ouvrier votera d'autant plus pour des candidats de gauche qu'il habitera dans un quartier ouvrier. Cette orientation sera renforcée s'il travaille en usine. Dans l'entreprise industrielle, où il y a une opposition nette entre patron et ouvriers, l'idéologie ouvriériste et anticapitaliste s'appuie sur un solide encadrement syndical. Ce n'est que rarement le cas dans le commerce et les services où les ouvriers sont nombreux à voter à droite.

Élections présidentielles 1995 (2e tour, 7 mai) :
vote par catégorie sociale (en %)

EN ITALIQUE GRAS, VOTE SUPÉRIEUR À LA MOYENNE POUR CHAQUE CANDIDAT	LIONEL JOSPIN	JACQUES CHIRAC
Agriculteurs exploitants	29	***71***
Industriels, chefs d'entreprise	23	***77***
Commerçants, artisans	22	***78***
Cadres (hors professeurs)	39	***61***
Professions libérales	31	***69***
Enseignants	***67***	33
Professions intermédiaires (hors instituteurs)	45	**55**
Employés	***53***	47
Ouvriers	***65***	35
Étudiants	44	***56***
Inactifs	40	***60***
Ensemble	**47**	**53**

Source : Sondage « Sortie des urnes » réalisé par l'IFOP pour *Libération*, *M6* et *BFM*.

Autre facteur : l'opposition avec les indépendants. Celle-ci est d'autant plus forte que le salarié n'a que son salaire pour vivre. Il le considère comme le prix normal de son travail — même s'il est toujours trop bas ! — alors qu'il aura tendance à voir dans le revenu du non-salarié un prélèvement qui n'est pas nécessairement justifié. En ce cas, il sera poussé à voter à gauche. En revanche, la présence de primes, de pourboires ou d'intéressements divers l'incitera à faire preuve d'initiatives et d'efforts personnels, attitude plus proche de celle de son patron. S'il est proche de la direction de l'entreprise, il sera proche des idées du patronat : il y a de fortes chances alors pour qu'il vote en faveur de la droite, surtout si l'entreprise est de grande dimension.

Le niveau des fonctions exercées a aussi son rôle à jouer. Plus elles sont élevées, plus elles correspondent à des tâches d'encadrement ou de direction, plus la propension à voter à droite est forte. Cette probabilité est toutefois moins forte dans le secteur public — au sens large : y compris la fonction publique — que dans le secteur privé, surtout dans l'industrie. Si, pour les échelons inférieurs des deux secteurs, le vote à gauche est largement majoritaire, aux échelons supérieurs les différences sont notables, les cadres du secteur public étant nombreux à voter à gauche (*cf.* Mayer et Schweisguth, *op. cit.*, p. 280). Il est vrai que les conflits entre les cadres et les ouvriers, plus rares, relèvent moins de la lutte des classes que dans le secteur privé. Il est vrai aussi qu'il n'est pas impossible que certains cadres, dont le haut niveau d'instruction implique généralement une attitude politique ouverte, aient choisi le public parce qu'ils ne voulaient pas avoir à affronter des conflits de classe (*cf.* Luc Boltanski, *Les Cadres*, Paris, Minuit, 1982). Quant aux classes moyennes, leur situation est ambiguë. Si on se réfère aux PCS, les professions intermédiaires peuvent passer pour des relais de la domination du patronat. Ceci est sans doute vrai des contremaîtres, mais que dire des techniciens qui n'exercent aucune fonction d'autorité? Qu'en penser, surtout, quand il s'agit des infirmières et des instituteurs? Chacun sait que ces derniers, qui ont pourtant une fonction d'encadrement, votent massivement à gauche.

Dernier facteur à prendre en compte : la position dans la hiérarchie sociale, notion bien complexe eu égard à la multiplicité des critères possibles (qualification, autorité, prestige, richesse), et qui, en outre, n'a de signification que dans le cadre d'univers homogènes. Pour illustration, prenons les employés : dans le tertiaire, ils constituent le dernier échelon de la hiérarchie et votent majoritairement à gauche ; dans l'industrie, ils peuvent, en tant que cols blancs, se considérer comme étant au-dessus des ouvriers, ce qui pourrait justifier qu'ils votent autant à droite qu'à gauche. En vérité, la position sociale a une faible valeur prédictive. Ainsi, le niveau d'études n'explique pas fondamentalement l'orientation du vote. La chose est facile à comprendre : plus il est élevé, plus il peut être associé à une attitude « humaniste », au sens chrétien du terme, et impliquer un vote à gauche, mais il peut également être associé à une fonction élevée qui orienterait ce vote vers la droite. Dans les deux cas, on passe à côté de l'essentiel : la représentation que se font les individus et les groupes des fonctions exercées et du domaine d'activité où elles sont exercées. En revanche, si ce n'est pas le cas pour le niveau de revenu, la possession d'un patrimoine a un rôle assez discriminant (*cf.* Jacques Capdevielle et Élisabeth Dupoirier, 1988). Le souci de la conservation des biens acquis engendre la crainte du changement et fait clairement obstacle à un vote de gauche, surtout communiste. En outre, la diversification du patrimoine réduit l'abstention et induit une plus forte orientation à droite, surtout quand cela permet de compenser un revenu modeste. Cette orientation correspond à une « idéologie patrimoniale » qui « renvoie davantage à la recherche de sécurité en bon père de famille qu'à l'acceptation du risque de l'entrepreneur capitaliste » (*ibid.*, p. 199).

1.2.2. Le degré d'intégration religieuse

Quels que soient la catégorie sociale, l'élection, le cadre de vie et les autres caractéristiques socioculturelles, le vote est très dépendant du niveau d'intégration religieuse, et ce constat vaut pour d'autres pays comme l'Espagne ou l'Allemagne (*cf.* Michelat et Simon, *Classe, religion et comportement politique*, *op. cit.*, p. 381-383) : les catholiques pratiquants, même irréguliers, votent plutôt à droite, les catholiques non pratiquants et les non-catholiques plutôt à gauche. Comme il y a une forte corrélation entre la croyance et la pratique (messe, prière), on peut affirmer que moins on croit en Dieu et en l'au-delà, plus on vote pour la gauche. De même, plus on prie chez soi, plus on a de chances de voter pour la droite. C'est dire l'importance des croyances aux réalités surnaturelles et des rituels associés qui structurent les représentations, les sentiments et les conduites (*cf.* Michelat et Simon, « Religion, classe sociale, patrimoine et comportement électoral », *op. cit.*, p. 297-300). À une époque où les églises se vident et où le recrutement des prêtres s'étiole, où l'Église ne donne plus de consigne de vote, où, enfin, la société, toujours plus instruite, se « désidéologise », on est en droit de s'en étonner.

Et pourtant, il y a mieux : « Les variations enregistrées en fonction de la variable religieuse sont plus importantes que celles enregistrées en fonction de la variable de classe » (Simon, 1995, p. 39.) Logiquement, la combinaison de ces deux variables donne de très grandes variations, le travailleur indépendant catholique pratiquant ayant une probabilité de voter à droite proche de 100 %, tout comme l'est celle de l'ouvrier irréligieux de voter à gauche (Boy et Mayer, « L'électeur français en questions », *in* CEVIPOF, 1990, p. 206-208).

Enfin, la possession d'un patrimoine ne fait nullement disparaître la relation entre le niveau d'intégration religieuse et le vote. Il faut dire que la possession de terres, de maisons individuelles mais aussi — ce qui est plus surprenant — de valeurs mobilières, semble associée à la famille, dont les fondements sont religieux. Le patrimoine, fût-il de rapport, bénéficie donc d'un important investissement affectif, d'autant qu'il pourra être transmis aux enfants. Aussi, ce n'est pas tant « le fait d'être possédant qui renforce l'adhésion à un système symbolique qui, comme le catholicisme, valorise et légitime la propriété, perçue comme indissociable d'un ordre social considéré à la fois comme naturel et d'institution divine » que « l'intériorisation de valeurs éthico-religieuses qui se traduit par un style de conduite déterminé, favorisant une forte orientation vers la propriété patrimoniale » (Michelat et Simon, « Religion, classe sociale, patrimoine et comportement électoral », *op. cit.*, p. 303 et 305).

L'électorat des principaux candidats à l'élection présidentielle de 1995 (premier tour)

	HUE	JOSPIN	BALLADUR	CHIRAC	LE PEN
Ensemble des électeurs (%)	**9**	**24**	**19**	**20**	**15**
Profession de l'interviewé					
Agriculteur exploitant	5	13	***24***	***29***	14
Artisan, petit commerçant	5	8	***27***	***28***	***21***
Profession libérale, scientifique, cadre supérieur	5	***26***	***21***	***24***	6
Profession intermédiaire	7	***31***	17	19	10
Employé	***10***	23	15	17	***19***
Ouvrier	***15***	21	10	15	***27***
Statut de l'interviewé					
Salarié	9	***26***	16	17	***16***
À son compte	4	12	***25***	***31***	***17***
Chômeur	***11***	24	13	20	***18***
Femme au foyer	6	20	***24***	20	***16***
Étudiant	6	***30***	10	***28***	11
Retraité	9	20	***32***	19	12
Religion					
Catholiques pratiquants	3	15	***37***	***26***	8
Catholiques non pratiquants	7	21	***21***	***23***	***16***
Sans religion	***16***	***32***	8	12	15
Sentiment d'appartenance sociale					
Privilégiés	5	22	***25***	***22***	11
Gens aisés	4	18	***27***	***31***	8
Classes moyennes supérieures	4	***25***	***25***	***24***	10
Classes moyennes inférieures	***10***	***25***	17	18	15
Classes populaires	***17***	***25***	11	13	***19***
Défavorisés	***13***	17	10	15	***34***

NB. En italique gras, vote supérieur à la moyenne pour chaque candidat.
Source : Sondage BVA, *in Le Monde*, mardi 25 avril 1995, p. 10.

1.2.3. Les limites du modèle déterministe

Ce modèle que nous venons d'exposer permet de connaître, avec un degré de fiabilité élevé, la probabilité qu'aura un individu de voter pour la gauche ou pour la droite.

En revanche, il ne permet pas de dire quel candidat et quelle composante de chaque camp bénéficieront des voix. Les variables « lourdes » expliquent le mieux les votes chiraquien et communiste. Le premier serait le fait des possédants, propriétaires, catholiques ; le second le fait des non-possédants, locataires, anticléricaux. Mais les électorats de l'UDF et du Parti socialiste sont beaucoup moins typés. Les variables décisives du vote écologiste sont le jeune âge et le niveau d'instruction élevé. Quant à l'électorat du Front national, il est extrêmement composite.

Mais la limite la plus fondamentale est que le pouvoir explicatif des variables « lourdes » exposées plus haut semble se réduire. La cause pourrait en être le « gonflement » des classes moyennes au détriment de la bourgeoisie et de la classe ouvrière. En bref, la « moyennisation » de la société affaiblirait les conflits sociaux. Comme la réduction en question est loin d'être linéaire, on peut préférer une autre justification qui tiendrait aux changements survenus ces dernières années dans le contexte politique. À l'affrontement gauche-droite typique de 1981 a succédé une présidence de plus en plus consensuelle d'un chef de l'État socialiste qui a eu à gérer deux cohabitations avec un gouvernement de droite et qui s'est fait réélire en 1988 sous l'étiquette de la « France unie » par un électorat débordant largement la gauche. En outre, les années 1980 ont vu apparaître sur le devant de la scène des mouvements atypiques : le mouvement écologiste, aujourd'hui noyé dans ses divisions, et le Front national qui, à l'instar du bonapartisme ou du boulangisme au siècle dernier, du poujadisme ou du gaullisme du temps du Général (jusqu'en 1967, en fait), perturbe le modèle par son électorat interclassiste.

Reste une dernière hypothèse pour expliquer les faiblesses du modèle : grâce à la démocratisation de l'enseignement et au développement de la communication de masse, les électeurs seraient plus instruits, mieux informés, capables de se dégager des pesanteurs religieuses ou socioculturelles, capables d'un choix rationnellement calculé, en un mot de stratégie.

2. Y a-t-il des électeurs-stratèges ?

La question se pose avec plus d'acuité que jamais, en France. En effet, les quinze dernières années ont été marquées par une certaine instabilité électorale, même si les trois dernières élections présidentielles et les élections législatives de 1986 et de 1993 ont dégagé d'assez fortes majorités. Pour l'essentiel, sans doute, l'électeur reste « captif » de sa situation sociale, de son âge, de son sexe ou de sa religion. Pourtant, il semble qu'il soit de plus en plus mobile, « flottant », et pas seulement, comme le pensaient les auteurs de *Voting*, en 1954, parce qu'il n'est pas inséré dans des réseaux de sociabilité.

2.1. *Calcul économique et sociologie électorale*

2.1.1. La thèse de l'électeur rationnel

Certains, comme les membres de l'école du *Public Choice* (du nom de la revue américaine qui a diffusé le modèle individualiste de comportement politique) tels Downs (*An Economic Theory of Utility*, 1957), Tullock ou Buchanan, pensent que l'électeur est capable d'un calcul rationnel de type économique (comparaison coûts/avantages). Comme il y a, en économie, un *homo œconomicus*, il y aurait un *homo politicus*. En termes politiques, on dirait que l'électeur est capable de comparer ce qu'il lui en coûte de s'informer — en temps, par exemple — et les satisfactions qu'il peut tirer de son vote : il est *responsive*, responsable. Son vote serait donc lié à la probabilité qu'il pèse sur le résultat de la consultation électorale et à l'utilité, aux bénéfices qu'il pourrait retirer de l'élection du candidat ou de la liste qu'il soutient, fussent-ils plus symboliques que monétaires : au moins aurait-il la satisfaction d'avoir fait son devoir et/ou celle de voir le candidat qu'il soutenait accéder au pouvoir.

Pourtant, si l'électeur compare le vote et les efforts qu'il a consentis pour faire un choix réfléchi au résultat qu'il peut en retirer, il risque fort de s'abstenir systématiquement, et de se comporter, comme le *free rider* de Mancur Olson, en passager clandestin. Il y a là un paradoxe, « le paradoxe de l'électeur », selon l'expression d'Alessandro Pizzorno (Pizzorno, « Sur la rationalité du choix démocratique », *in* Birnbaum et Leca, dir., *Sur l'individualisme : théories et méthodes*, Paris, Presses de la FNSP, 1991, p. 336) : « L'électeur rationnel qui cherche à maximiser son utilité s'abstient puisque son vote personnel a une probabilité extrêmement faible de modifier le résultat de la consultation électorale et donc de permettre la maximisation de son utilité » (Merle, 1990, p. 65.) Dès lors, voter semble bien peu rationnel, à moins que l'électeur en tire des avantages personnels, comme la satisfaction « de remplir un droit et/ou un devoir civique, ou d'affirmer son identité politique » (*ibid.*).

Si l'on en croit les taux de participation enregistrés habituellement, cette satisfaction serait bien supérieure à l'utilité éventuelle du vote, puisque chacun sait qu'en général il y a beaucoup plus de votants que d'abstentionnistes. On peut s'en étonner, à moins que l'on admette que la rationalité de chaque individu soit limitée, comme l'a démontré Herbert Simon en sociologie des organisations. Elle serait alors simplement la capacité de chacun à s'adapter rationnellement à un système donné tel qu'il le perçoit, sachant que sa propre situation est elle-même « fonction d'un ensemble de données macrosociologiques (taux et nature de la syndicalisation dans l'entreprise ou le secteur, niveau d'instruction correspondant au statut socioprofessionnel, etc.) » (Georges Lavau, « L'électeur est-il individualiste ? », *in* Birnbaum et Leca, dir., *op. cit.*, p. 316).

La rationalité de chaque individu serait ainsi étroitement liée à son groupe d'appartenance. Dès lors, l'électeur, ne voyant pas tous les choix possibles, arrêterait sa décision de s'abstenir ou de voter, et pour qui voter, lorsqu'il aurait trouvé une solution satisfaisante. L'erreur des utilitaristes, au fond, affirme Pierre Merle, est « de considérer la rationalité comme une donnée alors qu'elle est une construction sociale, produite par une accumulation d'interactions [...] différenciées selon chaque électeur et/ou groupe d'électeurs » (Merle, 1990, p. 78), ce qui aboutit à plusieurs types d'intérêts qui se combinent pour définir des comportements politiques « intéressés » (*ibid.*, p. 79). En ce cas, l'électeur est un véritable acteur capable de ne pas être inféodé à un parti ou d'ajuster son vote à la structure et au contenu de l'offre électorale, capable, en un mot, d'une décision politique. Il le serait d'autant plus que, moins bien socialisé, moins bien encadré et plus instruit, il serait plus individualiste et, par conséquent, à la fois plus apte et plus libre de juger le programme des candidats et le bilan des sortants, et cela à l'aune de ses principales préoccupations personnelles. Il est désormais capable d'apprécier la conjoncture politique. Il faut en tenir compte pour expliquer son comportement.

2.1.2. La nécessité de prendre en compte l'offre électorale

C'est l'idée défendue en France dès 1957 par Louis Bodin et Jean Touchard dans la *Revue française de science politique*. Elle est reprise, dans les années 1980, par Françoise Subileau et Marie-France Toinet, confrontées au double constat suivant : l'électeur est « plus enclin à ne pas voter quand les scrutins se succèdent à un rythme vécu comme excessif » (Subileau et Toinet, « L'abstentionnisme en France et aux États-Unis. Méthodes et interprétations », *in* Gaxie, dir., 1989, p. 186), et surtout « la majorité des électeurs français sont des abstentionnistes intermittents » (*ibid.*, p. 188). Leur analyse est la suivante : « L'abstention, appréhendée de façon isolée lors d'un seul scrutin, peut apparaître comme un indice de moindre insertion. Réinsérée dans un ensemble de scrutins successifs, elle prend une autre signification et devient un des modes de l'expression politique » (Subileau et Toinet, *Les Chemins de l'abstention. Une comparaison franco-américaine*, Paris, La Découverte, 1993, p. 167.) Vue sous cet angle, l'abstention est un mode offensif de participation politique, une « politisation négative » (Missika, « Les faux-semblants de la dépolitisation », *Le Débat*, n° 68, janvier-février 1992) ou une « abstention de combat » (Denquin, 1994, p. 75). Elle peut être d'autant plus un moyen d'expression politique qu'elle peut très bien répondre à la consigne d'une formation politique. En ce cas, cette abstention, en général circonstancielle, loin de montrer un désintérêt pour la politique, montre qu'on s'y intéresse de près.

Subileau et Toinet appuient leur thèse sur l'observation de l'abstention aux États-Unis où le niveau d'études ne suffirait pas à expliquer la participation ou la non-participation électorales puisque, à niveau d'études égal, l'abstention y a doublé depuis 25 ans. La responsabilité en incomberait aux *lobbies* qui ont tendance à soutenir les sortants et, surtout, au bipartisme qui limite doublement les possibilités de choix. Il est en effet très difficile, si l'on n'est ni républicain, ni démocrate, de se présenter à des élections. En outre, les deux partis dominants ont des programmes très semblables et ne semblent guère se préoccuper des problèmes sociaux qui, eux, intéressent particulièrement l'électorat. Ce serait donc l'offre électorale qui, par son insuffisance, expliquerait l'abstentionnisme aux États-Unis.

Évoquer une telle offre suppose qu'il y ait un marché politique où elle rencontre une demande, celle des électeurs, un marché où le choix partisan serait soumis à des mécanismes de marchandage (*log-rolling*). Cette offre électorale serait constituée d'éléments divers :

▲ Le *candidat lui-même*, sa notoriété, sa personnalité.

▲ Le *type de scrutin* : s'il est majoritaire, la mobilisation risque d'être plus forte que s'il est proportionnel. Dans cette deuxième hypothèse, l'éventail des forces en présence est généralement élevé et l'électeur a le sentiment que son choix peut ne pas être décisif, alors qu'au contraire la bipolarisation provoquée par le scrutin majoritaire encourage la participation.

▲ La *fréquence des scrutins*, qui rebute les électeurs : ainsi, en Suisse, au début des années 1980, il y avait, en moyenne, une élection tous les trois mois, mais la participation était faible, puisque inférieure à 50 % des électeurs inscrits.

▲ Le *nombre de circonscriptions.*

▲ Les *systèmes d'alliances.*

▲ La *conjoncture politique*, les enjeux de la consultation : s'annonce-t-elle serrée ou pas? Si la compétition est intense, la participation électorale sera forte; si tout semble joué, ou s'il y a, de la part d'un parti, un mot d'ordre d'abstention, elle sera, au contraire, réduite.

▲ Le *degré de médiatisation* de la campagne électorale.

2.2. *L'électeur rationnel à l'épreuve des statistiques*

Les transferts de voix d'une élection à l'autre entre la gauche et la droite sont habituellement faibles en France : de l'ordre de 5 % des voix environ (*cf.* Gérard Grunberg, «L'instabilité du comportement électoral», *in* Gaxie, dir., 1989, p. 437 *sq.*). Ainsi, au deuxième tour des dernières élections présidentielles, le 7 mai 1995, Jacques Chirac n'a recueilli qu'un demi-million de voix provenant de l'électorat de gauche, soit 3 % des 15,8 millions qui lui ont permis de l'emporter. Quant à son adversaire malheureux, Lionel Jospin, il a bénéficié d'un transfert de voix de la droite de l'ordre de 1,8 million, soit près de 14 % des 13,8 millions de voix qu'il a recueillies. Mais si l'on exclut le million de voix provenant de l'électorat de Jean-Marie Le Pen, quelque peu atypique — nous y reviendrons —, il ne reste plus que 0,8 million de voix provenant de la droite traditionnelle, soit moins de 6 % de son total. Quoi qu'il en soit, seuls 2,3 millions d'électeurs ont changé de camp sur les 29,6 millions qui se sont exprimés, soit moins de 8 % (*Source :* sondage SOFRES, *in Le Monde*, mercredi 24 mai 1995, p. 7).

De fait, même à une époque où les Français semblent douter de leurs hommes politiques, ils sont peu nombreux à changer de camp, surtout si on admet que les électeurs de la «droite libérale» ont des valeurs communes avec ceux de la «gauche humaniste», ce qui peut faciliter leur «glissement» vers la gauche ou vers la droite. C'est pourquoi nous chercherons plutôt à appréhender l'existence éventuelle d'un électeur-stratège au stade de la participation électorale, puisque s'inscrire et voter manifestent une volonté de s'impliquer dans la vie politique du pays et, réciproquement, ne pas s'inscrire et s'abstenir de voter — ou voter blanc ou nul — en manifestent le refus. Nous aurons ainsi une mesure de la volatilité électorale. Il nous faudra ensuite déterminer dans quelle mesure cette volatilité a un caractère stratégique.

2.2.1. Des inscriptions nombreuses pour les échéances décisives

Un premier constat empirique conforte la théorie de l'électeur-stratège : les inscriptions affluent à chaque fois que des élections proches sont jugées importantes. Ce fut le cas à la veille de la présidentielle de 1981. Ce fut encore le cas à la veille de celles de 1995. Ainsi, selon l'Agence France-Presse, quelques jours avant la clôture des listes électorales, le 31 décembre 1994, il y avait déjà 30 000 nouveaux électeurs à Lyon contre 15 000 en 1993 (*Le Monde*, 3 janvier 1995, p. 7). À Paris, ce sont 152 553 nouveaux inscrits qui ont été enregistrés en 1994, chiffre comparable aux 162 000 nouveaux inscrits de 1980. Ces statistiques sont à comparer avec les 76 000 nouveaux électeurs inscrits en vue des élections municipales de 1986 ou les 83 000 enregistrés à la veille des élections européennes de 1992 (*Le Monde*, 13 janvier 1995) et sont susceptibles de tempérer quelque peu les jugements définitifs sur le déclin du politique.

2.2.2. Une abstention très variable sur longue période

Au cours de la Ve République, de 1958 aux élections municipales de juin 1995, le taux d'abstention oscille entre un minimum de 12,66 % au deuxième tour des élections présidentielles de 1974 et un maximum de 63,1 % au référendum sur le statut de la Nouvelle-Calédonie, en 1988. Au-delà de ces oscillations, il semble qu'il ait une certaine tendance à augmenter. Si l'abstention varie, alors que, entre deux scrutins, la société n'a guère eu le temps de changer, c'est, affirment certains observateurs, qu'elle peut avoir un caractère stratégique, et avec elle, bien entendu, la participation. Une chose est sûre : certaines élections génèrent moins d'abstentions que d'autres, ce qui signifie qu'elles suscitent plus d'intérêt chez les électeurs : c'est le cas des présidentielles.

Taux d'abstention moyen aux différents scrutins, en %
(France, depuis 1958)

ÉLECTIONS (par ordre d'abstention croissante)	1er TOUR	2e TOUR
Présidentielles (1958 à 1995)	19	18
Municipales (1959 à 1995)	25	25
Législatives (1958 à 1997)	25	26
Régionales (1986 à 1998)	32	
Référendums (1958 à 1992)	31	
Cantonales (1958 à 1998)	39	40
Européennes (1979 à 1994)	45	

À titre d'illustration, arrêtons-nous un instant sur la présidentielle de 1995 pour laquelle, remarquons-le au passage, l'abstention a été tout de même exceptionnellement élevée : environ 40 % au second tour. Selon les résultats d'un sondage effectué par l'institut BVA à la sortie des urnes auprès de 4 798 personnes, le 7 mai, lors du deuxième tour, 40 % des électeurs du vainqueur, Jacques Chirac, ont déclaré avoir voté pour lui en fonction de sa personnalité, et 51 % en fonction de son projet (*cf. Le Monde*, 10 mai 1995, p. 12). De leur côté, 17 % seulement des électeurs de Lionel Jospin, son adversaire malheureux, ont déclaré avoir voté pour lui en fonction de sa personnalité, et 76 % pour son projet. Sans rentrer dans les détails, notons que, parmi les raisons de leur vote, 39 % des électeurs de Jacques Chirac ont indiqué qu'ils pensaient qu'il avait la stature d'un homme d'État. 5 % des électeurs de Lionel Jospin ont invoqué cette raison pour expliquer leur vote en sa faveur. À partir de ses résultats, on est enclin à penser que c'est l'homme Chirac, plus que ses idées, qui l'a emporté, et notamment sa capacité supposée à diriger la France.

À l'opposé des présidentielles, les élections au Parlement européen sont celles qui drainent le moins d'électeurs, surtout s'ils sont très éloignés géographiquement, comme ceux des départements et territoires d'outre-mer. Selon Pierre Martin, cette faible participation à des élections « dénotabilisées » et, pour la plupart des électeurs, « sans enjeu », « est sociologiquement différentielle puisque les milieux favorisés sont les plus intéressés par l'enjeu européen, et [...] varie en fonction de l'impopularité du gouvernement puisque certains électeurs utilisent ce scrutin pour manifester, comme lors d'élections locales ou partielles, leur hostilité à la politique à l'échelon national » (Martin, *Le Nouvel Observateur*, n° 1544, 9-15 juin 1994, p. 26). Le caractère sociologiquement différentiel de ce type d'élections apparaît nettement quand on compare le comportement des électeurs de deux circonscriptions socialement très différentes. À Neuilly, dans la banlieue « chic » de l'ouest parisien, le taux de participation est sensiblement supérieur à la moyenne nationale avec 66 % de votants en 1979, 69,3 % en 1984 et 57,6 % en 1989. En revanche, à Gennevilliers, banlieue ouvrière, il n'est, aux mêmes élections, que de 60, 48,4 et 43,6 %, très au-dessous de cette moyenne nationale (*ibid.*, p. 27).

Les référendums, quant à eux, ont un succès très variable auprès de l'électorat. Ceux des débuts de la Vᵉ République ont provoqué une très forte mobilisation des électeurs. Il est vrai que le général de Gaulle avait tendance à les présenter comme des plébiscites, n'hésitant pas à mettre en jeu sa présence à la tête de l'État, ce qui lui fut fatal en 1969. Il est vrai aussi qu'ils portaient sur des questions particulièrement sensibles concernant :

▲ le fonctionnement des institutions : 19,51 % d'abstentions seulement pour l'approbation de la Constitution de 1958, 23,02 % à propos de l'élection au suffrage universel du président de la République, en 1962, et 19,86 % sur la réforme du Sénat et la régionalisation, en 1969 ;

▲ la « question algérienne » : 26,24 % d'abstentions pour l'autodétermination de l'Algérie et 24,66 % pour l'approbation des accords d'Évian.

Le vote pour la ratification du traité sur l'Union européenne, dit « traité de Maastricht », récemment, a drainé plus de 70 % d'électeurs, mais l'élargissement de la Communauté économique européenne, en 1972, avec à peine plus de 60 % de votants, et, surtout, le référendum, déjà évoqué, sur le statut de la Nouvelle-Calédonie n'ont pas suscité l'enthousiasme du corps électoral.

Par rapport aux différents scrutins que nous venons d'évoquer, les autres consultations sont, en quelque sorte, dans une position moyenne. Les élections législatives et municipales, au caractère local et, en général, très personnalisé autour de la candidature de notables locaux, obtiennent régulièrement une participation relativement élevée : de 70 à 80 % de votants, environ.

Il semble que la participation aux législatives dépende beaucoup plus sensiblement de l'enjeu électoral. En effet, quand ce scrutin suit immédiatement une élection présidentielle, comme en 1981 et 1988, l'abstention est relativement forte : environ 29 % au premier tour des législatives de 1981 et 26 % au second, 34 % au premier tour des législatives de 1988 et 30 % au second, suite aux deux élections à la présidence de la République de François Mitterrand et aux deux dissolutions de l'Assemblée nationale qu'il avait prononcées.

En revanche, quand ce scrutin a lieu au cours d'un mandat présidentiel et qu'il peut déboucher sur une alternance politique, l'abstention est, en général, moins forte : 19 et 18 % respectivement aux premier et deuxième tours des législatives de 1973, 17 et 15 % en 1978 et 22 % en 1986. Toutefois, de ce point de vue, le scrutin de 1993, pourtant porteur d'un enjeu important, a été marqué par une abstention relativement forte confirmant une certaine désaffection de l'électorat pour le jeu politique : 30,80 % au premier tour et 32,44 % au second.

Si on ajoute aux abstentions aux législatives qui ont lieu au cours d'un mandat présidentiel le vote en faveur des partis non représentés au Parlement, et en particulier le vote en faveur du Front national, et les votes blancs ou nuls, de plus en plus nombreux (respectivement 2, 3, 4 et 5 % des inscrits au premier tour des législatives de 1978, 1986, 1993 et 1997), on peut calculer un refus de voter en faveur des « partis de gouvernement », à savoir ceux qui sont représentés au Parlement et qui ont été amenés, à un moment ou à un autre, à participer à la direction du pays. On obtient alors un chiffre en forte augmentation : 26 % de l'électorat en 1978, 44 % en 1986, 55 % — soit un vote majoritaire ! — en 1993 et 57 % en 1997. D'aucuns verront là la confirmation que l'abstention peut avoir un caractère protestataire, comme le vote du même nom, et qu'elle résulte d'un choix, c'est-à-dire d'une certaine rationalité. Nous y reviendrons.

Au contraire des élections précédentes, cantonales et régionales ont moins de succès. Les élections cantonales des 20 et 27 mars 1994, notamment, ont été largement boudées par l'électorat : 41,21 % d'abstentions au deuxième tour, dont 41,19 pour la métropole et 43,15 % pour l'outre-mer. Il en a été de même en mars 1998. Pourtant, si autrefois les conseils généraux avaient peu de pouvoirs, ce qui pouvait justifier un important refus de voter, la décentralisation leur en a donné, ainsi qu'aux conseils régionaux. Et ces pouvoirs concernent de près les électeurs... Peut-être une frange significative de l'électorat n'en est-elle pas pleinement consciente?

2.2.3. La «volatilité» électorale : une stratégie?

Entre deux échéances rapprochées, le paradigme déterministe ne peut pas être pris en compte puisque la société n'a guère eu le temps de changer. Or, la volatilité électorale, qui manifesterait la rationalité de l'électeur selon la théorie de l'électeur-stratège, paraît relativement faible et pas nécessairement croissante sur longue période, même dans des périodes de changement politique qui devraient lui être favorables. En outre, elle est principalement un passage de l'abstention à la participation au vote, et vice versa, et fort peu un changement de positionnement sur l'échiquier politique (*cf.* tableau *infra*).

L'électeur mobile a-t-il un comportement effectivement rationnel? Dans les années 1980, différentes études, notamment celles du CEVIPOF, ont cherché à le déterminer ou, du moins, à savoir si l'électeur français l'était de plus en plus.

Électeurs mobiles et stables (en %)

	DE 1958 À 1962	DE 1986 À 1988
Abstentionnistes aux deux dates	9	5
Abstentionnistes à une date	18	19
Stables de gauche	28	38
Stables de droite	37	31
Mobiles	8	7

Source : Daniel Boy et Nonna Mayer, « L'électeur français en questions », *op. cit.*, p. 215.

L'électeur subit nécessairement un système de contraintes, mais il peut essayer de lui échapper. Pour ce faire, deux possibilités s'offrent à lui (*cf.* Daniel Boy et Élisabeth Dupoirier, « L'électeur est-il stratège? », *in* CEVIPOF, 1990, p. 175-196). Soit il se trouve dans une situation contradictoire, soumis à des pressions croisées : en langage courant, on dirait qu'il est pris entre deux — ou plusieurs — feux. Cette position paraît, finalement, peu opérationnelle et, surtout, peu en rapport avec des comportements politiques particuliers, et n'est donc pas vérifiée par Boy et Dupoirier. Soit il se trouve dans une position intermédiaire, quelque part entre les différents pôles qui induisent les orientations politiques; autrement dit, il se trouve dans une position telle qu'il est soumis à un petit nombre de contraintes socioculturelles. Ce pourrait être le cas, par exemple, de l'électeur dont la position dans l'échelle des patrimoines est telle qu'on ne peut pas vraiment le qualifier de « riche » ni de « pauvre ». En fait, ces hypothèses, notamment la deuxième, qui peut paraître la plus pertinente, ne sont pas vérifiées par les calculs : ce sont les électeurs les plus pauvres, tout simplement, surtout ceux qui ne bénéficient pas d'une bonne insertion économique, qui sont les plus mobiles.

En clair, ce sont les plus démunis qui, en fonction de l'offre politique du moment et de la conjoncture électorale, choisissent, d'une part, de voter ou de ne pas voter, et, d'autre part, pour qui voter. Parmi ceux-ci, il y a surtout des jeunes de faible niveau scolaire : ont-ils vraiment une stratégie bien réfléchie? Ne constituent-ils pas le « marais » traditionnel? Si l'électeur mobile avait réellement une stratégie réfléchie, n'aurait-il pas été recruté parmi ceux qui sont, ou qui se sentent, compétents? Un électeur vraiment stratège n'aurait-il pas dû avoir un niveau scolaire élevé? Comme ce n'est pas le cas, il semble qu'en réalité, le changement d'attitude politique de certains électeurs soit fondé, avant tout, sur l'incertitude du lendemain.

Bien sûr, les résultats de l'étude de Boy et Dupoirier sont contestables. Les auteurs eux-mêmes se demandent s'ils n'ont pas trop privilégié les trajets effectués entre l'extrême gauche et l'extrême droite qui concernent plus des électeurs de milieux populaires. Après tout, passer d'un extrême à l'autre, n'est-ce pas signifier que l'espace politique est plus « circulaire » que « linéaire »? Les électeurs du Parti communiste et du Front national ne se rejoindraient-ils pas dans un vote protestataire, alors que ceux du Parti socialiste et de l'UDF correspondraient à un vote « central », ou « centriste »? Pour le savoir, de nouveaux calculs ont été effectués conformément à ces nouvelles hypothèses et ont donné pratiquement les mêmes résultats, montrant ainsi que les premières conclusions n'étaient pas liées à la méthode.

On peut conclure de ces travaux qu'il n'y a pas de « nouvel électeur, jeune, instruit, intéressé par la politique et se donnant les moyens de reconsidérer son choix sur les marchés électoraux en fonction de l'offre politique » (Boy et Dupoirier, *ibid.*, p. 195), qu'il n'y a pas d'électeur-stratège au sens de la théorie économique des comportements politiques. Du moins, s'il existe, on peut penser que son poids est très faible.

En réalité, l'électeur français mobile est « jeune, faiblement doté en capital économique et culturel, peu intéressé par la politique » (*ibid.*). Il est plus ou moins exclu du système politique, ou il s'en exclut lui-même parce qu'il a fait des études médiocres, parce qu'il risque de se retrouver avec un emploi précaire, voire sans emploi, parce qu'enfin, dans ce dernier cas, cela risque d'engendrer, pour lui, une certaine perte d'identité. Pour toutes ces raisons, son insertion sociale peut s'avérer problématique.

Somme toute, l'électeur qui s'abstient de voter n'est pas un stratège au sens où l'entend l'école du *Public Choice*, dans la mesure où il se recrute dans des catégories de population peu aptes, ne serait-ce que par manque d'information, à faire un calcul politique rationnel. D'ailleurs, « alors que les instituts de sondage réalisent des prévisions généralement satisfaisantes des résultats des consultations électorales à partir des attributs socio-économiques des électeurs, l'analyse économique du choix politique, fondée sur l'hypothèse d'un électeur rationnel, ne parvient à aucun résultat comparable » (Merle, 1990, p. 73). De plus, comment expliquer que certains électeurs votent pour de « petits » candidats qui, à l'évidence, n'ont aucune chance de gagner? Pire : comment expliquer les votes blancs, rares, il est vrai, mais croissants?

De toute façon, on peut se demander pourquoi un électeur qui changerait d'opinion ou de comportement électoral serait rationnel. Après tout, l'offre électorale elle-même change et il est logique de penser que la demande correspondante la suive dans ses changements.

3. Des interprétations complémentaires

Sans aucun doute, conformément à la tradition holiste du « modèle Michigan » aux États-Unis, de Paul Bois et Gabriel Le Bras en France, on peut affirmer que la participation et les choix électoraux sont, avant toute chose, le fruit d'un certain conditionnement social. Si les citoyens s'abstiennent de voter, c'est qu'ils sont mal intégrés à la société. Si, au contraire, ils participent régulièrement aux scrutins électoraux, c'est qu'ils ont bien assimilé l'histoire et la culture de la société, ses valeurs essentielles. Quand ils votent, le meilleur prédicteur de leur comportement est leur statut social et leur identification religieuse, les autres variables — comme l'âge, le sexe et le lieu de résidence — pouvant être considérées comme secondaires.

Mais peut-on affirmer pour autant que les électeurs ne sont pas du tout autonomes et faire l'économie des enjeux institutionnels — c'est-à-dire de la structure de l'offre électorale — et politiques? Peut-on faire abstraction du phénomène d'usure du pouvoir dont plus d'un élu a déjà fait les frais? Et ne faut-il pas tenir compte de la situation économique et sociale du moment? Quand la situation est jugée bonne par l'électorat, n'aurait-il pas tendance à donner quitus au pouvoir en place? Au contraire, quand le chômage augmente et que la croissance faiblit, ne serait-il pas tenté de lui en faire porter la responsabilité? Cela pourrait expliquer les fréquentes mesures expansionnistes décidées à la veille d'échéances électorales importantes (*cf.* la littérature spécialisée ayant trait aux « cycles politico-économiques »).

On le voit : que ce soit pour la participation conventionnelle ou les choix électoraux, il apparaît nécessaire de combiner différentes approches théoriques. Ainsi, on peut considérer que la participation et l'abstention sont le fruit de l'intégration sociale, d'une réflexion du citoyen qui détermine son sentiment de compétence et son identification partisane, et de son intérêt personnel pour la politique. La mauvaise intégration sociale permet d'expliquer correctement la non-inscription sur les listes électorales et l'absence de réponse aux questions des sondages. Elle se traduirait par l'orientation politico-idéologique qu'auraient les uns et pas les autres, en raison de leur socialisation, de l'influence de leurs parents (socialisation intergénérationnelle), de leur histoire et de leurs relations personnelles (socialisation intragénérationnelle). Cette mauvaise intégration expliquerait un peu moins correctement l'abstention, puisqu'à statut social et à diplôme égaux, certaines personnes votent et d'autres pas. Enfin, il est clair que, pour l'essentiel, ce sont toujours des facteurs socioculturels qui justifient le comportement électoral d'une large majorité des électeurs. Ainsi la montée de la gauche non communiste en France tient-elle dans une large mesure au « gonflement » des classes moyennes salariées et au recul des pratiques religieuses. Somme toute, malgré les critiques qu'il subit en période de changement politique rapide, le paradigme déterministe garde « une qualité fondamentale dans le domaine scientifique, celle d'être capable d'effectuer des mesures dans des limites à peu près connues, c'est-à-dire de juger périodiquement ses propres capacités d'explication » (Boy et Mayer, « L'électeur français en questions », *op. cit.*, p. 216), ce qui permet de faire la part entre l'air du temps et la réalité.

Pourtant, il ne suffit pas à expliquer que l'attachement au système politique change selon que le parti qu'on soutient est au pouvoir ou non, ou encore que des membres des catégories sociales aisées et cultivées puissent s'abstenir. Dès lors, il faut se rendre à l'évidence : l'individu peut choisir de participer ou de ne pas participer, de voter pour l'un ou de voter pour l'autre, même si ce choix n'est pas nécessairement rationnel au sens de l'école du *Public Choice*. Peu nombreux, le plus souvent mal intégrés et peu politisés, les électeurs volatils ou indécis sont susceptibles de renverser des majorités tant les écarts se sont resserrés entre les principaux partis. Leur poids politique est donc bien supérieur à leur poids démographique, ce qui explique sans doute l'intérêt dont ils font l'objet.

En outre, leur nombre croissant ces dernières années semble être une conséquence de l'alternance au pouvoir que connaissent désormais les grands pays occidentaux, même la France, alternance qui banalise les clivages et brouille les systèmes de repères au point que les notions de gauche et de droite sont de plus en plus contestées : la gauche se convertit au libéralisme pendant que la droite cherche à lutter contre l'exclusion en récupérant la notion de solidarité (*cf.* Jacques Généreux, *Droite, gauche, droite*, Paris, Plon, 1995 ; Claude Imbert et Jacques Julliard, *La Droite et la gauche*, Paris, Robert Laffont/Grasset, 1995). Liée à une certaine désillusion devant l'incapacité de l'une et de l'autre à combattre le chômage et l'exclusion, la volatilité électorale bénéficie à des partis qui ne sont pas jugés responsables de la situation économique et sociale actuelle.

En témoigne le tableau ci-après, où les candidats sont classés du vote d'adhésion le plus élevé, en faveur d'Édouard Balladur, alors Premier ministre, au vote d'adhésion le moins élevé, en faveur de Jean-Marie Le Pen. Il est patent que les candidats éloignés du pouvoir, comme le sont les trois derniers cités ici, bénéficient beaucoup plus d'un vote protestataire que d'une véritable adhésion à leurs idées, ce qui permettra à deux d'entre eux d'obtenir un résultat honorable. Le Premier ministre en exercice, en revanche, victime de ce vote de protestation, en partie au moins, sera battu dès le premier tour.

Les motivations de vote des Français selon leur choix au premier tour de l'élection présidentielle de 1995 (en %)

CANDIDATS	VOTE D'ADHÉSION	VOTE DE PROTESTATION	SANS OPINION
Édouard Balladur	74	15	11
Jacques Chirac	69	23	8
Lionel Jospin	57	32	11
Robert Hue	51	44	5
Philippe de Villiers	43	52	5
Jean-Marie Le Pen	27	65	8

Source : SOFRES, *in Le Nouvel Observateur*, n° 1583, 9-15 mars 1995, p. 4-5.

En témoigne aussi le vote majoritaire, à cette même élection, des ouvriers (58 %) et des chômeurs (55 %) en faveur des candidats « périphériques » : Arlette Laguiller, Robert Hue, Dominique Voynet, Jacques Cheminade et surtout Jean-Marie Le Pen (*Source :* SSU-CSA, *in Le Monde*, mercredi 26 avril 1995, p. 10).

Reste qu'il n'y a pas que les élections qui permettent de protester…

À RETENIR

▲ La participation aux élections est d'autant plus forte que les individus sont bien intégrés à la société. L'augmentation récente de l'abstention peut donc s'expliquer par la précarisation de l'emploi et la montée du chômage, mais aussi par le recul des valeurs traditionnelles en général, et de la pratique religieuse en particulier, qui font du vote un devoir civique.

▲ L'orientation du vote, quant à elle, est d'abord influencée par le statut social : la probabilité de voter à droite est particulièrement forte pour les travailleurs indépendants et leur entourage. Pour les salariés, la probabilité de voter à gauche l'emporte, mais diminue quand s'élèvent les fonctions, les revenus et le patrimoine. Cette orientation est ensuite liée à la pratique religieuse : plus elle est marquée, plus la probabilité de voter à droite est importante.

▲ Le vote reste socialement conditionné et les électeurs-stratèges relativement peu nombreux. L'augmentation récente des électeurs volatils manifeste vraisemblablement une déception à l'égard de la politique traditionnelle et des partis au pouvoir depuis un demi-siècle.

Chapitre 8

Action collective et mobilisation

SOMMAIRE

OBJECTIFS DE CONNAISSANCE

▲ Comprendre ce qui pousse certains individus, et lesquels, à entreprendre collectivement des actions qui ne relèvent pas de la participation conventionnelle, ni même parfois de la légalité.

▲ À travers l'exemple de la plus commune de ces actions, montrer que son efficacité est directement liée à la mise en œuvre d'une véritable stratégie.

La participation politique peut aller bien au-delà du vote. Elle peut prendre la forme d'actions qu'on qualifie de protestataires puisqu'elles servent souvent à combattre des mesures qui déplaisent. Ces actions — manifestations de rues ou signatures de pétitions, par exemple —, sont généralement collectives. Bien qu'étant entreprises par un petit nombre de personnes, elles n'en ont pas moins souvent une grande influence sur la vie politique et sociale. Parfois illégales, elles peuvent être violentes : les attentats terroristes en constituent la forme paroxystique.

Action collective et capacité de mobiliser un grand nombre de personnes ont semblé, pendant longtemps, n'intéresser que modérément les sociologues. Selon Touraine (*Le Retour de l'acteur*, 1984), cela tient d'abord au fait que la sociologie classique, et, plus tard, le fonctionnalisme, se sont surtout préoccupés de ce que doit être la société, de la façon dont la régulation et l'intégration doivent se faire, ce qui l'a conduite à négliger les acteurs, surtout ceux qui participent à des actions collectives. Même les politologues ont négligé ces dernières dans la mesure où ils se sont longtemps contentés d'analyser, là encore, dans une optique normative, les comportements politiques conventionnels. Ce n'est, finalement, qu'à partir des années 1950 aux États-Unis que l'on s'est préoccupé de la participation non conventionnelle, quand l'émergence des formes protestataires de participation a mis en évidence le fait que les organisations politiques ne jouaient plus de façon satisfaisante leur rôle de médiation entre les institutions et les simples citoyens. Dès lors, alors que les rares travaux en ce domaine étaient produits par la psychosociologie, s'est construite une véritable sociologie de la protestation, soucieuse d'analyser les conditions de l'émergence de mouvements collectifs et les raisons qui amènent des individus à se constituer en « acteur collectif » (Lagroye) pour faire valoir leurs intérêts communs. De nombreux modèles ont été élaborés. Ils seront brièvement exposés dans la première partie, alors que la seconde examinera un exemple courant d'action collective : la manifestation.

1. Les conditions de la mobilisation

À la fin du siècle dernier, on donne à la mobilisation des explications de caractère psychosociologique. Ce sont elles que nous examinerons tout d'abord. Nous verrons ensuite qu'aujourd'hui, divers courants de pensée tentent d'expliquer la mobilisation de façon sensiblement différente (*cf.* Mayer et Perrineau, 1992, p. 113 *sq.*).

1.1. *Les modèles psychosociologiques*

Ceux-ci prennent appui sur la psychologie des foules, mettent en avant les conséquences négatives du changement social et privilégient les analyses en termes de frustration.

1.1.1. La psychologie des foules

Déjà, au siècle dernier, quelques rares chercheurs s'interrogent sur les moteurs de ce qu'on appelle aujourd'hui les mouvements sociaux, développant une théorie de la contagion, encore appelée, de façon suggestive, paradigme épidémiologique. C'est d'abord la thèse d'Hippolyte Taine (1828-1893), un pessimiste, plus proche de Hobbes que de Rousseau, qui pense que l'homme est par nature un être féroce, lubrique, avide et avare, et même un fou presque toujours emporté par ses passions. Dans *Les Origines de la France contemporaine* (six volumes, 1875-1893), il affirme que, dans la foule, les attitudes, sentiments et émotions se propagent par contagion et se renforcent sous l'influence de meneurs, faisant retrouver à l'homme son triste état de nature.

Dans le même ordre d'idées, Gustave Le Bon, en particulier dans *La Psychologie des foules* (1895), voit dans la foule le résultat de la pression psychologique de meneurs sur des individus pourtant, en général, fort divers, mais à qui l'anonymat donne un sentiment de puissance et d'impunité.

Dans le prolongement de ces analyses, Gabriel Tarde (*L'Opinion et la foule*, 1901) analyse les mouvements collectifs comme étant le fruit de l'imitation. Mais, alors que chez Taine la contagion est passagère, chez Tarde elle est endémique. Par ailleurs, notre auteur est le premier qui distingue la foule d'un simple public. Certes, les deux groupes sont constitués de nombreux individus, mais, dans la première, ceux-ci sont « mentalement associés » (Mayer et Perrineau, 1992, p. 114-115) et partagent une opinion commune, ce qui n'est pas le cas dans le second. Il met donc en valeur ce qu'on appelle aujourd'hui l'opinion publique. Enfin, il pense que le travail de suggestion collective et le pouvoir des meneurs sont d'autant plus prégnants qu'ils proviennent d'individus sectaires, eux-mêmes issus de groupes organisés, partis ou syndicats par exemple.

De nos jours encore, on ne peut nier que la réussite de l'action collective soit grandement dépendante de la présence de *leaders*. Ceux-ci, en effet, « offrent aux groupes mobilisables la possibilité de passer à l'acte et [...] tentent de leur assigner des buts collectifs » (Lagroye, 1993, p. 307). Qui sont ces *leaders*? Ils peuvent être divers mais, parmi eux, les intellectuels sont amenés à jouer un rôle significatif : qu'on pense à l'action des juristes, des journalistes ou des philosophes pendant la Révolution française, ou à l'influence de Jean-Paul Sartre sur les mouvements gauchistes des années 1960-1970 ! Gardons-nous, toutefois, d'exagérer leur importance. D'ailleurs, qu'est-ce qu'un intellectuel, exactement? Ne sert-il pas, bien souvent, de caution? Et ne sait-on pas s'en débarrasser quand il devient gênant — souvent quand on arrive au pouvoir... —, parfois physiquement, comme c'est le cas, aujourd'hui, en Algérie? De toute façon, des individus ordinaires, ou presque, ne deviennent *leaders* que pour des raisons conjoncturelles. C'est ainsi qu'ils peuvent, lorsqu'un mouvement s'étend, incarner les intérêts communs de plusieurs groupes pourtant sensiblement différents autour de leur personnalité, ou apparaître comme l'incarnation des valeurs et des normes du groupe mobilisé. Ils bénéficient ainsi de ce que Michel Dobry qualifie de « charisme situationnel » (cité par Lagroye, *op. cit.*, p. 308). Par exemple, on peut affirmer que l'autorité charismatique dont bénéficient les imams aujourd'hui, dans de nombreux pays musulmans, est liée au retour en grâce de l'islam, et non le contraire. Dès lors, que la situation se transforme, et apparaissent de nouveaux *leaders*, de nouveaux « hommes de la situation ».

Les travaux de Taine, Le Bon et Tarde trouveront un prolongement chez des psychanalystes comme Sigmund Freud (« Psychologie des foules et analyse du moi », *in Essais de psychanalyse*, 1981, 1re édition en langue allemande : 1921) et des philosophes comme Herbert Marcuse (*L'Homme unidimensionnel*, 1964), sans oublier certains membres de l'École de Francfort.

1.1.2. Les conséquences négatives du changement social

Selon William Kornhauser (*The Politics of Mass Society*, 1959), Seymour Lipset et les sociologues de l'École de Chicago des années vingt, Robert Park et Ernest Burgess, l'urbanisation et la modernisation accélérées de notre société, en réduisant les liens sociaux, fourniraient un terrain favorable aux manipulations des mouvements extrémistes. L'individu serait de plus en plus seul, aliéné, anxieux, sans vrais repères sociaux, en un mot victime d'anomie, mûr pour des actions, non seulement non conventionnelles, mais désespérées et violentes. Il serait d'autant plus démuni que les structures intermédiaires — partis, syndicats, principalement —

susceptibles de jouer un rôle de médiation avec les élites, se désintégreraient. C'est là une affirmation qui peut paraître quelque peu abusive quand on pense à la montée du nazisme en Allemagne. En outre, ces structures intermédiaires ne sauraient être considérées comme les seules à permettre l'intégration des individus. En fait, l'approche du totalitarisme par ces théoriciens de la « société de masse » paraît trop globalisante et ne laisse pas assez de place à la politique.

Smelser, dans *Theory of Collective Behaviour* (1962), affirme aussi que l'émergence d'actions collectives est liée à celle de la société de masse. Mais, en bon fonctionnaliste systémique qu'il est, il avance l'idée que ces actions ont pour fonction de réduire les tensions provoquées par le changement social. Les mouvements sociaux assureraient la régulation du système. Mais suffit-il qu'il y ait des tensions pour que les individus se mobilisent?

1.1.3. La frustration, moteur de l'action collective?

Les théoriciens de la convergence pensent que la mobilisation se produira si les individus, en se référant à des expériences ou à des situations identiques à celles qu'ils vivent, ressentent une frustration. Ainsi, en 1970, Ted Gurr *(Why Men Rebel?)* explique l'action collective par la *frustration relative*, qu'il mesure par l'écart que perçoivent les individus entre le niveau de leurs aspirations et la satisfaction réelle de leurs besoins, et tente d'expliquer comment elle peut devenir violence politique. Il établit même une typologie de la mobilisation selon son étendue et son degré d'organisation : les émeutes et soulèvements populaires *(turmoil)*, peu structurés et généralement spontanés ; les actions ponctuelles minoritaires *(conspiracy)*, comme les complots et les attentats politiques ; et « la violence organisée à grande échelle, ou *international war*, associant les masses aux élites et visant à renverser le régime ou abattre l'État (guerre civile, révolution) » (Mayer et Perrineau, 1992, p. 117). James Davies, en 1962, dans *Toward a Theory of Revolution*, démontre ainsi que la révolution russe était inéluctable, le décalage entre les attentes des individus et leur niveau réel de satisfaction n'ayant cessé de croître au XIXe siècle. Mais, après coup, n'est-il pas facile de refaire l'histoire? Et doit-on réellement admettre qu'il y a un lien mécanique entre le décalage ainsi mis en évidence et la mobilisation des individus? Ce serait faire peu de cas du degré de légitimité du pouvoir et de sa capacité de répression.

1.1.4. La mobilisation, fruit de la lutte des classes?

Pour Marx, pour que se produise une action collective, il faut, d'abord, qu'il y ait, entre les individus, des intérêts communs liés eux-mêmes à un contexte économique et social et des rapports de production particuliers. Il faut, ensuite, une prise de conscience de ces intérêts, prise de conscience que peuvent faciliter les organisations politiques et qui doit déboucher sur l'action collective. Ainsi, le développement économique capitaliste entraîne une dégradation croissante des conditions de travail et une aggravation des inégalités. Dans ces conditions, la mobilisation des opprimés (le prolétariat), contre leurs exploiteurs, est nécessaire et inéluctable.

D'une certaine façon, c'est aussi l'opinion de Lorenz von Stein, l'inventeur, dès 1850, de l'expression « mouvement social », pour qui le mouvement ouvrier et ses efforts pour s'émanciper constituent le moteur du progrès social, car ils doivent déboucher sur des réformes sociales ou, à défaut, sur une révolution qui les imposera.

1.2. *Les théories de la mobilisation des ressources*

Dans les années 1960, les théories qui précèdent, dites « du comportement collectif », sont mises en cause par la multiplication de mouvements sociaux d'un nouveau genre (pour la libération sexuelle, contre la guerre du Vietnam, pour l'égalité des sexes, etc.), par le développement des sondages, qui autorisent l'analyse des comportements électoraux en termes stratégiques, et par l'irruption, en sociologie, des travaux des économistes de l'école des choix rationnels pour qui ces mouvements sont le fruit de comportements volontaires. Dans cette optique, l'analyse s'est développée en suivant deux orientations : l'une plutôt « économique » en ce sens qu'elle s'inspire, à la suite d'Olson, des travaux de l'école du *Public Choice*, et l'autre plus « politique ».

1.2.1. Les approches de type économique

Il faut, pour mobiliser les membres d'un groupe, que les intérêts pour l'action collective envisagée soient suffisamment forts. Or, aux yeux des tenants de l'individualisme méthodologique, ces conditions ne sauraient suffire, du moins dans le cadre de grands groupes comme des syndicats ou des associations de consommateurs, et il est faux de croire que l'action de ces groupes découle d'un comportement rationnel et intéressé. En effet, si les individus se comportent, comme il leur semble logique, de manière rationnelle, cela risque d'aller à l'encontre de l'action collective. Ils risquent fort de se comporter comme le *free rider* de Mancur Olson (*cf.* chapitre 5). Un individu ne participera à l'action collective, sauf à y être obligé, que si celle-ci lui procure des satisfactions individuelles. Ce peuvent être, d'abord, des avantages symboliques, la participation à l'action collective relevant de motivations aussi différentes que le divertissement ou la considération de soi. Nous avons évoqué, dans un précédent chapitre, les différentes formes de rétribution des militants. Nous pouvons aussi, ici, évoquer le système du *closed shop* qui, dans certains pays (États-Unis et Grande-Bretagne) et/ou certaines activités (celle des dockers en France), réserve des emplois aux seuls syndiqués. Faut-il préciser que, dans ces conditions, le taux de syndicalisation y est particulièrement élevé?

Dans l'approche olsonienne, l'acteur est plutôt passif. Il sera d'autant plus actif qu'il fait partie d'un petit groupe où la pression qui pèse sur lui se fait plus forte. Il n'empêche que, si les petits groupes sont en général plus efficaces que les grands, malheureusement pour leurs membres leur activité s'arrête avant que le niveau optimal, pour l'ensemble d'entre eux, ne soit atteint. Dans son prolongement et à contre-courant de ce que Mayer et Perrineau appellent les « approches psychologisantes et spontanéistes » (Mayer et Perrineau, 1992, p. 123) du début du chapitre, certains auteurs proposent une approche encore plus nettement économique de la mobilisation. C'est même une approche entrepreneuriale que proposent John Mac Carthy et Mayer Zald en 1973 dans *The Trends of Social Movements in America. Professionalization and Resource Mobilization*. Il ne s'agirait ni plus ni moins que de « produire » des mouvements sociaux. Ces auteurs raisonnent toujours en termes d'offre et de demande, de coûts et d'avantages, mais ils intègrent le contexte dans lequel doit se faire la mobilisation. Pour eux, les organisations qui encadrent les mouvements sociaux ont un rôle essentiel, celui de mobiliser les ressources les plus diverses : internes (adhérents, argent, presse, réseaux associatifs), certes, mais aussi externes (opinion publique ou membres du gouvernement). Ces organisations seraient de plus en plus professionnalisées, «comme si la contestation était en train de devenir un métier, selon le même processus de rationalisation et de bureaucratisation que celui que décrit Max Weber à propos des activités politiques conventionnelles» (*ibid*, p. 124), au point que Mac Carthy et Zald n'hésitent pas à les regrouper en branches, et les branches en secteurs comme on le fait en économie pour les activités de production. À leurs yeux, on l'aura saisi, leurs *leaders*, véritables entrepreneurs de la politique, jouent un rôle de tout premier plan. On aura compris aussi que cette approche est très organisationnelle et qu'elle n'a guère de dimensions psychologiques, culturelles et politiques, et qu'elle fait peu de cas d'éventuelles interactions.

La dimension interactionniste apparaît chez Albert Hirschman dans *Exit, Voice and Loyalty* (1970) et sera développée dans *Bonheur privé, action publique* (1982). L'idée de base est que chacun peut manifester son mécontentement de trois manières : la défection (*exit*), la prise de parole (*voice*) ou la fidélité (*loyalty*) que l'on peut interpréter, à l'instar de Guy Bajoit, soit comme une fidélité de conviction, soit comme de la résignation/passivité. L'action collective, dès lors, proviendra des protestataires qui veulent faire entendre leur voix, de leur capacité à s'organiser et, au-delà, à sortir les loyaux et les apathiques de leur passivité (Bajoit, 1988).

Anthony Oberschall, dans *Social Conflict and Social Movement* (1973), prolonge les analyses précédentes. Comme Olson, il pense que l'action collective dépend des avantages attendus, mais insiste sur la différence d'avantages auxquels peuvent prétendre les *leaders* et la base. Comme Mac Carthy et Zald, il fait valoir que l'organisation des mouvements collectifs est essentielle, affirmant que, contrairement à ce que prétendent les théories sur la société de masse, les groupes les plus facilement mobilisables sont les plus organisés. Mais en plus, il insiste sur la nécessité de prendre en considération la double dimension des liens sociaux : *horizontale*, quand il s'agit des sentiments de solidarité propres au groupe social, et *verticale*, pour le degré d'intégration. Cela lui permet de distinguer deux niveaux d'organisation. Le premier correspond à la nature des liens sociaux : s'ils sont forts, il s'agit de liens «communautaires» (il y a de nombreux intérêts communs et un sentiment aigu d'appartenance, ce que l'on peut trouver dans les associations ou les groupes religieux et professionnels). Le second correspond au degré d'intégration entre les différentes collectivités : s'il est faible, on dira qu'il y a segmentation, et les groupes seront plus facilement mobilisables. En combinant ces deux variables, on obtient une typologie des collectivités représentée dans le tableau *infra*.

De manière générale, plus l'intégration est forte, moins il y a de chances que se produisent des mouvements sociaux. Au contraire, une forte segmentation est favorable aux conflits et à la mobilisation, surtout si elle concerne un groupe constitué solidaire et mal organisé, voire pas intégré à la société. Dans les sociétés segmentées, les groupes sont plus facilement mobilisables dans la mesure où ils doivent «compter sur leurs propres forces et susciter leurs propres élites» (Mayer et Perrineau, 1992, p. 124). Ainsi, le mouvement d'émancipation des Noirs, aux États-Unis, au début des années 1960, a été différent dans le sud (case *F* du tableau ci-après) de ce qu'il a été dans le nord (case *E*). Dans le sud, la communauté noire était fortement encadrée par l'Église dont l'action, non violente, était soutenue par l'Administration et les élites blanches intellectuelles. Une élite noire s'était même constituée. Au nord, alors que s'ébauchait une classe moyenne noire, les ghettos et l'échec de la lutte contre la pauvreté constituaient un terrain favorable à l'éclatement d'émeutes, d'ailleurs sans lendemain, puisqu'il n'y avait pas d'organisation-relais et que cette communauté était fragmentée.

Types de collectivités et capacité de mobilisation selon Oberschall

DIMENSION HORIZONTALE / DIMENSION VERTICALE	Organisation de type communautaire	Absence d'organisation	Organisation associative
Société bien intégrée verticalement	*A* Doléances relayées par les *leaders* naturels : probabilité de mobilisation faible.	*B* Pas de conscience collective : peu de chances de mobilisation.	*C* Doléances transmises par *lobbying :* peu de chances de mobilisation.
Société segmentée	*D* Communautés fortement organisées mais coupées des strates supérieures (structures tribales) : probabilité de mobilisation forte et violente.	*E* Ni organisation, ni *leaders :* risques de mobilisation de type « émeute ».	*F* Organisation du type jacobin pendant la Révolution française : probabilité de mobilisation forte.

Sans doute le modèle d'Oberschall a-t-il le mérite de montrer que « la structure du groupe et la solidarité sont des composantes inhérentes à la théorie de la mobilisation » (Chazel, 1992, p. 252), mais, ne serait-ce que pour tenir compte que la violence ne découle pas nécessairement de contraintes structurelles, ne nécessiterait-il pas un complément en termes stratégiques? En outre, l'intégration peut correspondre à des situations très diverses et le cas *A* peut inclure des situations de dépendance aussi bien que de représentation. Par ailleurs, Oberschall semble peu se soucier des motivations des acteurs, en particulier de leur perception de la situation : sans doute aurait-il dû intégrer, dans sa conceptualisation, une dimension politique.

1.2.2. Des approches plus politiques

Charles Tilly, dans son propre modèle (*From Mobilization to Revolution*, 1978), intègre l'environnement sociopolitique de la mobilisation, à travers le système institutionnel, les opportunités offertes à la partie en lutte et la répression qu'elle risque d'affronter. Pour lui, la contestation rythme la vie sociale et la lutte de ces trois catégories d'acteurs pour prendre ou garder le pouvoir est au centre des actions collectives (Tilly, 1986). Cette lutte met aux prises trois catégories d'acteurs :

- l'*establishment :* les défenseurs (*defenders*) du système ;
- au sein même du sérail, les prétendants (*contenders*) ;

(les contestataires violents [*challengers*]).

Sa vision, que l'on retrouve chez Michael Lipsky, est plus politiste, plus « clausewitzienne », que celle d'Oberschall dans la mesure où la mobilisation y est analysée comme la prolongation de la politique par d'autres moyens. Elle dépend d'éléments (intérêt, occasion, organisation, action) qui, à un moment donné de l'histoire, se conjuguent.

Frances Piven et Richard Cloward, quant à eux, adoptent une approche spontanéiste qui, si elle fut à la mode chez nombre d'intellectuels il y a quelques années, ne semble guère vérifiée. En effet, ils dénigrent le rôle des organisations qui, selon eux, affadiraient l'action collective qu'ils expliquent plus par le sentiment d'injustice que les individus peuvent ressentir quand le changement social est rapide que par la réalité de leurs privations.

On le constate, les courants de la mobilisation des ressources sont très divers, mais pèchent, en général, par une double imprécision à propos de ce qu'ils entendent par « ressources » et des explications qu'ils donnent de l'engagement individuel. Ainsi, certains modèles donnent un rôle important à l'entrepreneur politique, mais n'expliquent pas les raisons pour lesquelles on le devient.

1.3. *Les modèles « culturels », ou le « paradigme identitaire »*

Les trente dernières années ont été marquées par l'apparition de mouvements sociaux d'un nouveau genre qui ont mobilisé sur de nouveaux thèmes : féministes, régionalistes, écologistes. Le féminisme est typique de ces nouveaux mouvements. On peut considérer que sa date de naissance est 1949, année de parution d'un ouvrage de Simone de Beauvoir, *Le Deuxième Sexe*, qui connaîtra un retentissement exceptionnel. Il faut dire qu'en France, où Marianne, le symbole de la République, est pourtant une d'entre elles, les femmes viennent juste de voter pour la première fois — le 29 avril 1945. Elles ne peuvent pas encore user de contraceptifs, ni avorter, ni même choisir une profession. Ce n'est qu'en 1965 qu'elles obtiennent une extension significative de leurs droits civils, et en 1967 l'autorisation d'utiliser la pilule contraceptive. En 1970, est créé un Mouvement de libération de la femme (MLF). Dans *Le Nouvel Observateur* du 5 avril 1971, paraît un texte réclamant la légalisation de l'avortement dont les signataires, dont certaines sont parmi les plus célèbres, reconnaissent y avoir eu recours clandestinement : leur appel reste connu comme le « Manifeste des 343 salopes ». Après bien des péripéties, le 14 décembre 1974, Simone Veil, ministre de la Santé, fait adopter à l'Assemblée nationale la loi dépénalisant l'avortement. Le combat du MLF sera ensuite celui de la reconnaissance du viol comme étant un crime (loi de 1980). Enfin, il faudra attendre 1991, près de cinquante ans après qu'on ait accordé le droit de vote aux femmes, pour que le gouvernement de la France soit dirigé par l'une d'entre elles : Édith Cresson.

Les nouveaux mouvements sociaux (NMS) ne semblent pas avoir de base sociale ferme, bien que Claus Offe y voie l'expression de la nouvelle classe moyenne. Transgressant les structures sociales habituelles, ils forgent, par là même, de nouvelles identités collectives. Organisés dans le cadre de petites unités décentralisées et peu hiérarchisées qui agissent au coup par coup de façon informelle en faveur de revendications maximalistes, ils paraissent avoir plutôt comme objectif de sensibiliser l'opinion que d'obtenir des résultats immédiats.

1.3.1. Les NMS dans la sociologie de Touraine

Pour ce disciple de von Stein, le mouvement social est une « action collective organisée par laquelle un acteur de classe lutte pour la direction sociale de l'historicité dans un phénomène historique concret » (Touraine, *La Voix et le regard*, Paris, Seuil, 1978, p. 109), l'historicité pouvant se définir comme la capacité qu'aurait la société d'agir sur elle-même (*cf.* encadré *infra*). Un mouvement social ne peut se produire que si les trois éléments suivants sont réunis : un acteur de classe qui affirme son identité, un adversaire qui s'oppose à lui, et un enjeu. Concernant ce dernier, si les adversaires s'accordent sur un phénomène comme la nécessité de l'industrialisation, ils s'opposent sur son organisation et la répartition de ses fruits. Chez Touraine, les mouvements sociaux procèdent bien de conflits de classes, mais la société n'a cessé de se transformer. Jadis agraire, ensuite marchande, puis industrielle, elle serait aujourd'hui postindustrielle. Dans notre société technocratique, la « direction sociale » n'appartiendrait plus seulement, comme autrefois, à la bourgeoisie traditionnelle, maîtresse du capital, mais à ce que l'universitaire réunionnais René Squarzoni appelle la « bourgeoisie du savoir » qui domine, par la maîtrise de l'information, toute la société. En raison de cette situation nouvelle, de nouveaux acteurs sociaux — femmes, immigrés, étudiants, écologistes… — apparaissent pour animer des luttes, contre le capitalisme ou la bureaucratie en particulier. Il s'ensuit que différents types de conflits sont aujourd'hui possibles, déterminant différentes catégories de NMS :

▲ si un conflit oppose des visions antagonistes de la modernité, le mouvement est culturel ;

▲ s'il oppose des groupes sociaux qui veulent transformer un modèle culturel en organisation sociale, le mouvement est social ;

▲ s'il met aux prises des groupes sociaux qui veulent diriger la société, le mouvement est historique.

Le paradigme actionniste

L'argumentation peut être résumée à travers trois propositions :

▲ Au cœur de l'analyse : le concept d'historicité. La réflexion porte alors sur la « capacité d'une société à produire ses propres règles » en donnant un sens à ses pratiques. Cette autoproduction s'opère sous l'angle du conflit.

▲ Le rapport de classes s'avère essentiel et prend des formes différentes selon les contextes.

▲ À chaque système d'action historique (agraire, marchand, industriel ou « programmé »), sont associés un processus d'accumulation, un mode de connaissance et un modèle éthique et culturel.

Dans les « sociétés économiquement les plus avancées », de vives tensions se font jour entre ressources et orientations, ordre et mouvement.

De ces oppositions entre sphère de la production et sphère de la consommation, structures hiérarchiques et forces de créativité, vont naître de nouvelles aspirations : la jeunesse, par exemple, ou les intellectuels vont réclamer un accès aux décisions dont ils sont (ou dont ils se sentent) exclus. À la variable PCS se substituent d'autres « catégories » :

▲ l'âge (les étudiants, les retraités) ; ▶

▶ ▲ le sexe (le féminisme, les luttes pour ou contre l'avortement) ;

▲ la localisation géographique (le régionalisme, la décentralisation, le retour au pays) ;

▲ la qualité de vie (le consumérisme, l'écologie).

Les conduites collectives ne deviennent mouvements sociaux que si certaines conditions sont satisfaites, comme la prise en compte des organisations (administrations, entreprises et autres « agences ») et des institutions (instruments de contrôle et de légitimation, mais aussi lieux de discussion et de négociation). Il ne s'agit donc pas uniquement de défendre ou d'aménager, mais de créer ou de transformer. Trois principes sous-tendent l'argumentation :

▲ l'identité *(I)* : reconnaissance de sa spécificité ;

▲ l'opposition *(O)* : présence d'un adversaire ;

▲ la totalité *(T)* : contre-projet, alternative.

Plusieurs configurations sont admissibles. Lorsque le champ *T* est contesté (songeons à l'*apartheid*), les représentations et les enjeux se radicalisent. Si au contraire les règles du jeu sont conservées, les protagonistes peuvent préférer le *statu quo* ou modifier leurs alliances ou leurs stratégies.

La lutte antinucléaire permet de mieux comprendre cette dialectique entre champs et acteurs. Au départ : la peur de la radioactivité, le risque d'accident dans les centrales et la dénonciation des dégâts occasionnés par la croissance économique (pollution, dégradation de l'environnement). Par la suite, un affrontement avec l'État, maître d'œuvre du programme incriminé. Plus généralement, une « convergence » avec d'autres mouvements dénonçant le pouvoir des monopoles (consumérisme), le poids de l'administration centrale (régionalisme), la mainmise sur l'information (radios libres).

Source : Gilles Ferréol et Philippe Deubel, 1993, p. 109-110.

1.3.2. Le modèle d'Inglehart (*cf.* schéma *infra*)

Pour Ronald Inglehart (*The Silent Revolution*, Princeton University Press, 1977), ce sont les changements culturels qui sont les facteurs principaux de l'action collective. En effet, les besoins se multiplient avec le développement.

C'est quand les besoins élémentaires, physiologiques, pour l'essentiel, sont satisfaits que sont valorisés des besoins supérieurs, non matériels, des « besoins d'aspiration », pour reprendre une expression de Paul-Henri Chombard de Lauwe, d'ordre intellectuel, esthétique, éthique ou identitaire, ceux dont la satisfaction permet la réalisation de soi. Or, les pays de l'OCDE, après la Deuxième Guerre mondiale, ont connu une forte croissance économique accompagnée de changements dans la répartition d'une population active de plus en plus instruite et d'une stratification sociale de plus en plus complexe. Dès lors, les conflits sont moins des conflits de classes que des mouvements revendicatifs qui s'orientent vers des valeurs que Inglehart qualifie de « postmatérialistes » : ce sont les mouvements étudiants — mai 1968 en France — ou féministes, les mouvements des droits civiques ou ceux qui militent pour la protection de l'environnement. Les revendications ne proviennent plus de « pèlerins », matérialistes, elles proviennent de *free riders*, postmatérialistes : les premiers savaient qu'un sou est un sou, les seconds appartiennent à la « bof génération » ou génération *cocoon*… Quelle que soit la zone géographique, les valeurs postmatérialistes triomphent dans les années 1960 au sein de certaines franges de la population, singulièrement chez les intellectuels. D'ailleurs, le « postmatérialisme » est un effet de génération : plus on est jeune, plus on est postmatérialiste, comme le montre l'Eurobaromètre publié par l'Union européenne, donc plus enclin que les adultes à participer à la vie politique de façon non conventionnelle — qu'on songe aux mouvements écologistes, antinucléaires ou/et pacifistes ! — et plus méfiant à l'égard des partis, bien qu'on se situe politiquement plutôt à gauche.

Changements culturels et action collective

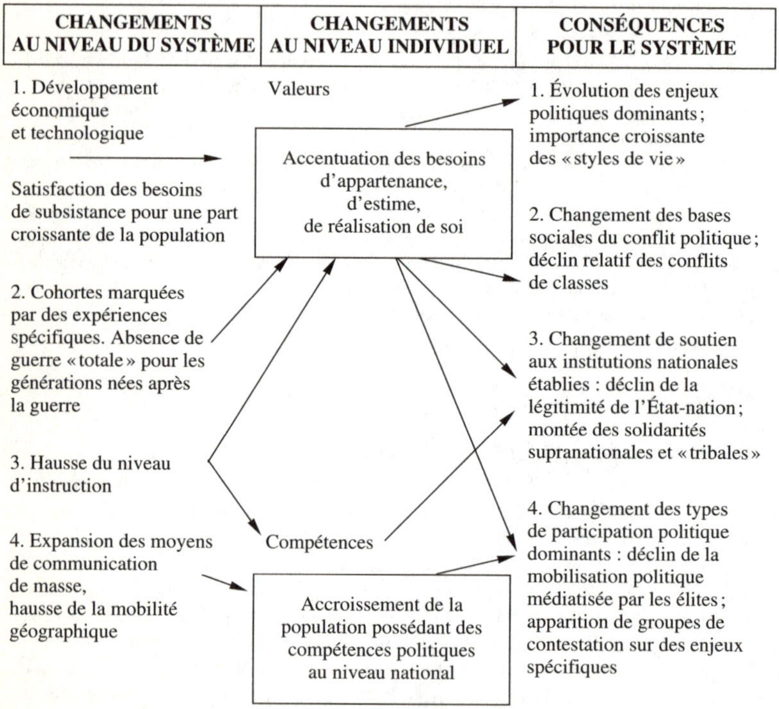

Source : D'après Inglehart, *The Silent Revolution*, *op. cit.*, p. 5.

Des études récentes et nombreuses confirment les observations d'Inglehart. Ainsi, des enquêtes sur l'« action politique » *(political action)* menées aux États-Unis, dans les années 1970, sous la direction de Samuel Barnes et Max Kaase, montrent que les citoyens, à la fois mieux informés, plus instruits et plus politisés, font des demandes qui ne sont pas prises en compte par l'appareillage politique et syndical traditionnel. Ces études montrent qu'ils sont prêts à les faire sous forme de manifestations, certes, mais aussi de pétitions, de *boycotts*, de grèves des loyers, de grèves sauvages avec occupation de locaux, voire, pour une infime minorité, d'actions violentes. L'analyse des formes d'action et de la proportion de personnes qui les envisagent conduit les auteurs de ces études à distinguer cinq groupes d'individus :

▲ les « inactifs », dont l'activité politique se borne à lire le journal de temps à autre ;

▲ les « conformistes », qui n'approuvent aucune des formes d'action mentionnées ci-dessus (un cinquième de l'effectif) ;

▲ les « réformistes », qui se satisfont de formes « bénignes » — *boycott*, manifestation — d'action non conventionnelle ;

▲ les « activistes », qui rallient les formes plus radicales mais restent à même de voter ; avec les précédents, ils constituent 50 % de l'effectif interrogé ;

▲ les « protestataires », qui acceptent d'envisager les formes les plus radicales de participation non conventionnelle, mais refusent les modes de participation conventionnels : leur intérêt pour la politique est élevé, tout comme leurs revenus et leurs diplômes.

Ces études, dont les résultats ont été confirmés dans diverses enquêtes effectuées dès les années 1970 en Allemagne, en Autriche, aux Pays-Bas et au Royaume-Uni, montrent l'importance de la variable « âge ». Elles montrent aussi le caractère rationnel et stratégique des choix des personnes interrogées.

Pour la France, on retrouve des conclusions semblables dans l'enquête de 1988 du CEVIPOF (*cf.* Mayer et Perrineau, *op. cit.*, p. 132 *sq.*) :

▲ 66 % des personnes interrogées sont d'accord pour faire grève ;

▲ 50 % sont prêtes à participer à des manifestations ;

▲ 28 % occuperaient un bâtiment administratif ;

▲ 5 % peindraient des slogans sur les murs ;

▲ 1 % serait prêt à occasionner des dégâts matériels.

Potentiel protestataire et participation conventionnelle en France
(1988)

		PARTICIPATION CONVENTIONNELLE	
		Faible	Forte
POTENTIEL PROTESTATAIRE	Faible	Passifs 25 %	Conventionnels 26 %
	Fort	Protestataires 22 %	Activistes 27 %

Source : CEVIPOF, *in* Mayer et Perrineau, 1992, p. 133.

D'après le CEVIPOF, près de 50 % d'entre elles ont un potentiel protestataire moyen ou fort, ce qui n'est pas nécessairement contradictoire avec le fait d'accepter des formes conventionnelles de participation, comme le montre le tableau ci-dessus où l'on retrouve les catégories de Barnes.

Plusieurs observations peuvent être faites :

▲ Ce sont plutôt les jeunes des classes moyennes salariées qui sont ouverts à la fois à la possibilité de participer de façon conventionnelle à la vie politique et aux valeurs postmatérialistes : ce sont donc eux qui constituent le gros bataillon des activistes.

▲ Ceux qui s'estiment politiquement compétents — 58 % de l'échantillon — ont un plus fort potentiel protestataire que ceux qui ne s'estiment pas compétents.

▲ Ce sont les personnes âgées de plus de 40 ans qui sont le moins favorables — à concurrence de 35 % — aux formes de participation protestataires.
▲ Le sexe a peu d'influence en ce domaine : 48 % des femmes interrogées sont favorables aux formes protestataires contre 51 % des hommes.
▲ Le potentiel protestataire augmente avec le niveau de diplôme quel que soit l'âge.
▲ Les variables de position, indépendamment du niveau de diplôme, jouent un rôle modeste, d'autant que ce niveau est souvent lié à d'autres variables, comme l'âge ou le niveau de diplôme. Plus précisément, 67 % des scolaires, 57 % des actifs et 56 % des chômeurs ont un potentiel protestataire ; il en est de même pour 45 % des femmes au foyer et seulement 29 % des retraités. Les cols blancs ont un fort potentiel, les cols bleus un peu moins — mais leur comportement diffère suivant la taille de l'entreprise ; quant aux artisans et commerçants, leur potentiel est faible sauf quand il s'agit des impôts. Plus la taillé de la commune de résidence est faible, plus le potentiel est faible. Plus le revenu est élevé, plus il est fort. En fait, il est clair que plus la position sociale est élevée, plus les potentialités sont importantes, comme le montre le tableau ci-après, où figure une échelle de position sociale graduée de 0 à 3, de la position la plus modeste à la plus élevée.

Potentiel protestataire et position sociale
(France, 1988)

	POSITION SOCIALE				
	0	**1**	**2**	**3**	**Ensemble de l'échantillon**
POTENTIEL PROTESTATAIRE	44 %	55 %	58 %	59 %	49,5 %

Source : CEVIPOF, *in* Mayer et Perrineau, *op. cit.*, p. 137.

▲ Le degré d'intégration semble être une variable peu pertinente, même si les célibataires sont plus protestataires que les mariés, de même que les enfants d'immigrés par rapport aux citoyens de souche et les « sans religion » par rapport aux catholiques pratiquants.

De toutes ces observations, on peut conclure que ce potentiel est le fruit d'une volonté d'engagement, surtout des personnes qui sont tout à la fois attachées aux acquis sociaux et hostiles aux valeurs les plus traditionnelles. Il est le fait d'individus qui montrent de l'intérêt pour la politique et, curieusement, une certaine indulgence à l'égard de la classe politique, ce qui pourrait signifier que les protestataires cherchent à mieux faire fonctionner le système politique. On arrive à une conclusion semblable quand on observe qu'ils sont plutôt proches des partis « de gouvernement » : le comportement protestataire serait-il une façon de légitimer le système dominant tout en montrant sa différence? Ne serait-ce pas une sorte de participation infrapolitique? Le CEVIPOF conclut qu'avec les protestataires, « on a affaire à un ensemble politique jeune, instruit, qui n'accepte pas que sa volonté d'expression passe par les seules filières officielles de la démocratie représentative », ce que de nombreux mouvements récents ont montré en France : ceux des médecins en 1983, des camionneurs en février 1984, des défenseurs de l'école privée en juin de la même année, des étudiants en novembre-décembre 1986, des cheminots en décembre 1986 et janvier 1987, des infirmières au cours de l'hiver 1988-1989 (voir l'encadré *infra*), des lycéens en novembre 1990, à nouveau des camionneurs au cours de l'été 1992 et de l'automne 1997.

Un mouvement social sexué : la contestation des infirmières

En quelques années, l'infirmière est devenue une figure emblématique nouvelle, symbolisant les nouvelles formes d'action collective [...].

Le point de départ de la mobilisation est une manifestation, à l'appel de l'UNISSIF, qui se déroule le 29 mars 1988 contre un arrêt de décembre 1987 (dit décret Barzach) autorisant la candidature au concours d'entrée des écoles d'infirmières à toute personne ayant cotisé pendant cinq ans à la Sécurité sociale. Cet arrêté est perçu comme une menace de dévalorisation de la profession, puisque, jusqu'alors, était exigé le niveau du bac [...].

Le mouvement de 1988 présente deux caractéristiques majeures. La première est l'importance de la mobilisation, d'autant plus frappante qu'elle est le fait d'une histoire qui n'est que faiblement marquée par les conflits. La seconde est la forme organisationnelle structurant la mobilisation : la coordination « non syndicale ». Son rôle moteur a fortement contribué à la visibilité sociale, politique et médiatique du mouvement.

C'est par la coordination que s'exprime le caractère spécifiquement infirmier d'un mouvement clairement orienté vers une demande de reconnaissance professionnelle, comme le traduit un des tracts appelant à la manifestation du 29 septembre 1989 : « Infirmière, nous écrivons en ce moment un nouveau chapitre pour la reconnaissance de nos compétences, de nos responsabilités et de nos droits. »

Le premier est celui de la reconnaissance de la « professionnalité » de l'infirmière, ce qui se traduit par la demande d'abolition du décret Barzach et la spécialisation des études. Le deuxième thème est celui de la reconnaissance statutaire de la profession, qui se traduit par la revendication « d'un statut commun intégrant l'ensemble des infirmières salariées ». Enfin, on mentionnera la reconnaissance salariale qui se traduit par la revendication d'une augmentation de salaire de 2 000 francs et un revenu minimal de 8 000 francs en début de carrière. [...]

Surtout, la demande de reconnaissance à part entière de la professionnalité a été relayée par d'autres vecteurs de revendications. Il en est ainsi des slogans. Deux d'entre eux, parmi les plus emblématiques et les plus largement repris, sont particulièrement significatifs : « Ras la seringue » et « Ni bonnes, ni connes, ni nonnes » [...]. Les images à partir desquelles sont construits les slogans sont clairement féminines, soulignant la correspondance entre l'image de la profession infirmière et les qualités « naturelles » attribuées aux femmes. Par cette correspondance, le mouvement, qui peut par là être caractérisé comme un « mouvement social sexué », affiche ostensiblement sa volonté de rupture avec l'image de l'infirmière dévouée et obéissante.

Source : Patrick Hassenteufel, « Les automnes infirmiers (1988-1992) : dynamique d'une mobilisation », *in* Olivier Fillieule, dir., 1993, p. 93-96 et 99.

Les modèles culturels que nous venons d'évoquer se préoccupent d'expliquer les NMS. Sans doute y a-t-il eu récemment des formes réellement nouvelles de mouvements sociaux. Mais on ne saurait oublier qu'il y a des mouvements sociaux depuis longtemps et que leur forme a constamment évolué. Tilly, dans *La France conteste*, nous rappelle que, dès le XVIIe siècle, il y avait déjà des sabotages, des cortèges « tendancieux » ou des charivaris : à chaque fois qu'une société traverse une période d'incertitude culturelle, comme c'est le cas depuis une vingtaine d'années, des NMS se développent, qui sont amenés, à terme, à se transformer en s'institutionnalisant, comme l'a fait le mouvement écologiste, voire à disparaître. Le développement du capitalisme en a vraisemblablement multiplié les formes. Voyons précisément une de ces formes de protestation un peu plus en détail.

2. Un exemple : la manifestation

Participer à une manifestation, c'est-à-dire défiler en groupe, lentement, presque solennellement, sur la voie publique pour faire avancer ses revendications, est aujourd'hui tout à fait commun dans les démocraties occidentales. Or, manifester comporte des risques. Le risque est d'abord physique, bien sûr, avec l'éventualité de se heurter aux forces de l'ordre, voire à une population ou à des contre-manifestants hostiles. Ce risque est désormais assez réduit dans nos sociétés où la manifestation est reconnue par l'ensemble des acteurs sociaux comme un mode normal de protestation. Mais le manifestant risque aussi de devoir affronter une certaine hostilité de la part de personnes qui le connaissent, même si, par ailleurs, il souhaite montrer son engagement à ses proches. Ce second risque est d'autant plus grand que la mobilisation ne concerne que peu de personnes, qu'il s'agit donc d'une « micro-mobilisation » (Favre et Fillieule, 1994, p. 115) où le manifestant n'est pas noyé dans la masse. Et c'est de plus en plus souvent le cas. Pourtant, les manifestants ne manquent pas. Quelles peuvent être leurs motivations? L'envie — pourquoi pas? — de participer à ce qui peut être considéré comme une fête collective ou un moment historique; sans nul doute, l'espoir du succès de ses revendications; mais aussi — surtout? — l'affirmation publique d'un engagement politique ou d'une fidélité à un parti.

2.1. *Un indicateur de l'engagement politique*

Il faut attendre 1971, et la recherche intitulée *Political Action* effectuée dans plusieurs pays, pour que les comportements protestataires soient étudiés en tant que forme de participation politique (*cf.* Samuel Barnes et Max Kaase, *Political Action. Mass Participation in Five Western Democraties*, 1979). Encore se contente-t-elle d'analyser des sondages (alors qu'aujourd'hui, on peut disposer, pour un travail plus en profondeur, des archives de la police), et ne perçoit-elle dans la manifestation qu'une extension du répertoire d'actions des citoyens. Selon les auteurs de l'étude, en effet, de nouveaux modes d'action apparaîtraient peu à peu, s'éloignant des normes traditionnelles et accroissant la capacité des individus à exprimer leurs opinions politiques.

Pierre Favre et Olivier Fillieule contestent cette approche. Ils rappellent que beaucoup d'individus commencent leur activité politique par des actions illégales et affirment que la violence et la transgression des lois ont toujours été, et sont toujours, plus ou moins à l'horizon de toute action protestataire. D'ailleurs, les manifestations existent depuis longtemps : ainsi, c'est à la fin du XIXe siècle, sous la IIIe République, que la population française commence à utiliser couramment la manifestation de rue pour faire pression sur les élus. De plus, il y a encore des manifestations illégales, celles qui ne sont pas autorisées, celles qui ne se déroulent pas selon l'itinéraire prévu officiellement, ou encore celles dont l'ordre de dispersion n'est pas suivi de l'effet escompté et qui s'achèvent dans des troubles envers l'ordre public. La manifestation ne correspond donc pas nécessairement à la norme en matière de participation politique, et si elle est une forme de participation non conventionnelle aisément approuvée en France, elle l'est souvent moins ailleurs, surtout si les manifestants ont recours à la violence. Le fait, il est vrai, est plutôt rare dans les pays démocratiques. En France, il concerne moins de 5 % des démonstrations de rue (Favre et Fillieule, 1994, p. 132). Mais ceux qui y ont recours ne sont pas ceux que le modèle d'Inglehart et l'enquête du CEVIPOF analysée plus haut citent comme étant le plus facilement ouverts à ce type d'action, à savoir des individus appartenant à des couches modernes du salariat défendant des valeurs postmatérialistes. Il est vrai qu'on y met en avant des déclarations d'intention. Dans les faits, Favre et Fillieule montrent au contraire que le recours à la violence provient plutôt de couches sociales défendant des valeurs « matérialistes », des couches sociales souvent modestes ou qui possèdent leur propre répertoire d'actions ainsi qu'une grande capacité à mobiliser leurs activistes, des couches sociales qui, victimes de la mondialisation économique et de la concentration des entreprises, se sentent exclues de la modernisation économique. Ces catégories sociales regroupent :

▲ les agriculteurs, dont la probabilité qu'ils recourent à la violence est très supérieure à la moyenne ;

▲ les salariés d'entreprises en difficulté, les artisans et les commerçants (qu'on se rappelle le mouvement poujadiste des années 1950 en France), pour qui cette probabilité est supérieure à la moyenne ;

▲ les étudiants et les lycéens.

2.2. *Une stratégie*

Une manifestation ponctue généralement une grève. À ce titre, elle est loin de constituer un acte gratuit, puisque, si — cas le plus fréquent — ce sont des salariés qui manifestent, ils prennent sciemment le risque de ne pas être payés pour la période pendant laquelle ils refusent de travailler. En venir à une telle extrémité suppose évidemment un profond mécontentement. Manifester, c'est rendre public ce mécontentement, le montrer aux pouvoirs publics et à l'ensemble de la population en espérant que cela permettra d'aboutir à des mesures concrètes. Manifester fait donc partie d'une stratégie d'ensemble mise en œuvre en vue d'obtenir un résultat. Mieux : son déroulement lui-même obéit à des considérations stratégiques. En somme, elle est, comme la guerre selon Clausewitz, une autre façon de faire de la politique.

2.2.1. Les acteurs

Tous les acteurs de ce que Pierre Favre appelle le « moment manifestant » (Favre, « Manifester en France aujourd'hui », *in* Favre, dir., 1990, p. 18) ne sont pas nécessairement volontaires. Certes, ce sont avant tout les manifestants eux-mêmes, qui défilent à l'appel de leurs organisations, et généralement en groupes distincts qui suivent leurs propres banderoles (on est donc loin de la foule irrationnelle de Gustave Le Bon). Mais il y a aussi :

▲ Le service d'ordre, généralement plus jeune que la moyenne des manifestants, sauf dans les manifestations étudiantes, où c'est le contraire. Souvent fortement syndiqués et/ou partisans, ces «gros bras» appartiennent généralement à des professions ayant l'habitude d'user de la force, comme les bouchers de La Villette au début du siècle, et proviennent souvent de milieux extérieurs aux partis, par exemple les sociétés de gardiennage pour les manifestations du Front national. Quelquefois, ils sont issus des organisations qui manifestent et sont spécialement entraînés pour encadrer les mouvements de rue.

▲ La «nébuleuse» des individus qui se tiennent hors des limites imposées par le service d'ordre, et dont font partie les provocateurs et «casseurs» potentiels.

▲ Le public, qui se trouve sur le parcours de la manifestation et qui pourrait, le cas échéant, s'y joindre.

▲ Les professionnels, au premier rang desquels on trouve les journalistes qui doivent «couvrir la manifestation» et, ainsi, faire connaître au public le plus large, des lecteurs de journaux aux responsables politiques, les revendications des manifestants.

▲ Les forces de l'ordre.

▲ Le «public second», c'est-à-dire ce qu'on appelle aujourd'hui «l'opinion publique», que les manifestants prennent, indirectement, à témoin.

2.2.2. Un rituel politique

La manifestation est une interpellation directe des responsables politiques : le cortège se dirige habituellement vers un lieu symbolique — ministère, préfecture, rectorat, tribunal, etc. — où les manifestants se réunissent pour écouter les discours des organisateurs, après quoi ceux-ci sont, le plus souvent, mandatés pour remettre une motion à l'autorité concernée. Pendant longtemps, les principales manifestations furent de grandes démonstrations de masse organisées par de grandes centrales syndicales ou des partis. Ce type de cortèges, où des manifestants disciplinés défilent en bon ordre derrière de grandes et photogéniques banderoles sous lesquelles marchent les responsables, est loin d'avoir disparu. Mais il y a de plus en plus de manifestations qui portent sur des revendications sectorielles. Ces manifestations, qui sont le fait de petits groupes (de quelques dizaines à moins de mille personnes), sont souvent «dépendantes» (Favre et Fillieule, 1994, p. 126) en ce qu'elles sont associées à un événement extérieur comme la venue en province d'une personnalité politique.

De fait, on ne manifeste pas n'importe comment. La manifestation obéit, en effet, à tout un rituel, dans lequel un ethnologue comme Serge Collet voit même une véritable «culture manifestante». Cette culture inclut d'abord toute une production orale : chansons détournées, figures rhétoriques des slogans (souvent hostiles aux «politichiens»), rythme, le tout modifié en fonction de la conjoncture. Elle comprend aussi une mise en scène complète du corps, avec port de badges, de masques ou de signes d'appartenance détournés, comme les balais dans les manifestations féministes. Mais, quel qu'il soit, ce rituel dépend des résultats attendus de la manifestation.

C'est ce que démontre l'étude minutieuse que Patrick Champagne fait d'une grande manifestation d'agriculteurs, à Paris, le 23 mars 1982, manifestation corporatiste que ses organisateurs, à l'évidence, ont voulu transformer en événement médiatique (Champagne, 1990). L'objectif essentiel était que le mouvement soit populaire auprès du plus grand nombre de Français. Il fallait donc faire en sorte que les manifestants donnent d'eux l'image sympathique, attendue du grand public, du « bon paysan », leur ancêtre ou leur cousin, et que la presse en parle largement et en termes favorables. C'est pourquoi on a assisté à une véritable mise en scène du mouvement paysan, avec la plantation, en une nuit, d'un champ de blé sur les Champs Élysées, à Paris (!), et la distribution de produits du terroir, frais (donc sains) et — forcément — naturels (donc écologiques), en un mot « bien d'chez nous ». De fait, ce que l'on raconte à propos d'un événement est le résultat de la rencontre entre, d'un côté, les caractéristiques du groupe qui se donne en spectacle et, de l'autre, ce qu'en perçoivent les journalistes. La presse relaiera d'autant mieux l'événement que l'adéquation entre ces deux éléments sera plus forte. Dans cette perspective interactionniste, il est nécessaire de prendre en compte les attentes et les représentations des acteurs, sachant que celles-ci peuvent très bien se transformer au cours de l'action.

2.2.3. Essai de typologie

Si toutes les manifestations obéissent à une stratégie, il est clair que celle-ci n'est pas toujours la même, puisque chacune poursuit ses propres fins. Pierre Favre propose d'en distinguer trois types (Favre, 1990, p. 33 *sq*). La première est la « manifestation initiatrice » qui cherche à promouvoir une nouvelle revendication ou un nouvel acteur politique — dans la période récente, les homosexuels. Elle a comme destinataire, en priorité, les personnes de même statut que les manifestants. Ceux-ci sont très motivés mais, généralement, peu nombreux et mal organisés, et doivent compter, avant tout, pour la réussite de leur mouvement, sur sa médiatisation. La deuxième est qualifiée par Pierre Favre de « routinière » : autrement dit, c'est la forme d'expression habituelle d'un groupe fortement structuré et bien organisé, comme un syndicat, qui sait contrôler ses troupes (toujours la guerre selon Clausewitz), lesquelles constituent le destinataire privilégié puisqu'il s'agit de les galvaniser en renforçant les liens communautaires. La troisième et dernière est la « manifestation de crise ». Les objectifs sont précis : par exemple, combattre un projet de loi ; le destinataire aussi : par exemple, le gouvernement. Le public de la manifestation risque d'être très mélangé et l'organisation, souvent mise sur pied par une « coordination », parfois inexpérimentée parce que n'appartenant à aucun mouvement structuré, vite débordée : l'émeute est possible. Généralement, une telle manifestation se place dans une série de manifestations qui s'enchaînent jusqu'à l'aboutissement des revendications. Là encore, quatre cas de figure peuvent être envisagés :

▲ l'accroissement de l'intensité des manifestations, suivi de leur essoufflement progressif ;

▲ le même accroissement régulier, suivi, cette fois, de la satisfaction de la revendication et de l'arrêt du mouvement ;

▲ la répétition de manifestations sur le même thème, mais à des périodes assez éloignées ;

▲ le même schéma répétitif, mais interrompu par une manifestation de grande ampleur.

2.2.4. Quelle efficacité ?

Les chances de succès d'une manifestation semblent toujours quelque peu aléatoires. Pourtant, on peut essayer de les déterminer rationnellement à partir des expériences passées. Le modèle que propose Patrice Mann articule analyse stratégique et mobilisation des ressources en vue de mettre en valeur les raisons pour lesquelles une forte capacité de mobilisation n'est pas nécessairement synonyme de succès, lequel peut très bien découler, au contraire, d'une faible mobilisation (tableau *infra*).

Ainsi, dans le cas III de son schéma, le nombre de manifestants est suffisamment important pour que les organisateurs soient reconnus par les pouvoirs publics comme des interlocuteurs valables sans pour autant sortir vainqueurs de la négociation, comme dans le cas I. En revanche, s'il paraît logique qu'une faible mobilisation débouche sur un échec stratégique (cas IV), on pourrait s'étonner qu'une faible mobilisation puisse déboucher sur un succès (cas II). Il est pourtant possible qu'une telle situation puisse se produire quand la répression subie par les rares manifestants suscite la protestation du « public second », l'opinion publique, qui leur vaut son soutien. Mann propose comme illustration la manifestation du 17 octobre 1961 organisée par des Algériens à Paris et dont la répression, particulièrement violente, fit 200 à 300 morts.

Capacité de mobilisation et chances de succès

CAPACITÉ DE MOBILISATION / RÉSULTAT DE LA STRATÉGIE D'ACTION	Forte	Faible
Positif	**I** Succès de la mobilisation et succès stratégique	**II** Échec de la mobilisation mais succès stratégique
Négatif	**III** Succès de la mobilisation mais échec stratégique	**IV** Échec de la mobilisation et échec stratégique

Source : d'après Patrice Mann, « Les manifestations dans la dynamique des conflits », *in* Favre (dir.), 1990, p. 274-275.

3. Des phénomènes complexes

Nous avons vu, tout au long de ce chapitre, que l'action collective et la mobilisation faisaient l'objet d'une très grande variété d'explications. Nous avons insisté sur ce qui apparaît comme la participation non conventionnelle la plus commune, la manifestation, dont le nombre, en France du moins, augmente régulièrement. Cette progression ne se fait pas dans le cadre de mouvements de masse, mais dans celui de mouvements « de proximité », comme si interpeller ainsi les dirigeants était désormais un mode normal d'engagement politique de la part de citoyens qui refusent de plus en plus de croire en l'efficacité de leurs représentants. En témoigne la baisse du nombre des manifestations dans les périodes de grandes élections — législatives ou présidentielles — ou de graves crises, comme la guerre du Golfe, comme si l'élection primait la manifestation (Favre et Fillieule, 1994, p. 128-130). Dès lors, c'est bien une crise de la représentation que manifesterait l'augmentation de la propension à manifester.

D'autres exemples d'actions collectives entreprises dans la France contemporaine peuvent être cités, mais aussi des exemples de non-participation liée à la misère, qu'elle soit de condition ou de situation, pour reprendre une terminologie de Bourdieu, bien loin de l'attitude stratégique chère à Olson et ses disciples (*cf.* Fillieule, dir., 1993). Il est vrai que les sociétés sont de plus en plus complexes. Toutes sortes de clivages et de relations interfèrent. Il semble donc bien que, là comme ailleurs, saisir la complexité d'un phénomène comme l'action collective nécessiterait une approche qui intégrerait tous les aspects mis en avant par les différents modèles, qu'ils soient psychosociologiques, structurels ou stratégiques.

À RETENIR

▲ Pendant longtemps, on a donné à la mobilisation des explications psychosociologiques : comportement de foules facilement manipulées par des *leaders* plus ou moins charismatiques, sentiments de frustration, ou incapacité à maîtriser les changements sociaux.

▲ Des théories plus récentes mettent en avant la capacité, par les organisations qui les encadrent, de mobiliser des individus plutôt enclins à l'apathie.

▲ L'apparition de mouvements sociaux d'un nouveau genre — pour la reconnaissance des droits des femmes hier, des immigrés sans papiers ou des homosexuels aujourd'hui, par exemple — a suscité de nouvelles approches. Alors que Touraine y voit toujours une forme de la lutte des classes qui mettrait aux prises de nouveaux acteurs, Inglehart insiste sur la satisfaction de nouveaux besoins, plus culturels qu'autrefois, revendiquée par des acteurs plus jeunes et plus cultivés au potentiel protestataire élevé.

▲ Quoi qu'il en soit, la manifestation reste la forme d'action collective la plus fréquente. Son organisation obéit toujours à une stratégie visant à faire pression, directement ou non, sur les détenteurs du pouvoir.

Chapitre 9

L'exercice du pouvoir

SOMMAIRE

OBJECTIFS DE CONNAISSANCE

▲ Comprendre la complexité des circuits qui amènent à la décision et la difficulté à mettre en œuvre des mesures à la fois cohérentes et efficaces.

▲ Saisir le caractère dual de l'exercice du pouvoir politique, le dire et le faire étant étroitement associés.

▲ Appréhender la communication politique sous toutes ses formes, les moyens qu'elle utilise et la manière dont elle s'effectue.

Ni technicien, ni spécialiste de la gestion, l'homme politique exerce un métier à part. Il cherche d'abord à satisfaire les groupes, souvent fort divers, qui l'ont porté au pouvoir et qui le soutiennent. Il cherche aussi, à l'égard de l'ensemble de ses concitoyens, à réduire autant que faire se peut l'écart qui existe toujours entre les perceptions négatives qu'ils peuvent avoir de leur situation et de celle du pays — ou de la région, ou encore de la commune — et l'espoir d'une éventuelle amélioration. C'est qu'il est le représentant de tous, même s'il n'a été élu que par une partie du corps électoral — le président français, même élu de justesse, affirme toujours qu'il est le « président de tous les Français » — et souhaite asseoir sa légitimité sur une base aussi large que possible. Cela signifie qu'il doit travailler à la fois sur le réel et sur l'image qu'en ont ses administrés.

Ce double visage se retrouve dans les principales caractéristiques de l'exercice du métier. Le travail sur le concret suppose que soient prises des décisions et qu'elles soient exécutées. Celui sur les représentations implique l'usage du discours. En bref, le responsable politique doit agir et le faire savoir, et son opposant faire savoir ce qu'il ferait à sa place. « Je dis ce que je fais, je fais ce que je dis », promet Lionel Jospin pendant la campagne des élections législatives de 1997 : on ne peut mieux affirmer que le faire et le dire sont étroitement associés en politique.

1. Décider

1.1. *Une tâche multiple*

Le dirigeant politique, fût-il chef de l'État, ne peut décider de tout, même si la théorie démocratique impute les décisions prises aux gouvernants ou aux représentants du peuple. Aussi le verbe « décider » doit-il être pris dans une acception assez vaste.

En premier lieu, il s'agit rarement de décider seul, mais de participer à des processus de décision en animant des structures dont la réflexion aboutira à la décision. Dans les démocraties contemporaines, l'initiative vient souvent d'en haut. Cela implique, de la part des gouvernants, une bonne connaissance empirique de la société. Il faut donc que les élites ne soient pas coupées du monde « réel », qu'elles en connaissent les attentes et les besoins. Cela requiert aussi un minimum de savoir quant au fonctionnement des pouvoirs publics, ainsi qu'une certaine capacité « à identifier, dans la sphère des catégories dirigeantes, qui fait quoi pour évaluer rapidement représentativité, autorité, capacité de soutenir ou d'entraver » (Braud, 1992, p. 364).

Ce mélange de connaissances sociologiques, juridiques et psychologiques, souvent acquises par la pratique, est d'autant plus important qu'en fait, le responsable politique est plus amené à endosser des décisions prises par d'autres qu'à décider lui-même, des décisions qui, elles-mêmes, sont souvent un compromis entre de nombreux acteurs. C'est ainsi qu'il signe ou contresigne et/ou qu'il déclare prendre la responsabilité de choix effectués par ses collaborateurs ou l'Administration, choix fréquemment dictés par des raisons « techniques » — à moins que ce ne soit dans l'intérêt de leurs auteurs? Et il lui arrive souvent d'« arrêter » une décision, la légitimant politiquement, alors qu'elle est le fruit d'un processus autonome, sur lequel il n'avait aucune prise, et dont, pourtant, il va devoir assumer la responsabilité. Il est vrai qu'il a intérêt à paraître l'auteur des décisions les plus importantes, au risque de les multiplier pour bénéficier, grâce à l'écho qu'elles trouveront dans les médias, des « effets d'annonce ». Tout l'art sera de savoir les expliquer à ceux qu'elles concernent en termes simples et convaincants.

1.2. *« Produire » des politiques publiques*

Les politiques publiques sont des programmes d'actions liées entre elles, présentées comme cohérentes et mises en œuvre par les pouvoirs publics dans un secteur de la société — l'école, l'industrie, le sport, etc. — ou/et un espace géographique, par exemple une région. Chacune d'elles constitue un processus de médiation sociale puisque son objet « est de prendre en charge les désajustements qui peuvent intervenir entre un secteur et d'autres secteurs, ou encore entre un secteur et la société globale » (Muller, 1994, p. 24). Ce qui nous intéresse plus particulièrement ici, c'est comment et par qui les politiques publiques sont décidées, puis élaborées.

1.2.1. Comment analyser l'intervention publique?

On a d'abord pensé que produire une politique était un processus séquentiel. Charles Jones, le premier, dans *An Introduction to the Study of Public Policy* (1970), distingue cinq étapes qui mènent à la résolution d'un problème par les pouvoirs publics : l'identification de ce problème, le développement du programme, sa mise en place, son évaluation et sa terminaison. Si cette approche semble frappée au coin du bon sens, on s'aperçoit, comme souvent, que les choses ne sont pas si simples. D'abord, de nombreux acteurs interviennent à chaque étape. Ensuite, l'ordre des étapes n'est pas nécessairement celui qui est proposé et l'enchaînement n'est pas linéaire. Ainsi, il n'est pas rare que la formulation du problème vienne simplement conforter des décisions déjà prises : en France, par exemple, le choix de produire massivement de l'électricité nucléaire n'a-t-il pas précédé sa justification par la nécessité de réduire la dépendance énergétique du pays? Qui plus est, certaines étapes sont parfois escamotées. Il arrive même qu'elles soient, tout simplement, difficiles à repérer, qu'il s'agisse de la mise en route, qu'il est malaisé de situer précisément, ou de la clôture de l'action, qui suppose le problème résolu : combien de problèmes ayant fait l'objet de mesures gouvernementales sont-ils définitivement résolus?

En fait, il apparaît que les politiques publiques sont plutôt « un flux continu de décisions et de procédures » (*ibid.*, p. 33) et que, finalement, l'approche séquentielle a moins le mérite de donner des réponses que celui de mettre en évidence les questions qu'il faut se poser. Parmi elles, il y a, dans le cadre de la première étape, celle, décisive, de la définition de l'agenda. Elle consiste à se demander pourquoi un problème devient l'objet d'une politique publique. La mise en agenda, dans la mesure où elle dévoile le sens d'une telle politique, mérite un éclairage particulier.

1.2.2. La mise en agenda

L'agenda est le « plan d'action par lequel un organe ou des responsables politiques déterminent la liste des demandes qui leur sont adressées ou des contraintes qu'il faut surmonter » (Hermet, *in* Hermet *et alii*, *Dictionnaire de la science politique*, Paris, Armand Colin, 1996, 1re éd. : 1994, p. 18). La mise en agenda consiste à décider des problèmes qui doivent nécessiter une politique publique. Certes, il y a un agenda institutionnel constitué des questions à résoudre régulièrement, comme le budget qu'il faut mettre sur pied annuellement, mais il y a aussi un agenda conjoncturel où on enregistre chaque nouveau problème qui, dès lors, prend une dimension politique.

Nous avons vu, dans le chapitre 1, qu'un problème social, aussi aigu soit-il, n'est pas politique par nature. Il peut le devenir s'il accède à l'agenda.

1.2.3. Le rôle essentiel des médiateurs

Cette accession ne peut se faire que s'il y a des agents capables de traduire les difficultés que ressent la population concernée et de les formuler dans un langage politique. C'est pour cette raison qu'on les qualifie de médiateurs. Qui sont-ils? Ce sont des élites, syndicales ou politiques, ou des citoyens un tant soit peu organisés qui « définissent une situation comme problématique » et « perçoivent les écarts entre ce qui est, ce qui pourrait être ou ce qui devrait être » (Padioleau, *L'État au concret*, Paris, PUF, 1982, p. 31). Si l'on se réfère au critère « de la ressource sociale qu'ils maîtrisent » (*ibid.*, p. 61), on peut en distinguer trois : les *professionnels*, qui représentent le domaine d'activités concerné, les *élites administratives* et les *élus*, pour qui cette fonction de médiateur a été renforcée en France par la décentralisation.

Leur position est stratégique. En décodant la réalité, ils en fournissent une représentation, une image qu'ils font accepter et même « reconnaître comme vraie » : le « référentiel » (Muller, 1994, p. 66). Mais parce qu'ils font accepter cette vision (la leur), ils se trouvent en position de force pour proposer des solutions (les leurs). À la dimension intellectuelle de leur action, s'ajoute une dimension de pouvoir.

Pour un problème social, les chances d'accéder à l'agenda politique seront encore accrues s'il est étiqueté comme étant du ressort des autorités politiques, si l'intervention de la société politique est réellement attendue et s'il est susceptible de soulever des passions. Mais son inscription sur l'agenda ne lui garantit pas pour autant qu'il fera l'objet d'une politique, car les pouvoirs publics ont maints problèmes à résoudre parmi lesquels ils privilégieront ceux qui leur paraissent les plus urgents. Si, finalement, ils décident de s'y attaquer, les décideurs devront faire un dernier choix, celui des mesures qui leur semblent les plus adéquates.

1.2.4. Les décideurs

Le problème une fois soulevé et la décision prise d'envisager des mesures concrètes, il s'agit de choisir lesquelles. C'est le rôle des décideurs. Ceux-ci changent selon le domaine concerné, mais les principaux appartiennent toujours à certains réseaux qui, au-delà de la division de l'administration en ministères, services, directions ou bureaux, et grâce à la solidarité de leurs membres, assurent une certaine cohérence. Pour la France, ces réseaux correspondent en particulier à ce qu'on appelle les « grands corps » dont l'homogénéité est encore renforcée par le passage de leurs membres par l'ENA ou Polytechnique : Inspection des finances, Cour des Comptes, Conseil d'État, Ponts et chaussées et Mines. Leur « capacité à aborder de manière technique les problèmes politiques et de manière politique les problèmes techniques » (*ibid.*, p. 70) fait d'eux des médiateurs privilégiés entre ce qu'on a coutume d'appeler la société civile et le pouvoir politique, au risque de faire valoir leurs propres intérêts. Ce risque est toutefois tempéré par l'existence, au sein de la haute administration, de clientèles de telle ou telle personnalité, donc de clivages qui lézardent quelque peu cette inquiétante unité.

En France, on peut distinguer, au plus haut niveau, quatre cercles de décision :

▲ Le premier est composé de ceux qui participent à toutes les décisions : il s'agit du président de la République, du Premier ministre, du ministre des Finances et de leur « entourage », à savoir, principalement, leur cabinet.

▲ Pour les décisions concernant chaque secteur, l'ensemble des administrations sectorielles ou, à tout le moins, leur état-major.

▲ Pour des interventions plus ponctuelles, les partenaires extérieurs à l'État : syndicats, organisations professionnelles, associations, entreprises.

▲ Enfin, un peu à part, l'ensemble des organes juridictionnels et politiques, dont le Parlement.

Ce sont ces organes de décision qui doivent assurer la cohérence entre les différentes politiques sectorielles et doivent élaborer un référentiel global qui permet de hiérarchiser les choix. Comme les référentiels sectoriels, le référentiel global n'est pas « la » réalité, mais « la représentation qu'une société se fait de son rapport au monde à un moment donné » (*ibid.*, p. 47).

Réaliser cette cohérence relève d'une mécanique complexe qu'on ne peut détailler ici. Cette complexité est encore accrue par le fait que les secteurs susceptibles de faire l'objet de politiques publiques sont eux-mêmes toujours plus techniques et diversifiés, et les citoyens de plus en plus exigeants. Ce sont là des raisons qui font que les politiques publiques échappent de plus en plus aux politiques, en particulier aux parlementaires, et sont, au contraire, de plus en plus entre les mains de hauts fonctionnaires qui ne sont pas des représentants du peuple. Nous retrouvons là un double phénomène signalé dans un chapitre précédent : celui de la « fonctionnarisation » de la politique et de la politisation de la haute fonction publique qui risque de transformer, si ce n'est déjà fait, la démocratie en technocratie. À la complexité des choix s'ajoutent d'autres contraintes, budgétaires par exemple : rappelons ici que 90 % environ des dépenses budgétaires d'un État doivent être reconduites d'une année pour l'autre : il s'agit des salaires des fonctionnaires qu'il est difficile de faire baisser, des dépenses ordinaires de fonctionnement des administrations et des dépenses d'investissement déjà décidées. Dès lors, les responsables des partis de gouvernement sont pratiquement obligés de tenir un double langage : à la fois partisan s'ils veulent mobiliser leurs électeurs, avec les risques de surenchère et de promesses que cela suppose, et réaliste quand ils sont au pouvoir, avec le risque de les décevoir. L'étroitesse de leur marge de manœuvre est sans doute l'une des causes de la montée du populisme qui n'a pas à gérer ce dilemme et peut enflammer les foules sans trop se soucier de savoir ce qu'il est possible de faire…

2. Communiquer

Avoir le pouvoir, prendre des mesures, c'est une chose. Le montrer en est une autre, sans aucun doute essentielle, surtout à l'ère de la communication de masse qui fait des hommes politiques des familiers de tous les citoyens. Depuis de Gaulle, on sait la nécessité de bien passer à la télévision (voir encadré *infra*). Depuis plus longtemps sans doute, on connaît l'importance des effets d'annonce qui permet de montrer que, contre tel ou tel problème, on ne reste pas les bras croisés : l'annonce des mesures a un effet immédiat alors que les résultats escomptés de la politique annoncée ne seront guère perceptibles avant longtemps, peut-être même à un moment où on ne sera plus aux affaires et où on ne pourra plus en tirer le moindre bénéfice politique. L'importance de la communication est attestée par l'usage systématique des sondages, par l'embauche de conseillers en communication et par le développement de services de presse officiels : même les collectivités locales ont aujourd'hui leurs journaux.

▲ Quarante ans de vœux présidentiels

Dans le cadre de son émission télévisée, *Les Brûlures de l'histoire*, diffusée sur France 3 en décembre 1995, Patrick Rotman a invité le politologue Roland Cayrol et le psychanalyste Jean-Pierre Winter à commenter des extraits des vœux de nouvel an, rituel obligé auquel sont soumis les présidents français depuis que de Gaulle a « apprivoisé » la télévision. L'émission concerne les quatre premiers présidents de la Ve République. Voici, assorti des principaux commentaires des deux invités, ce qu'il en ressort quant à la forme (1) puis au fond (2).

1. Il y a une véritable mise en scène qui diffère suivant les présidents. Pompidou, Mitterrand et de Gaulle, assis en buste à un bureau pour réciter leur texte appris par cœur, sont assez solennels. Les vœux du dernier sont annoncés par « La Marseillaise », tempérant un style assez monarchique que confirme le fond musical classique. Ce fond se retrouve chez tous les autres présidents dont l'intervention, en revanche, est introduite par de la musique « grand siècle ». À compter de 1984, la bannière étoilée de l'Europe côtoie le drapeau français. Valéry Giscard d'Estaing se démarque, affectant la simplicité. On le voit arriver en marchant. Sur le bureau, apparaissent des fleurs. Certaines années, ce bureau disparaît. Le 31 décembre 1975, le président parle devant la cheminée où trônent des photos de famille, jambes croisées, en compagnie de sa femme. Paradoxalement pour un président qui veut « décrisper la société française », tous deux apparaissent très tendus. Commentaire : de Gaulle, souverain, n'a pas besoin d'image pour paraître président — « il parle au nom du verbe et avec le verbe » (Winter) —, les autres se construisent un décor et une image, notamment Valéry Giscard d'Estaing qui « offre tout son corps en image » (*ibid.*). Concernant la langue utilisée, chaque président affecte un style personnel : grandiloquent chez le Général, truffé de banalités chez Valéry Giscard d'Estaing — du Chateaubriand mâtiné de *Salut les copains*, selon Cayrol !

2. Certains thèmes communs reviennent régulièrement dans toutes les interventions :

▲ Le temps qui passe, sur lequel ils brodent volontiers, mais aussi l'avenir. Tous se risquent à faire des prévisions pour l'année qui vient. Certes de Gaulle affirme, le 31 décembre 1967 : « L'avenir n'appartient pas aux hommes et je ne le prédis pas » ; cela ne le dissuade pourtant pas d'annoncer une année 1968 « pacifique » au cours de laquelle « notre peuple [...] continuera de donner l'exemple de l'efficacité dans la conduite de ses affaires »... On sait ce qu'il en est advenu ! En revanche, Valéry Giscard d'Estaing prévoit que « l'année 81 sera encore une année difficile »... Particulièrement pour lui !

▲ La natalité et la famille; chez de Gaulle (qui, le 31 décembre 1962, souhaite cent millions de Français !) et Pompidou (pour qui chaque naissance « représente un acte de foi dans l'avenir »), la politique nataliste est au service d'une ambition nationale. Chez les deux autres présidents, intervient constamment la nécessité de s'unir malgré les différences que les Français se plaisent à cultiver. Ils comparent volontiers la France à une famille, s'érigeant en *pater familias* qui essaie, sur un « ton d'infantilisation » (Winter), de rassembler les rameaux d'une même famille : « Lorsqu'une famille est divisée, lorsqu'elle se ►

déchire, lorsqu'elle se dispute, il n'y a pas de bonheur possible, et ceci est vrai pour la France » (Giscard d'Estaing, le 31 décembre 1977) ; « Un pays est comme une famille : on n'a pas les mêmes goûts, on n'a pas les mêmes idées, mais on a la même patrie » (Mitterrand, le 31 décembre 1984).

▲ La croissance puis la crise, qui font l'objet de discours de plus en plus économiques, mais qui racontent une histoire qui « n'est pas celle que vivent les Français » (Cayrol)... les détournant de plus en plus de la politique ?

▲ Tous essaient de faire passer des messages politiques (et plus particulièrement de Gaulle et Mitterrand), tous sauf Valéry Giscard d'Estaing : « Ce soir, ce n'est pas le chef de l'État qui vient vous parler de politique » (31 décembre 1975) « ni vous ennuyer en présentant les actions à conduire de la politique française » (31 décembre 1977) ; « Le 1er janvier n'est ni pour vous, ni pour moi un événement politique » (31 décembre 1978). Déclarer qu'on ne va pas parler de politique, ne serait-ce pas un vieux « truc » de politicien ? Non, pense Cayrol, « il épouse des modes de la bourgeoisie de l'époque quand elle voulait faire moderne » et cherche à se démarquer du style impérial de De Gaulle et Pompidou pour montrer qu'il instaure un nouveau type de dialogue avec les Français, d'où, sans doute, cette impression qu'il donne d'être « condescendant » (Winter) puisqu'il semble descendre d'un piédestal imaginaire.

Enfin, chez tous les présidents, transparaît une évidente autosatisfaction, qui est aussi une sorte de réflexe d'autodéfense bien compréhensible. C'est que les présidents ont tous le sentiment de faire le maximum pour la France et ressentent les critiques de la population et des médias comme des « injustices personnelles » (Cayrol).

2.1. *Les principales fonctions de la communication politique*

Philippe Braud en distingue trois essentielles (*cf.* Braud, « Communication politique », *in* Hermet *et alii*, *Dictionnaire de la science politique*, *op. cit.*, p. 58-59).

La première est de donner à tout un chacun des repères identitaires en lui assignant une position dans le champ politique et, le cas échéant, au sein d'une organisation militante. C'est ainsi que tout un code lexical permet de distinguer qui est qui et qui fait quoi. Par exemple, on peut être de gauche ou de droite, dans la majorité ou dans l'opposition, militant ou simple sympathisant. Les représentants ont tel ou tel titre qui leur confère le droit de parler au nom de la communauté qu'ils représentent, les partis, des sigles et des emblèmes (la rose au poing du PS, la croix de Lorraine du RPR, la flamme tricolore du FN), parfois des hymnes (« L'internationale »), qu'ils cherchent à valoriser par référence à des idéaux, à des groupes sociaux — la classe ouvrière, « sanctifiée » par le communisme — ou à des grands personnages de l'Histoire : pendant que le RPR fait appel à la mémoire du général de Gaulle, le Front national, au nom de la défense de la patrie, fête Jeanne d'Arc... Même en leur sein, s'utilise un langage convenu : les communistes sont tous nécessairement des « camarades », même si, devenus ministres, il leur faut accepter des licenciements, ou plutôt des « restructurations industrielles » !

La deuxième fonction de la communication politique est l'affirmation d'un pouvoir d'emprise. Elle autorise les principaux acteurs à affirmer leur légitimité en faisant croire qu'ils ont — ou, s'ils sont dans l'opposition, qu'ils auraient — la capacité d'intervenir sur les phénomènes sociaux beaucoup plus qu'ils ne peuvent — ou ne pourraient — le faire en réalité tant il est vrai que leur marge est étroite et que beaucoup de ces phénomènes sont le fruit d'évolutions lentes sur lesquelles ils peuvent difficilement avoir prise eu égard au peu de temps qu'ils restent au pouvoir… à condition qu'ils y accèdent!

La troisième fonction, corollaire de la précédente, permet d'« offrir, sinon imposer, aux destinataires des schèmes d'interprétation et d'analyse de la réalité » (*ibid.*, p. 59) entre lesquels ils sont supposés choisir de façon rationnelle. En fait, le citoyen a plutôt tendance à sélectionner les messages qu'il reçoit en fonction de ses croyances, de ses attentes et de sa confiance dans l'émetteur.

2.2. *Voies et moyens*

2.2.1. Le maniement des symboles

La communication politique est loin de se réduire à l'usage de la parole. La vie publique implique en effet l'existence de toutes sortes d'actions symboliques qui constituent une sorte de « discours silencieux » (Chagnollaud, 1996, p. 188) : solennité des dépôts de gerbes, poignées de main, attention prêtée à chacun lors des cérémonies de vœux, des réceptions, des remises de médailles, des visites, des audiences, des inaugurations et autres poses de première pierre. Il en est de même pour le choix, par un chef de gouvernement, de ses ministres (quelle place pour les différents courants qui le soutiennent, pour les femmes, pour les techniciens?), voire pour la construction de monuments qui montrent l'intérêt qu'un responsable porte à telle ou telle activité, quel style il entend donner à une architecture désormais officielle et quelle trace il entend laisser à la postérité : le Centre Georges Pompidou ne ressemble ni à la pyramide du Louvre, ni à la Bibliothèque nationale de France voulues par François Mitterrand.

L'habillement, le décor, la présence ou non de tel ou tel contribuent aussi à faire de la politique « l'art de manier les symboles » (*ibid.*, p. 189). À ce titre, la prise de fonctions du président Mitterrand, le 21 mai 1981, sa marche lente vers le Panthéon, puis solitaire dans la crypte, une rose — emblème du Parti socialiste — à la main, son recueillement devant la tombe de personnages hautement symboliques pour les valeurs qu'ils ont défendues — Jean Jaurès le dirigeant socialiste assassiné, Jean Moulin le résistant fusillé, Victor Schoelcher le libérateur des esclaves — restera un modèle du genre.

2.2.2. Le verbe

Naturellement, communiquer, c'est surtout parler. Avoir le sens de la formule qui fait mouche, savoir distiller des « petites phrases » assassines, constituent des atouts majeurs. Certes, la parole a toujours été au cœur de la politique, mais aujourd'hui, la médiatisation en renforce encore un peu plus le pouvoir puisque certaines déclarations peuvent être entendues par des millions de personnes. Il est vrai que l'usage du verbe est nécessaire au débat démocratique. Il permet l'indispensable confrontation des idées sans laquelle les choix ne pourraient être éclairés. Même la polémique est utile dans la mesure où elle substitue à la violence physique, pratiquée couramment jadis en politique, une sorte de guerre écrite ou verbale (*cf.* l'encadré ci-après).

Parler, c'est tenter de convaincre, d'où la présence de nombreux avocats et enseignants en politique. Aussi le discours politique a-t-il des vertus pédagogiques : en réduisant l'univers complexe de la politique à un petit nombre d'oppositions, il le rend accessible au plus grand nombre, au risque, il faut le dire, de bien des simplifications abusives. Naturellement, en tant que moyen de toucher la sensibilité populaire, d'intégrer de l'idéologie dans le sens commun, il emprunte la plupart de ses procédés à la rhétorique. On peut distinguer trois figures de base (Bon, 1991, p. 272-274) :

▲ La *prosopopée*, qui met en scène des absents, des morts, des êtres naturels, ce qui garantit à l'orateur qu'il ne sera pas contredit et peuple son discours d'entités abstraites telles que la France, la classe ouvrière, le peuple de gauche ou la liberté : « Il n'y a qu'un vainqueur le 10 mai 1981, c'est l'espoir » (Mitterrand, le 21 mai 1981.)

▲ La *métaphore :* « Toutes les explications du monde ne justifieront pas qu'on ait pu livrer aux chiens l'honneur d'un homme et, finalement, sa vie, au prix d'un double manquement de ses accusateurs aux lois fondamentales de notre République, celles qui protègent la dignité et la liberté de chacun d'entre nous », accuse Mitterrand, en 1993, après le suicide de son ancien Premier ministre, Pierre Bérégovoy.

▲ L'*euphémisme*, qui fait de la bombe atomique une « force de dissuasion ».

D'autres procédés sont aussi volontiers utilisés :

▲ La *tautologie*, qui permet de militer pour « l'Algérie algérienne » (de Gaulle) et de « donner du temps au temps » (Mitterrand), qui autorise aussi Jacques Chirac à affirmer, lors d'une conférence de presse le 22 juin 1997 aux États-Unis, que « la France a l'intention de rester la France » et Laurent Fabius à dire de François Mitterrand que « lui c'est lui, et moi c'est moi » ; dans le genre, la déclaration de Valéry Giscard d'Estaing lors du premier débat télévisé de l'histoire de France entre les deux candidats encore en lice pour le deuxième tour d'une élection présidentielle, en 1974, est exemplaire : « Vous n'avez pas, monsieur Mitterrand, le monopole du cœur. J'ai un cœur comme le vôtre, un cœur qui bat sa cadence, et qui est le mien. »

▲ Le *chiasme :* « La critique n'est pas une passion de la tête, elle est la tête de la passion » (Marx), le *paradoxisme* : « La propriété, c'est le vol » (Proudhon) ou l'*antithèse* : « Nous ne sommes rien, soyons tout » (« L'internationale »), autant de procédés jouant sur des contrastes ou des oppositions.

▲ L'*antiphrase :* c'est souvent quand un politicien affirme que sa position est claire que ladite position paraît rien moins que confuse…

Si le discours politique varie suivant les circonstances et le statut des orateurs et des auditeurs, il se réfère à un nombre réduit de registres. Chagnollaud en distingue deux (*ibid.*, p. 184-185) : un premier qui joue sur l'émotion et l'idéologie ; un second, « technique » et concret, qui s'attache aux aspects pratiques de la vie quotidienne. Pour sa part, Philippe Braud en repère quatre (*cf.* Braud, 1992, p. 374 sq.) :

▲ L'« énoncé performatif », qui dit ce qui va advenir — « Je déclare la séance ouverte » — et dont l'autorité et l'efficacité dépendent, à l'évidence, du statut de son auteur.

▲ Débattre : l'exemple de la polémique

Le débat, c'est-à-dire la confrontation pacifique d'idées, participe des valeurs de la démocratie qui implique contrôle et droit de critique. On n'en retiendra ici que sa figure extrême, la polémique sublimant justement la violence physique.

La polémique (relative à la guerre *stricto sensu*) est une forme écrite ou verbale de guerre. Au XVIIIe siècle, le terme s'applique pour l'essentiel aux débats théologiques et obéit à des règles argumentaires codifiées. Par extension, la notion s'est étendue à d'autres débats (littéraires, politiques) tandis que la référence théologique a disparu.

La polémique s'inscrit dans une confrontation dont l'objet est de combattre le discours de l'autre, de le disqualifier en termes négatifs, provocateurs ou injurieux. Elle mélange l'argumentation théorique et l'attaque personnelle, dénonce la position admise tandis qu'elle va souvent de pair avec l'apologie de son propre discours (lien très présent dans la controverse théologique). C'est un tiers pris à témoin qu'il faut convaincre (l'opinion, un groupe).

Les procédés polémiques sont variés. La disqualification de l'autre peut passer par le refus de s'adresser directement à lui (niant ainsi son statut d'interlocuteur légitime), l'attaque personnelle, le dévoilement d'un intérêt caché, l'« assimilation » avec d'autres personnes au statut négatif, l'ironie (niant le statut *sérieux* de la parole de l'autre). La négation du discours de l'autre peut passer aussi par la recherche d'erreurs, grossies à dessein, pour rejeter en vrac le discours adverse, la satire (« votre discours est absurde »), l'amalgame de faits sans rapport les uns avec les autres. Souvent, le discours est surchargé de formules négatives.

Une série de manœuvres discursives consisteront aussi à affirmer un certain nombre de présupposés, c'est-à-dire d'affirmations invérifiables (« chacun sait », « il va de soi », « c'est évident »); à poser des questions auxquelles l'adversaire est sommé de répondre, ces interrogations gênantes ayant pour but de placer l'adversaire dans une situation d'infériorité. L'expression « feu nourri de questions » souligne d'ailleurs l'intrusion du questionneur dans le camp de l'autre. Le locuteur pourra aussi tenter d'amener son rival sur un autre sujet que celui débattu, où il est plus vulnérable. Enfin, il pourra faire appel à des « preuves ou des témoignages irréfutables » dont la convocation joue un peu l'image de l'expertise (fausse) et de sa neutralité présumée.

Pour se défendre — ou pour attaquer — le locuteur se présentera comme le représentant d'un groupe plus large dont il devient le porte-parole, mettant en avant une connaissance personnelle ou une pratique spécialisée (Georges Marchais face à Lionel Jospin s'affirme en ouvrier et donc à même de représenter le PCF « défenseur de la classe ouvrière », à quoi L. Jospin rétorque : « Cela fait vingt ans que vous n'avez pas mis les pieds dans une usine, alors que moi j'étais à la fac ce matin même pour y donner un cours. »)

Source : Dominique Chagnollaud, 1996, p. 185-186.

▲ L'« appel aux valeurs », aux grands principes fondamentaux, qui, à l'instar de la liberté, sont assez flous pour plaire à des catégories d'individus très diverses tout en assurant un succès facile à celui qui le prononce.

▲ Le « discours d'intention », qui dit les mesures à prendre ou présente un projet de société.

▲ Le « jugement d'appréciation », qui compare, dans le temps ou dans l'espace (*ibid.*, tableau p. 377), des systèmes ou des pays, et dont le contenu, comme celui du précédent, varie sensiblement suivant que son auteur est au pouvoir ou dans l'opposition.

Le langage change aussi en fonction du statut du locuteur. Plus son mandat est élevé, plus sa marge de manœuvre est étroite, de hautes responsabilités impliquant une certaine solennité et une grande prudence. Cette prudence sera d'autant plus grande que le public sera mélangé. Au contraire, avec un public segmenté, bien identifié et, dans ce cas, généralement constitué de sympathisants, le ton de l'orateur sera plus libre.

La tâche des politiques est encore compliquée par la nécessité de tenir compte de la conjoncture par rapport à laquelle ils doivent s'expliquer, réagir, prendre position tout en évitant de se contredire par rapport à des déclarations précédentes. Il s'ensuit une certaine prudence, là encore, qui implique qu'ils gardent des portes ouvertes en évitant d'adopter des positions trop tranchées, et qui engendre un discours flou et stéréotypé.

2.2.3. Apprivoiser les médias

Les médias peuvent présenter des difficultés supplémentaires. Dans le cas de la presse écrite, et sauf interview, les journalistes ont la possibilité — et ne s'en privent pas ! — d'interpréter leurs déclarations : les politiques ne sont plus les maîtres du jeu. Ils ne le sont guère plus dans l'audiovisuel. Certes, le contact avec le public est plus direct, mais, outre les paroles, il faut prendre garde au rythme de la parole, au ton et, à la télévision, aux gestes, aux attitudes et aux expressions tout en se pliant à la mise en scène particulière de l'émission et à la volonté de l'animateur.

Pourtant, les plus hauts responsables politiques sont loin d'être entièrement désarmés. Sans pour autant tomber dans des tentatives de contrôle autoritaire dont le passé a montré les limites et qui minent la démocratie, ils peuvent utiliser la couverture de l'actualité pour se montrer et se faire entendre. Au besoin, ils peuvent contribuer à construire médiatiquement la scène politique. C'est tout particulièrement le cas en France du président qui peut organiser ou participer à des événements largement couverts par la presse et l'audiovisuel. En dehors des interventions rituelles (14 juillet, Nouvel an), il peut choisir quand, où et surtout de quoi il va parler. Même quand il ne parle pas, les médias, du fait de sa position institutionnelle prééminente, se demandent pourquoi et essaient d'interpréter son silence ! Rien ne lui interdit, enfin, de créer l'événement en prenant l'initiative sur certaines questions, en organisant des déplacements en province ou à l'étranger (à Sarajevo, en pleine guerre, par exemple, comme François Mitterrand le 28 juin 1992), ou encore des manifestations symboliques, parfois très simples, mais forcément médiatisées : du même président, passé maître dans le maniement des symboles, qu'on pense à l'escalade rituelle de la roche de Solutré ou à la rose qu'il jette le 3 mai 1995 dans la Seine en mémoire de l'assassinat d'un jeune Marocain par trois *skinheads*, ou encore à son recueillement main dans la main avec le chancelier allemand Kohl à Verdun, le 22 septembre 1984, en hommage aux victimes des deux guerres mondiales !

Ce maniement expert des symboles, amplifié à l'extrême par les technologies modernes de l'information, montre que communiquer pour tenter de séduire n'est pas tout. Il faut aussi avoir un message à faire passer et, mieux, incarner une espérance collective. Certains dirigeants politiques ont payé cher de l'avoir oublié.

À RETENIR

▲ Une question sociale devient l'objet d'une politique publique si des médiateurs peuvent obtenir son inscription sur l'agenda des pouvoirs publics et si ces derniers, après bien des arbitrages, décident de prendre des mesures qui la concernent.

▲ La communication politique a deux grandes fonctions : affirmer la prééminence de la politique, et donner à chacun des repères identitaires et des grilles d'analyse de la réalité entre lesquelles les acteurs peuvent faire leur choix, un choix qui reste pourtant socialement conditionné.

▲ Cette communication prend des formes diverses, manipulant tour à tour les symboles et la parole. Si, d'une certaine manière, la médiatisation renforce la démocratie et fragilise les hommes politiques, ces derniers se montrent de plus en plus capables d'user à leur profit de ces caisses de résonance modernes que sont les médias.

Glossaire

Agenda politique. Liste, établie par les détenteurs du pouvoir, des questions à résoudre et dont l'inévitable surcharge nécessite des choix parfois douloureux.

Assemblée nationale. Ensemble des représentants de la nation française élus au suffrage universel direct.

Autoritarisme. Régime où les dirigeants — souvent des dictateurs s'appuyant sur un parti unique et/ou l'armée — abusent de leur autorité par une utilisation arbitraire de la force.

Bonapartisme. Régime dirigé par un chef tout-puissant et volontiers opposé à la représentation nationale, mais soucieux néanmoins de légitimité populaire, d'où son usage systématique du plébiscite.

Bureaucratie. Poids important de l'administration qui, selon Max Weber, augmente en même temps que triomphent la rationalité et le respect de l'autorité.

Classe sociale. Groupe social de fait composé d'individus partageant des conditions de vie semblables et des valeurs communes.

Coercition. Utilisation de la force pour imposer une contrainte sociale. Il s'agit de la manifestation physique de la violence politique qu'il faut distinguer de la violence symbolique qu'exerce la société, par des procédures de contrôle, empêchant ainsi la satisfaction des attentes de certains.

Communication politique. Échange d'informations entre gouvernants et gouvernés, et plus spécialement des premiers vers les seconds.

Communisme. Système politique où la propriété privée n'existe pas. Au sens marxiste du terme, stade ultime de l'histoire où, les classes sociales ayant disparu avec les rapports de domination liés à la propriété privée des moyens de production, il n'y aura plus besoin d'État.

Comportement politique. Ensemble des activités liées aux pratiques de participation, conventionnelles ou non.

Constitution. Ensemble des dispositions déterminant le mode de désignation des institutions, leurs pouvoirs, leurs compétences et leurs rapports juridiques. Aujourd'hui généralement écrite, c'est la loi fondamentale à laquelle toutes les décisions doivent se conformer.

Décentralisation. Transfert de certains pouvoirs de décision de l'État à des organes publics locaux autonomes.

Démocratie. « Gouvernement du peuple par le peuple, pour le peuple », selon la célèbre formule d'Abraham Lincoln. La démocratie directe — où chacun participe effectivement à l'exercice du pouvoir — étant difficilement envisageable, les citoyens élisent généralement des représentants : la démocratie est alors représentative. Si tous les courants de pensée et toutes les sensibilités peuvent s'exprimer lors d'élections libres, elle est *pluraliste* ou *libérale*. Si le seul Parti communiste, supposé incarner les intérêts du peuple, peut présenter des candidats, elle est *populaire*.

Écologie. Science qui étudie les conditions d'existence et les rapports des êtres vivants avec leur milieu ; en politique, défense de l'environnement et de la qualité de la vie.

Élite. Groupe composé d'individus qui se distinguent par leur statut social, leur richesse, le prestige de leurs fonctions ou le pouvoir qu'ils détiennent. Il y a donc plusieurs élites. L'élite politique, quant à elle, est constituée par les détenteurs du pouvoir, élus et hauts fonctionnaires.

État. Personne morale de droit public exerçant son autorité sur un territoire où elle est seule à pouvoir user de la contrainte physique ; dans un sens plus étroit, représente l'ensemble des pouvoirs publics (ou l'administration centrale) par opposition aux citoyens (ou aux collectivités locales).

Fascisme. À l'origine, régime fondé par Benito Mussolini en Italie, en 1922, reposant sur un nationalisme exacerbé, la valorisation d'un État hypertrophié et le corporatisme. Dans un sens plus général, désigne tout régime totalitaire non communiste et inclut alors le national-socialisme hitlérien, ou nazisme. En langage courant, qualifie aujourd'hui les méthodes ou les politiques d'extrême droite.

Groupe de pression. Ensemble d'individus associés en vue de faire triompher un ou des intérêts particuliers — d'où l'usage désormais répandu de l'expression « groupe d'intérêt » — sans pour autant, comme les partis politiques, prétendre exercer le pouvoir. L'action de ce groupe intermédiaire se faisant souvent dans la coulisse, on parlera volontiers de *lobby* — « couloir » en anglais. Aux États-Unis, le *lobbying* est une véritable institution.

Holisme. Explication globalisante des faits sociaux selon laquelle, le tout l'emportant sur les parties, les actes et les pensées de chacun sont socialement conditionnés. S'oppose à l'individualisme méthodologique.

Idéologie. Terme vague et fréquemment utilisé de façon péjorative que l'on peut définir comme un système cohérent de valeurs et de représentations permettant d'expliquer la société et le monde.

Impérialisme. Selon Lénine, « stade suprême du développement du capitalisme » impliquant l'exploitation systématique des colonies par leurs métropoles en quête de nouveaux débouchés ; aujourd'hui, désigne toute domination, de quelque nature que ce soit, d'un État sur un autre.

Légitimité. Exprime la reconnaissance, accordée par la société à un individu ou à un groupe, du droit d'exercer le pouvoir politique. La légitimation en est le processus d'acquisition.

Militant. Membre actif, mais bénévole, d'un syndicat ou d'un parti.

Mobilisation. Processus amenant des forces sociales ou politiques à se regrouper pour la défense de leurs intérêts.

Monarchie. Étymologiquement, régime politique où le pouvoir est dévolu à un seul individu. Habituellement synonyme de pouvoir royal.

Nation. Communauté d'individus unis par des liens tant matériels (sol, intérêts économiques…) que spirituels (histoire, culture…), et conscients de constituer une entité distincte.

Nationalisme. Exaltation des valeurs nationales.

Notable. Personnalité jouissant, du fait de sa position sociale élevée et/ou de ses mandats électifs, d'une grande influence dans sa commune ou sa région.

Oligarchie. Régime politique où le pouvoir est exercé par un petit groupe d'individus.

Opinion publique. Ensemble de jugements individuels semblables sur un sujet d'intérêt général émis par la majorité de la population.

Parlement. Organe législatif, souvent, comme en France, bicaméral, c'est-à-dire composé de deux chambres : l'Assemblée nationale, où siègent les députés, et le Sénat.

Parti politique. Association d'individus dont l'objectif est de prendre le pouvoir ou, du moins, d'y participer afin d'y appliquer ses idéaux.

Politisation. Sur le plan individuel, dimension de la socialisation qui couvre un champ assez vaste allant d'un intérêt très relatif pour la politique jusqu'à une participation active au sein de clubs ou de partis. Au niveau social, désigne la transformation, sous l'influence de certains acteurs, d'un banal fait social en fait politique.

Référendum. Vote de l'ensemble du corps électoral ayant pour objet, soit d'approuver ou de refuser un projet de loi, soit de donner son avis sur une décision des pouvoirs publics.

Régime politique. Ensemble des règles relatives à l'exercice du pouvoir dans une société, et définissant une forme particulière de gouvernement. Les régimes parlementaire et présidentiel ne sont que des modalités particulières d'organisation des régimes démocratiques. Dans le premier cas, l'équilibre des pouvoirs législatif et exécutif est assuré par le fait que les organes qui les détiennent peuvent se contrôler mutuellement. Dans le second, où il y a séparation stricte de ces pouvoirs et où ce contrôle n'existe pas, il y a prédominance du président, élu par l'ensemble du corps électoral.

Socialisme. Dans son acception la plus générale, doctrine humaniste soucieuse de solidarité et de justice sociale; au sens marxiste-léniniste du terme, période de transition entre le capitalisme et le communisme.

Sondage. Technique d'enquête statistique permettant de connaître l'opinion ou les comportements d'une population à partir des réponses données à des questions standardisées par un petit groupe d'individus — l'échantillon — choisi de sorte qu'il soit représentatif de l'ensemble de cette population.

Souveraineté. Pouvoir suprême et de droit appartenant à la nation (la souveraineté nationale impliquant l'indépendance totale à l'égard de l'étranger) et, en démocratie, au peuple (la souveraineté populaire s'imposant à l'intérieur des frontières).

Totalitarisme. Variante révolutionnaire de l'autoritarisme, caractérisée par le culte paroxystique du chef, la volonté — à l'aide d'un État omniprésent — de transformer radicalement la vie et de supprimer de force, au besoin, les différences sociales. On considère aujourd'hui que ce type de régime, né au XXe siècle, a pris deux formes : le fascisme — au sens large — et le communisme.

Bibliographie

▲ *Manuels*

BRAUD Ph. (1992), *Sociologie politique. Manuel*, Paris, LGDJ.

CHAGNOLLAUD D. (1996), *Introduction à la politique*, Paris, Seuil.

COLAS D. (1994), *Sociologie politique*, Paris, PUF.

COT J.-P. et MOUNIER J.-P. (1988), *Pour une sociologie politique* (deux tomes), Paris, Seuil (1re édition : 1974).

DENNI B. et LECOMTE P. (1992), *Sociologie du politique*, Grenoble, Presses universitaires de Grenoble.

DENQUIN J.-M. (1994), *Introduction à la science politique*, Paris, Hachette (1re édition : 1992).

LAGROYE J. (1993), *Sociologie politique*, Paris, Presses de la FNSP/Dalloz.

▲ *Dictionnaires*

CHAGNOLLAUD D. (sous la direction de) (1993), *Dictionnaire de la vie politique et sociale*, Paris, Hatier.

DAUDET Y., DEBBASCH Ch. *et alii* (1992), *Lexique de politique. États, vie politique, relations internationales*, Paris, Dalloz.

FERRÉOL G. (sous la direction de) (1995), *Dictionnaire de sociologie*, Paris, Armand Colin (1re édition : 1991).

GRAWITZ M. (1991), *Lexique des sciences sociales*, Paris, Dalloz (1re édition : 1981).

HERMET G. *et alii* (1996), *Dictionnaire de la science politique et des institutions politiques*, Paris, Armand Colin (1re édition : 1994).

RAYNAUD Ph. et RIALS St. (sous la direction de) (1997), *Dictionnaire de philosophie politique*, Paris, PUF.

▲ *Autres travaux de caractère général*

BOUDON R. (1996), « Pourquoi devenir sociologue? », *Revue française de science politique*, 46 (1), février, p. 52-79.

DUHAMEL A. (1995), *La Politique imaginaire. Les mythes politiques français*, Paris, Flammarion.

FERRÉOL G. (sous la direction de) (1998), *Intégration, lien social et citoyenneté*, Lille, Presses universitaires de Septentrion.

GRAWITZ M. et LECA J. (sous la direction de) (1985), *Traité de science politique* (quatre volumes), Paris, PUF.

MAYER N. et PERRINEAU P. (1992), *Les Comportements politiques*, Paris, Armand Colin.

OLSON M. (1987), *Logique de l'action collective*, trad. fr., Paris, PUF (1re édition en langue anglaise : 1966).

SIMON M. (1995), « Comportement politique », *in* Ferréol G. (dir.), *Dictionnaire de sociologie*, *op. cit.*, Paris, Armand Colin, p. 30-42.

WEBER M. (1963), *Le Savant et le politique*, trad. fr., Paris, Plon (1re édition en langue allemande : 1919).

WEBER M. (1971), *Économie et société*, tome 1, trad. fr., Paris, Plon (1re édition en langue allemande : 1922).

▲ Une approche sociologique de la politique

BOUDON R. (1992), *L'Idéologie, ou l'origine des idées reçues*, Paris, Seuil (1re édition : 1986).

CROZIER M. et FRIEDBERG E. (1992), *L'Acteur et le système. Les contraintes de l'action collective*, Paris, Seuil (1re édition : 1977).

DENNI B. (1985), « Outils et techniques de recherche », *in* Grawitz M. et Leca J. (dir.), *Traité de science politique*, *op. cit.*, volume 1 : *La Science politique, science sociale. L'ordre politique*, p. 241-282.

DURKHEIM É. (1968), *Les règles de la méthode sociologique*, Paris, PUF (1re édition : 1895).

FAVRE P. (1985), « Histoire de la science politique », *in* Grawitz M. et Leca J. (dir.), *Traité de science politique*, volume 1 : *La Science politique, science sociale*, *op. cit.*, p. 3-45.

FERRÉOL G. et DEUBEL Ph. (1993), *Méthodologie des sciences sociales*, Paris, Armand Colin.

LAPIERRE J.-W. (1973), *L'Analyse des systèmes politiques*, Paris, PUF.

MOSSUZ-LAVAU J. (1994), *Les Français et la politique. Enquête sur une crise*, Paris, Odile Jacob.

▲ État et nation

ANDERSON B. (1996), *L'Imaginaire national. Réflexions sur l'origine et l'essor du nationalisme*, trad. fr., Paris, La Découverte (1re édition en langue anglaise : 1983).

BADIE B. et BIRNBAUM P. (1994), *Sociologie de l'État*, Paris, Grasset (1re édition : 1979).

BARRET-KRIEGEL Bl. (1979), *L'État et les esclaves. Réflexions pour les États*, Paris, Calmann-Lévy.

COLAS D. (1992), *La Pensée politique*, Paris, Larousse.

CORDELLIER S. et POISSON É. (sous la direction de) (1995), *Nations et nationalismes*, Paris, La Découverte.

CROZIER M. *et alii* (1974), *Où va l'administration française ?*, Paris, Éditions d'Organisation.

DUPUY Fr. et THOENIG J.-Cl. (1985), *L'Administration en miettes*, Paris, Fayard.

GELLNER E. (1994), *Nations et nationalisme*, trad. fr., Paris, Payot (1re édition en langue anglaise : 1983).

▲ *Les régimes politiques*

ARENDT H. (1972), *Le Système totalitaire*, trad. fr. partielle, Paris, Seuil (1re édition en langue anglaise : 1951).

FURET Fr. (1995), *Le Passé d'une illusion. Essai sur l'idée communiste au XXe siècle*, Paris, Robert Laffont/Calmann-Lévy.

GRAWITZ M. et LECA J. (sous la direction de) (1985), *Traité de science politique*, *op. cit.*, volume 2 : Les Régimes politiques.

POLANYI K. (1983), *La Grande Transformation. Aux origines économiques et politiques de notre temps*, trad. fr., Paris, Gallimard (1re édition en langue anglaise : 1944).

RAWLS J. (1987), *Théorie de la justice*, trad. fr., Paris, Seuil (1re édition en langue anglaise : 1971).

TOCQUEVILLE A. de (1981), *De la démocratie en Amérique*, tome 2, Paris, Garnier-Flammarion (1re édition : 1840).

TOURAINE A. (1994), *Qu'est-ce que la démocratie ?*, Paris, Fayard.

▲ *Déterminants et apprentissage de la politique*

BOURDIEU P. (1979), *La Distinction. Critique sociale du jugement*, Paris, Minuit.

DÉLOYE Y. (1997), *Sociologie historique du politique*, Paris, La Découverte.

GAXIE D. (1993), *Le Cens caché. Inégalités culturelles et ségrégation politique*, Paris, Seuil (1re édition : 1978).

MUXEL A. (1992), « L'âge des choix politiques. Une enquête longitudinale des 18-25 ans », *Revue française de sociologie*, 33 (2), avril-juin, p. 233-263.

OFFERLÉ M. (1989), « Mobilisation électorale et invention du citoyen. L'exemple du milieu urbain français à la fin du XIXe siècle », *in* Gaxie D. (dir.), *Explication du vote*, Paris, Presses de la FNSP (1re édition : 1985), p. 149-174.

PERCHERON A. (textes réunis par Mayer N. et Muxel A.) (1993), *La Socialisation politique*, Paris, Armand Colin, 1993.

PERCHERON A. (1985), « La socialisation politique : défense et illustration », *in* Grawitz M. et Leca J. (dir.), *Traité de science politique*, *op. cit.*, volume 3 : L'Action politique, p. 165-235.

WEBER E. (1983), *La Fin des terroirs. La modernisation de la France rurale, 1870-1914*, trad. fr., Paris, Fayard/Recherches (1re édition en langue anglaise : 1976).

▲ *Les organisations politiques*

APRÈS-DEMAIN (1995), « Les partis politiques », n° 371-372, février-mars.

CHARLOT J. et CHARLOT M. (1985), « Les groupes politiques et leur environnement » et « L'interaction des groupes politiques », *in* Grawitz M. et Leca J. (dir.), *Traité de science politique*, *op. cit.*, volume 3 : L'Action politique, p. 429-536.

Duverger M. (1951), *Les Partis politiques*, Paris, Armand Colin.

Offerlé M. (1994), *Sociologie des groupes d'intérêt*, Paris, Montchrestien.

Ostrogorski M. (1993), *La Démocratie et les partis politiques*, Paris, Fayard (1re édition : 1903).

Platone Fr. (1995), *Les Partis politiques en France*, Toulouse, Milan.

Pouvoirs (1996), « Les groupes d'intérêt », n °79, novembre, p. 5-120.

Seiler D.-L. (1993), *Les Partis politiques*, Paris, Armand Colin.

▲ Militants et dirigeants

Denni B. (1993), « Les élites en France », *in* Chagnollaud D. (dir.), *La Vie politique en France*, Paris, Seuil, p. 418-431.

Gaxie D. (1977), « Économie des partis et rétributions du militantisme », *Revue française de science politique*, 27 (1), février, p. 123-154.

Kriegel A. (1968), *Les Communistes français (1920-1970). Essai d'ethnographie politique*, Paris, Seuil.

Pouvoirs (1997), « L'ENA », n° 80, janvier, p. 5-114.

Rey H. et Subileau Fr. (1991), *Les Militants socialistes à l'épreuve du pouvoir*, Paris, Presses de la FNSP.

Subileau Fr. (1981), « Le militantisme dans les partis politiques sous la Cinquième République : état des travaux de langue française », *Revue française de science politique*, 31 (5-6), octobre-décembre, p. 1 038-1 068.

Ysmal C. (1994), « Transformations du militantisme et déclin des partis », *in* Perrineau P. (dir.), *L'Engagement politique. Déclin ou mutation ?*, Paris, Presses de la FNSP, p. 41-66.

▲ Les élections

Bréchon P. (1995), *La France aux urnes. Cinquante ans d'histoire électorale*, Paris, La Documentation française (1re édition : 1993).

Bréchon P. et Cautrès Br. (1987), « L'inscription sur les listes électorales : indicateur de socialisation ou de politisation? », *Revue française de science politique*, 37 (4), août, p. 502-525.

Capdevielle J. et Dupoirier É. (1988), « L'effet patrimoine », *in* Capdevielle J. *et alii*, *France de gauche, vote à droite ?*, Paris, Presses de la FNSP (1re édition : 1981), p. 169-227 (+ annexes p. 322-355).

Cevipof (sous la direction de Boy D. et Mayer N.) (1990), *L'Électeur français en questions*, Paris, Presses de la FNSP.

Gaxie D. (sous la direction de) (1989), *Explication du vote. Un bilan des études électorales en France*, Paris, Presses de la FNSP (1re édition : 1985).

Mayer N. (sous la direction de) (1997), *Les Modèles explicatifs du vote*, Paris, L'Harmattan.

Merle P. (1990), « L'*homo politicus* est-il un homo œconomicus? », *Revue française de science politique*, 40 (1), février, p. 64-80.

PERRINEAU P. *et alii* (1997), « Coups de projecteurs sur les élections législatives de mai-juin 1997 », *Revue française de science politique*, 47 (3-4), juin-août, p. 404-468.

▲ *Action collective et mobilisation*

BAJOIT G. (1988), « Exit, voice, loyalty and… apathy. Les réactions individuelles au mécontentement », *Revue française de sociologie*, 29 (2), avril-juin, p. 325-345.

CHAMPAGNE P. (1990), *Faire l'opinion. Le nouveau jeu politique*, Paris, Minuit.

CHAZEL Fr. (1992), « Mouvements sociaux », *in* Boudon R. (dir.), *Traité de sociologie*, Paris, PUF, p. 263-312.

FAVRE P. (sous la direction de) (1990), *La Manifestation*, Paris, Presses de la FNSP.

FAVRE P. et FILLIEULE O. (1994), « La manifestation comme indicateur de l'engagement politique », *in* Perrineau p. (dir.), *L'Engagement politique*, *op. cit.*, p. 115-139.

FILLIEULE O. (sous la direction de) (1993), *Sociologie de la protestation. Les formes de l'action collective dans la France contemporaine*, Paris, L'Harmattan.

FILLIEULE O. et PÉCHU C. (1993), *Lutter ensemble. Les théories de l'action collective*, Paris, L'Harmattan.

TILLY Ch. (1986), *La France conteste, de 1600 à nos jours*, trad. fr., Paris, Fayard (1re édition en langue anglaise : 1986).

▲ *L'exercice du pouvoir*

BON Fr. (textes réunis et présentés par Schemeil Y.) (1991), *Les Discours de la politique*, Paris, Économica, 1991.

CAYROL R. (1997), *Médias et démocratie. La dérive*, Paris, Presses de Sciences po.

COTTERET J.-M. (1997), *Gouverner, c'est paraître. Réflexions sur la communication politique*, Paris, PUF.

GERSTLÉ J. (1992), *La Communication politique*, Paris, PUF.

GRAWITZ M. et LECA J. (sous la direction de) (1985), *Traité de science politique*, *op. cit.*, volume 4 : *Les Politiques publiques*.

MÉNY Y. et THOENIG J.-Cl. (1989), *Politiques publiques*, Paris, PUF.

MULLER P. (1994), *Les Politiques publiques*, Paris, PUF (1re édition : 1990).

MULLER P., THOENIG J.-Cl. *et alii* (1996), « Enjeux, controverses et tendances de l'analyse des politiques publiques », *Revue française de science politique*, 46 (1), février, p. 96-133.

Table des encadrés

Index des noms de personnes

D

E

F

G

H

I

J

K

L

M

N

V

W

Y

Z

Index thématique

S.E.S.J.M. / Armand Colin
34 bis, rue de l'Université - 75007 Paris
N° 1690/01
Dépôt légal : juillet 1998

Achevé d'imprimer sur les presses de la
SNEL S.A.
rue Saint-Vincent 12 - B-4020 Liège
tél. 32(0)4 344 65 60 - fax 32(0)4 343 77 50
juin 1998
9067